此书受到河北师范大学附属民族学院、河北师范大学中华优秀藏文化外译与传播研究中心资助

藏族格言诗翻译研究散论

Zangzu Geyanshi
Fanyi Yanjiu Sanlun

李正栓　王磊　王密卿　贾晓英 ◎ 著

中央民族大学出版社
China Minzu University Press

图书在版编目（CIP）数据

藏族格言诗翻译研究散论 / 李正栓等著 . —北京：中央民族大学出版社，2024.1

ISBN 978-7-5660-2263-9

Ⅰ.①藏… Ⅱ.①李… Ⅲ.①藏族—格言—英语—翻译 Ⅳ.① H214.3 ② H315.9

中国国家版本馆 CIP 数据核字（2023）第 232123 号

藏族格言诗翻译研究散论

著　　者	李正栓　王　磊　王密卿　贾晓英
责任编辑	杨爱新
封面设计	舒刚卫
出版发行	中央民族大学出版社
	北京市海淀区中关村南大街 27 号　　邮编：100081
	电话：（010）68472815（发行部）　传真：（010）68933757（发行部）
	（010）68932218（总编室）　　　　（010）68932447（办公室）
经 销 者	全国各地新华书店
印 刷 厂	北京鑫宇图源印刷科技有限公司
开　　本	787×1092　1/16　印张：19.75
字　　数	310 千字
版　　次	2024 年 1 月第 1 版　2024 年 1 月第 1 次印刷
书　　号	ISBN 978-7-5660-2263-9
定　　价	78.00 元

版权所有　翻印必究

编委会

编委会主任：刘 森

成 员：李正栓 乔庆刚 王 磊 王密卿
高 山 贾晓英 贾 秦 赵春龙

前　言

自2010年起，我和我的团队翻译了藏族格言诗《萨迦格言》《格丹格言》《水的格言》《树的格言》，2013年由长春出版社出版。2013年，我和团队获批教育部人文社会科学研究规划基金项目《藏族格言诗英译研究》，2016年获批国家社会科学基金课题《藏族格言诗翻译史研究》立项。此间，《国王修身论》《格丹格言》《水树格言》《萨迦格言》先后在尼泊尔出版单行本。2021，《藏族四大格言诗》（藏汉英）在美国出版。2022年，国家社会科学基金课题《藏族格言诗翻译史研究》顺利结项，获评"优秀"。

藏族格言诗是一种诗歌样式。在诗歌形式上，藏族格言诗继承了印度龙树格言诗传统，以读者耳熟能详的自然物质为媒介，借助比喻手法，以诗体形式写作，简单易懂，朗朗上口。在内容上，藏族格言诗是藏族文化的展现，宣扬道德规范、遏恶扬善、人生哲理等。在写作手法上，四行一节，属民歌体，两句写实，两句作比。在思想上，体现诗人们对国家社会的关怀。诗人们大力宣扬"反对暴政，倡行仁政""以法治藏，清正廉明""轻徭薄役，减免赋税""选贤任能，爱护百姓""仁政爱民"的伦理观和政治观，以求治世；强调智者之于社会的价值，提出"尊重人才，敬重智者""选用贤良，造福百姓"的人才观；讲述治国理政之道，提出"安邦兴民，合理税收"的政治观、"忠君爱国，团结互助"的伦理观、"公平廉明，德治法治相依"的法治观。藏族格言诗人以其责任感和使命感观照时代，投入创作，使格言诗成为反映西藏封建社会历史的"百科全书"。

作为书面文学，藏族格言诗汲取通俗的、口传的藏族民间文学营养，引用或化用诸多民间故事、歌谣传说、格言谚语等民间文学，形成独特的文学体裁。

流传较广的藏族格言诗作包括萨迦·贡嘎坚赞（1182—1251）的《萨迦格言》、班钦·索南扎巴（1478—1554）的《格丹格言》、贡唐·丹白准美（1762—1823）的《水树格言》、久·米庞嘉措（1846—1912）的《国王修身论》、罗桑金巴（1821—？）的《风喻格言》、南杰索巴（生卒年不详）的《土喻格言》、诺奇堪布阿旺朋措（生卒年不详）的《火喻格言》《铁喻格言》《宝喻格言》，还有作者不详的《天空格言》《茶酒格言》《蛋喻格言》。

我们边翻译边研究，学习到许多藏族先哲的思想智慧。我们撰写了一系列研究论文，在不同级别的期刊上发表。为集中呈现我们的研究成果，我们整理筛选出部分论文，辑成本书出版，定名为《藏族格言诗翻译研究散论》，以期能够为感兴趣的读者提供参考。

本研究团队的科研工作受到河北师范大学附属民族学院的关注。民族学院有责任感，有志向，有担当，决心为铸牢中华民族共同体意识做出自己的贡献，成立了河北师范大学中华优秀藏文化外译与传播研究中心，制定了研究计划，聘请李正栓为名誉主任、首席研究员，吸纳了课题组主要成员，并对本书出版给予资助。

李正栓负责本书的总体设计、文章筛选和出版事宜。王磊、王密卿、贾晓英协助进行文章编排、审校书稿和文字校对。本书各部分撰写具体分工如下：第一部分是藏族格言诗国内外翻译研究历时考察。其中，"藏族格言诗文本及译本研究述评"由李正栓、彭丹撰写，"藏族格言诗国外翻译研究历时考察"由赵春龙、李正栓撰写。第二部分是藏族格言诗翻译史研究。其中，"藏族格言诗翻译史概览"由李正栓、贾晓英撰写，"新中国成立70年以来藏族格言诗翻译"由李正栓撰写，"《萨迦格言》蒙译史略"由赵春龙、李正栓撰写，"藏族格言诗汉译史考"由赵春龙、李正栓撰写，"藏族格言诗捷译史考"由赵春龙、李正栓撰写。第三部分是藏族格言诗译本研究。其中，"《萨迦格言》英译译本印象研究"由李正栓、解倩撰写，"达文波特英译《萨迦格言》特色研究"由李正栓、赵春龙撰写，"藏族文学典籍《萨迦格言》德译本特征及译介影响"由王磊、李正栓撰写。第四部分是藏族格言诗翻译原则与策略研究。其中，"目的论视阈下的《萨迦格言》英译研究"由李正栓、刘姣撰写，"典籍英译应追求忠实对等——以《水树格言》英译为例"由李正栓、叶红婷撰写，"《格丹格言》英译的语义传递与风格再现"由叶红婷、李正栓撰写，"米庞嘉措《国王修身论》翻译研究"由李正栓、刘姣撰写，"《国王修身论》中的伦理与英译追求"由李正栓、王心撰写。第五部分是藏族格言诗翻译与传播研究。其中，"《格丹格言》翻译与传播史略"由李正栓、李子馨撰写，"《水树格言》翻译与传播研究"由李正栓、李子馨撰写，"《国王修身论》翻译与传播史研究"由李正栓、李子馨撰写，"历史语境与文化意图：劳兰·露丝·哈特利英译《国王修身论》研究"由王瑜洁、王密卿撰写，"文学经典与文化认同：藏族格言诗域内经典化建构"由赵春龙、许明武撰写，"民族典籍域外经典化路径解析——基于《萨迦格言》域外经典化的考察"由赵春龙、李正栓撰写，"不同时期藏族格言诗翻译对西藏经济文化的构建作用"由李正栓、赵春龙撰写。本书附录"躬行实践、研究实践、整理译史：促进少数民族文化外译事业的三项任务——李正栓教授访谈录"由李正栓、周鹤撰写。整部书稿由李正栓、王磊、王密卿、贾晓英统稿、定稿。

尽管我们反复完善文稿，但难免百密一疏。不当之处在所难免，敬请批评指正。

李正栓
2023 年 7 月 18 日

目 录

第一部分 藏族格言诗国内外翻译研究历时考察……………（1）
  藏族格言诗文本及译本研究述评…………………………（1）
  藏族格言诗国外翻译研究历时考察………………………（15）

第二部分 藏族格言诗翻译史研究………………………（33）
  藏族格言诗翻译史概览……………………………………（33）
  新中国成立70年来藏族格言诗翻译………………………（48）
  《萨迦格言》蒙译史略………………………………………（66）
  藏族格言诗汉译史考………………………………………（79）
  藏族格言诗捷译史考………………………………………（93）

第三部分 藏族格言诗译本研究………………………（105）
  《萨迦格言》英译译本印象研究…………………………（105）
  达文波特英译《萨迦格言》特色研究……………………（119）
  藏族文学典籍《萨迦格言》德译本特征及译介影响………（133）

第四部分 藏族格言诗翻译原则与策略研究…………（146）
  目的论视阈下的《萨迦格言》英译研究…………………（146）
  典籍英译应追求忠实对等
    ——以《水树格言》英译为例…………………………（157）
  《格丹格言》英译的语义传递与风格再现………………（171）
  米庞嘉措《国王修身论》翻译研究………………………（187）

《国王修身论》中的伦理与英译追求 …………………（199）

第五部分　藏族格言诗翻译与传播研究 …………………（211）
《格丹格言》翻译与传播史略 ………………………………（211）
《水树格言》翻译与传播研究 ………………………………（218）
《国王修身论》翻译与传播史研究 …………………………（225）
历史语境与文化意图：劳兰·露丝·哈特利英译
《国王修身论》研究 ………………………………………（235）
文学经典与文化认同：藏族格言诗域内经典化建构 …………（247）
民族典籍域外经典化路径解析
——基于《萨迦格言》域外经典化的考察 ………………（262）
不同时期藏族格言诗翻译对西藏社会经济文化的构建作用 …（277）

附录：躬行实践、研究实践、整理译史：促进少数民族文化外译事业的三项任务
——李正栓教授访谈录 ………………………………（291）

第一部分　藏族格言诗国内外翻译研究历时考察

藏族格言诗文本及译本研究述评

一、引言

藏族格言诗以一种简明的形式、鲜明的形象诉说深刻的人生哲理，它指导人们形成正确的人生观、价值观。藏族格言诗始于13世纪上半叶，首部作品为萨班·贡嘎坚赞所著的《萨迦格言》。萨班·贡嘎坚赞为萨迦第四代祖师，且为西藏第一位班智达（意思是学识渊博的大学者），由于《萨迦格言》强大的感染力，格言诗逐渐发展起来，有孔唐·丹白准美的《水树格言》，还有后续问世的《格丹格言》《铁喻格言》《天空格言》《宝贝格言》和《国王修身论》等。其中《萨迦格言》《水树格言》《格丹格言》和《国王修身论》作为代表被后人研读得最为全面、深刻，包括从格言形式到思想内涵再到文化含义多方面研究；同时，藏族格言诗以其独特的魅力吸引着广大读者和译者，其中以《萨迦格言》译本最为全面。《萨迦格言》汉译本有王尧版本、次旦多吉等人版本、仁增才让和才公太版本以及班典顿玉、杨曙光版本。而《水树格言》和《格丹格言》汉译本只有耿予方版本。从事《萨迦格言》英译的主要是外国译者，包括薄森、塔尔库和达文波特；2013年李正栓等人的《藏族格言诗英译》出版，为《萨迦格言》增加了一个英译本，也弥补了《水树格言》和《格丹格言》没有英译本的缺憾。

二、藏族格言诗文本研究

对藏族格言诗的研究兴起于20世纪。近些年，研究者对格言诗进行了多层次、多维度挖掘。

（一）对结构特点的解读

《萨迦格言》作为藏族格言诗的开山之作对于后人写作及做人给出了它自己的定义，可谓影响深远。因其语言生动、哲理深刻及颇多警世良言，后人常以《萨迦格言》作为格言诗的代表进行多维度解读。蔡晓菁（2009）在《〈萨迦格言〉的结构解读》中以哲学结构主义作为支撑，从微观层面和宏观层面来解析作者的写作思维及目的。结构主义认为：要更好地理解一部作品，就必须体察到作品背后的结构以及结构中所存在的联系，即共时与历时相互结合的研究方法，作者的身份背景会影响一个人的认知，那么这种认知会潜意识地存在于他的作品中。在微观层面，作者进行了对立解读：《萨迦格言》中的主角是人且各有对立面，比如智者与愚人，通过这种人物的对比揭示一定的道理。而这种二元对立的思维恰好与作者的佛学思维对接；在宏观层面上，从萨班在知识与财富、愚人与恶人间的对比与取舍不难发现佛教思想的影响。这篇文章的特点还在于作者将《萨迦格言》每章结构整体化，并发现其中紧密的联系，更好地说明对《萨迦格言》进行结构解读会有所裨益。最后作者通过对结构的解读总结出萨班以佛学要旨及观念为指导，将佛学思想与人生观完美结合。此外，李钟霖（1992）在《藏族格言诗的哲理性艺术魅力》中简单提及格言诗的结构特点，包括章节分布、结构形式和格言诗的格律，以此反映其艺术魅力。

（二）对思想内涵的解读

关于藏族格言诗的思想内涵的研究颇多，其中有对道德观、伦理观的研究与分析，也有对其中美学观的探索和宗教思想的解析。

1. 思想内涵研究

王毅、吴颖（2010）在《〈萨迦格言〉思想内涵及其民族教育价值初探》中概括性解析了藏族格言诗的思想内涵，其中包括：治藏思想、伦理道德、崇尚智慧以及人生哲思，并对其教育价值进行了探索。从《萨迦格言》反映的充满民族智慧的文化、民族精神的教育角度分析格言诗，为格言诗教育意义的挖掘提供新的可能。此外，胡秉之（1981）在《一部光彩夺目的哲理诗集——谈谈〈萨迦格言〉》中针对《萨迦格言》中的思想内容提出：《萨迦格言》反映的是对统治阶级本性的揭露，对社会时弊的抨击，同时对做人的道德、伦理、学习、交友提出见解。此外，对其思想内容进行辩证思考，作为当时社会文化的产物，《萨迦格言》的思想内涵不可避免地带有一定的局限性。

2. 辩证法思想

辩证法，包括两者的对立统一。世界上存在万千种事物，无一不是与其他事物共同存在。而格言诗叙述的大多是生活中的现象，用辩证法的思想解读格言诗中的现象再合适不过。在《论藏族格言诗中的辩证法思想》中，李钟霖对藏族格言诗中辩证存在的事物进行评析。他认为：在势力强弱不同的各类事物中，强与弱这一矛盾普遍存在，并且两者在一定条件下可以相互转化而并非一成不变。格言诗中，（1）宣扬智者为强愚者为弱，而并不是外表强弱所决定；当然，在这充满变化的世界中，通过运用智慧可以实现从弱到强的转化。（2）同时，由于藏族格言诗兴起的时代背景，作者们还强调：合则强分则弱，坚持国家统一、社会和谐的理想。（3）勤学者强，反之怠学者弱。鼓励人们勤奋好学才会有所收获。（4）柔能克刚，反对暴政。"宣扬以仁德而非强权武力治天下"（李钟霖，1993：25）。此外，泽旺（1986）在《试论〈萨迦格言〉中的辩证思想》一文中从哲学的辩证法角度细致地分析了格言诗中的辩证法思想。此作品中的辩证思想有：现象表现本质；一切事物都是一分为二的思想；矛盾可以转化；量变可以引起质变。

藏族格言诗是充满智慧的书，不管是对个人人生观的形成还是社会的和谐发展都值得借鉴。

3. 道德观

藏族格言诗取材于生活中广泛流传的传说、典故、民间谚语，运用对比、比喻等修辞手法深入浅出地向人们传递人类思想的精华。在格言诗中提到的道德观念曾经潜移默化地影响着一代又一代人的道德成长。桑杰措（2012）曾在《藏族格言诗中的道德观及其有效利用途径》中简明陈述了藏族格言诗的发展过程和特点，并以《萨迦格言》《水树格言》和《国王修身论》为例细致分析了格言诗中的道德魅力，指出：藏族格言诗中的道德观就像一把利刃在当时的社会起到道德约束的作用，因为它赞扬诚信、智慧、勤奋、团结，强调国王自身修养和从政之道。如何利用这笔财富就成了值得思考的课题，作者提出（1）应将其中的道德观融入教学，方能使其源远流长；（2）提炼精华，使之成为日常生活的道德约束力量；（3）可以从学术研究的角度鉴赏进而进入更深层次的挖掘；（4）同时，要去其糟粕，取其精华，使之具有时代性。

4. 伦理观

藏族格言诗的作者以其丰富的文化知识、教育背景和对当时社会现象的探究，向读者提出符合当时社会的伦理观念。由于藏族格言诗作者大多受宗教思想和个人社会地位的影响，在一定程度上格言诗中的伦理观具有一定的宗教性。李钟霖曾在《藏族格言诗中的伦理观》中对格言诗所倡导的伦理观做了细致分析，并从辩证法的角度全面解析了这种伦理观的弊、益。星全成在《也谈藏族格言诗中的伦理思想》中以格言诗文本为例分析了其中隐含的伦理观，并且客观分析其糟粕与精华。此外，余仕麟在《〈萨迦格言〉与儒家伦理思想》中将《萨迦格言》反映的伦理观与儒家思想进行联系与对比，他认为两者关系是影响性的而非平行性的，并分别论述了两者的共同点；周莹也在《〈萨迦格言〉与〈沉思录〉中的道德伦理思想比较》中对《萨迦格言》与《沉思录》中的伦理道德观进行解析。藏族格言诗中所倡导的伦理观可以总结为：（1）倡学知识，尊重智者；（2）团结和睦，诚实待人；（3）知恩图报，尊老敬长；（4）忠君爱国，褒勇尚武；（5）清心寡欲，慷慨布施；（6）治国需依法、依仁、依德。"格言诗中积极的伦理观的发扬对于现代社会依然具有重要意义"（李钟霖，1991；星全成，1994；余仕麟，2008；周莹，2009）。

5. 智愚观

格言诗作者皆是饱读诗书、阅人无数、德高望重的大学者，他们通过格言诗的形式对智人与愚人做出解读。李钟霖（1991）在《藏族格言诗中的智愚观》中细致、全面地分析了智愚观，提出：智者即是人群中的佼佼者而愚人则反之，并从谦虚、谨慎、妒忌、报恩、人格等多方面阐述二者异同，从而使人们清晰辨别智愚并采取正确的态度。近朱者赤，智愚观的探讨有助于人们以慧眼辨真假，结交君子、远离小人。

6. 治学观

读藏族格言诗能解读者做人之迷惑，同时也能在治学上为学习者指点迷津。李钟霖的《藏族格言诗面面观——格言诗中的治学观》对格言诗中体现的治学观点做了简单解析；此外，星全成在《三论藏族格言诗中的治学思想》中也对格言诗中的治学目的、治学方法等进行挖掘。总体来说，格言诗中所倡导的治学观如下：（1）存疑问难，遍求名师；（2）敏而好学，不耻下问；（3）艰苦备尝，笃志博学；（4）戒骄戒躁，虚怀若谷；（5）学而不厌，诲人不倦；（6）学贵有恒，专心致志；（7）学以致用，躬亲习行；（8）尊敬师长，尊重知识；（9）鄙弃逸乐，立志笃学。学成于勤而荒于嬉，人的一生中应秉承活到老学到老的谦虚精神。藏族格言诗中的治学观对于求学者及学成者都有启发意义（李钟霖，1991；星全成，2003）。

7. 美学观

藏族格言诗的魅力不仅在于其中的哲学思想，还在于格言诗呈现的美感。李钟霖（1991）在《藏族格言诗面面观——格言诗中的审美观》中对格言诗的美学思想进行了解读。体现在格言诗中的美学观特点在于，作者通过对世间万物的观察，经过主体的加工，以格言诗的形式既表现出客观事物的美好，又描写出主观内心世界的愉悦，给人带来美好的感受。另外，作者通过生动的美丑事物的对比，突出美好的事物。

8. 宗教观

宗教作为一种文化形态与社会发展有着密不可分的关联。藏族格言诗兴起的年代，正是佛教传入藏区的时代。因此当时的藏族文化带有一种浓烈的宗教意味。格言诗的作者将自身的文学知识、生活经历以及不可避免的宗教意识完美融合，写出了脍炙人口的格言诗。李钟霖在《藏族格言中的宗教意识》中阐述了宗教与格言诗的关系，并就其中的宗教观做了全面分析；星全成也在《藏族格言诗宗教思想三题》中就藏族格言诗中宗教思想的主要方面做了解析。格言诗中的宗教观包括：（1）人生唯苦，以法解脱，唯有戒除"三毒"——"贪、嗔、痴"才能免于痛苦。（2）善恶分明，因果无欺。今世行善，来世幸福。（3）广行施舍，积德行善。从以上例子不难看出，"当时的宗教观念有助于形成人类善良、社会团结的局面，但在一定程度上也禁锢了人们的思想"（李钟霖，1992；星全成，1994）。

9. 政治观

藏族格言诗以萨班·贡嘎坚赞的《萨迦格言》为代表。此著作创作于西藏社会发生深刻阶级变化的时期，封建社会刚刚建立，社会动荡，统治者与被统治者之间矛盾不断激化。此时就需要一个有引导力的、统一的规范来平息这种动荡不安，《萨迦格言》应运而生，因此这部作品必然带有一定的政治色彩。佟德富、班班多杰在《〈萨迦格言〉政治思想和哲学思想探讨》一文中，以《萨迦格言》为例，详细分析了格言诗产生的社会背景，并提出其中的政治思想：（1）以佛治国，政教合一；（2）轻徭薄赋，反对横征暴敛；（3）在人才使用上选贤任能；（4）视学者如同君主；（5）《萨迦格言》中的辩证法思想；（6）佛教唯心主义的世界观。"作品中所体现的治国之道虽带有一定的阶级性，但积极的思想值得借鉴和学习"（佟德富、班班多杰，1989：17）。

（三）艺术魅力的赏析

藏族格言诗之所以受到后人的热烈追捧，除了得益于其结构形式、深刻的哲理思想外，它的艺术魅力也深深吸引读者。格言诗的作者使用生动形象的诗句深入浅出地讲述哲理，给读者带来艺术上的享受。宁世群

（1986）在《闪光的珍珠，智慧的花朵——论〈萨迦格言〉中的比喻》一文中，分析了《萨迦格言》中比喻的修辞手法的运用。他细致而完整地分析了诗中所用的比喻，从比喻的表现形式、比喻的意义到喻体的研究，紧接着对比喻的作用进行分析，最后总结出《萨迦格言》中比喻的艺术特色；另外，李钟霖在《藏族格言诗的哲理性艺术魅力》中对格言诗的艺术成就，包括写作手法、结构形式等进行分类列举；胡秉之在《一部光彩夺目的哲理诗集——谈谈〈萨迦格言〉》中清晰地归纳了格言诗的艺术特点。藏族格言诗的艺术特点可总结如下：（1）结构严谨，表意完整，达到了形与意的和谐。（2）句式整齐，巧用民歌。巧妙地将民歌中音节和谐的特点运用进来，使格言诗读起来铿锵有力，语调流畅。（3）修辞丰富，确切生动。作者多用比喻、对比、夸张等修辞手法使哲理易于理解。（4）语言精练，色调鲜明。将议论与抒怀融于一体，给读者以艺术的感染。（5）运用典故，说明主题。引用藏语中耳熟能详的典故，既易于理解又增强了格言诗的趣味性。（6）格律上，基本上是句尾押韵，给人以美的享受。

（四）对社会历史的解读

藏族格言诗集文学、哲学、宗教、社会意义等于一身，带给研究者多方面解读的可能性。文化来自社会，社会又由一个个的个体及其相互关系共同组成。因此藏族格言诗作为藏族文化的一部分，必然体现着社会的方方面面。赵代君（1993）在《关于藏族格言诗的社会学研究》一文中从社会学的角度对藏族格言诗进行解析，指出：藏族格言诗是社会进程中的一种观念文化。它从社会治理出发，提出治国安邦之道；它在传授生活经验、倡导社会规范、培养社会角色方面起到启迪作用。藏族格言诗作为一种文化现象对当时乃至当今人们世界观、人生观的形成具有深远的积极影响，因此融入社会的藏族格言诗具有顽强的生命力。孟延燕（1982）在《谈谈藏族哲理诗〈萨迦格言〉的社会历史作用》中从格言诗中的伦理观角度解析它对社会的作用。格言诗带给社会一定的积极影响，与此同时也有它的局限性。另外，蔡晓菁（2011）将格言诗的分析与当下的和谐社会建设结合，分析格言诗中体现出的有利于构建和谐社会的思想，具有一定的创新意义。蔡晓菁在《藏族格言诗中的和谐社会思想》中通过对为学、为人、为政之道的分析，剔除不适合现代社会的糟粕，提炼出今天我们应该继承的积极的价值取向和精神，这对于当前我国建构和谐社会有一定的积极意义。

对藏族格言诗的研究时间跨度较短，主要集中在20世纪八九十年代，之后逐渐发展；在研究角度上，层次逐渐细化，从文学到美学到哲学、社会学等。此外，在研究深度上，从格式到内涵再到运用，这无疑有助于对藏族文化的理解和传承。但可以看出，藏族格言诗的研究还处于发展阶段，需要更多的研究者的加入。藏族格言诗研究仍有需要改进的方面，比如，研究过于单一，作为中华民族传统文化的重要组成部分，藏族格言诗亟待被更好地挖掘。更多研究者的加入将有助于进一步深化格言诗研究，发展格言诗跨学科的多维度研究，从而更好地发扬藏族文化的优秀传统。文化建设是当今社会建设的一个重要组成部分，所以应该高度重视。

三、藏族格言诗译本研究综述

在全球化的时代，在国内乃至国外研究传播藏族格言诗是非常必要的。对藏族格言诗的研究始于20世纪50年代，之后便进入格言诗翻译的低迷期。随着社会的发展和文化传播的需要，20世纪80年代初，翻译工作陆续开始并逐渐发展。时至今日，已有一批译者投身于藏族格言诗的汉译及英译中。

（一）藏族格言诗汉译

1.《萨迦格言》汉译
（1）王尧版本

在藏族格言诗中，《萨迦格言》因其学术地位及艺术魅力，受到译者的关注最多，也最早。早在20世纪50年代，藏学家王尧就开始着手翻译《萨迦格言》，并在《人民日报》副刊上连载，同时于《光明日报·文学遗产》上发表了《论萨班·贡噶江村和他的哲理诗》，之后在青海人民出版社刊印单行本,取名《西藏萨迦格言选》。经过王尧的多次加工及完善,1981年6月出版了王尧的完整本,取名《萨迦格言》(汉藏文版)。2012年,当代中国出版社出版的《萨迦格言:西藏贵族世代诵读的智慧珍宝》是王尧所译《萨迦格言》的又一汉译新版本(李正栓,2013a:16)。王尧的首部《萨迦格言》汉译本激发了一批有志学者研究格言诗的热情。

(2)次旦多吉等人版本

1980年,次旦多吉等人译的《萨迦格言》在西藏人民出版社出版。该书的出版受到热烈欢迎。因此于1985年第二次印刷(李正栓,2013a:16)。

(3)仁增才让和才公太版本

2009年,《萨迦格言》又一汉译本面市,是由中国藏学出版社出版的《萨迦格言藏汉英对照本》,本书特色在于是国内第一本藏汉英三语的格言诗版本,汉译者仁增才让和才公太,英译者John Thomas Davenport(李正栓,2013a:17)。三语版本无疑扩大了读者的范围,为格言诗走出国门奠定基础。但据北塔[1] 分析,此版本的问题在于其中的汉译本有逻辑、措辞倒错的问题。

(4)班典顿玉、杨曙光版本

2010年,西藏人民出版社出版了班典顿玉、杨曙光译的《萨迦格言》(藏汉语版)(李正栓,2013a:17)。班典顿玉,现任中国佛教协会理事,西藏自治区佛教协会副会长,日喀则市佛教协会常务副会长。

2.《水树格言》与《格丹格言》汉译

《格丹格言》写于400多年前,作者是佛教界名哲班钦·索南扎巴(1478或1481—1556或1554)。《格丹格言》共125首,多角度分析智者与愚者的分别,被称作警世格言或醒世格言。《水树格言》作者孔唐·丹白准美(1762—1823),全书主要包括两部分:"水"的格言和"树"的格言,分别含139首和100首。作者主要以水、树做比喻以宣扬佛教"无常"和"因果轮回"的思想(李正栓,2013b:10)。

---

[1] 北塔(徐伟峰),诗人,翻译家,主要研究方向是诗歌创作和评论,翻译机翻译理论。

遗憾的是，与翻译《萨迦格言》的热度不同，《格丹格言》《水树格言》的汉译目前只有一本合集，即为1986年耿予方汉译《格丹格言·水树格言》，由西藏人民出版社出版（李正栓，2013a：18）。这样的汉译情况无疑不利于藏族格言诗的研究与传播。

（二）藏族格言诗英译

1. 国外译者英译

藏族格言诗以其独特的魅力同样吸引了外国学者，但目前外国译者仅致力于《萨迦格言》的英译。

（1）薄森版本

1969年，薄森以李盖提1948年布达佩斯影印本为底本，对蒙藏两种文字的《萨迦格言》进行了拉丁文转写、翻译与注解，"并对出土的《萨迦格言》的部分影印本进行研读"（敖特根，2007：59）。北塔曾提及，薄森精通蒙古语。1969年，印第安纳大学出版社出版James E. Bosson（薄森）英译的《警句宝库》（A Treasury of Aphoristic Jewels），是藏、蒙、英对照本，其母本就是蒙古文版本和藏文版本。北塔认为，薄森可能主要根据蒙古语版本翻译，他略懂藏文，他的译本可能参考了藏文本原文。

事实上，薄森版本流传并不广泛。达文波特（John T. Davenport）把流传不广的原因归结为没有对诗中的故事进行评注，另外还因为它是一本专著。科尔马斯（Kolmas）如此评价薄森版本，"我认为，在这一方面唯一需要做的是仔细研究对这部著名西藏说教作品的评注，以便解释其中典故和故事的出处"（李正栓，2013b：11）。

（2）塔尔库版本

1977年，美国加利福尼亚州伯克利的Dharma Publishing出版社出版了Elegant Sayings，该书包括两部分，第一部分为Staff of Wisdom，作者为印度佛教大师龙树（Nagarjuna），英译者为塔尔库（Tarthang Tulku）；第二部分为A Precious Treasury of Elegant Sayings，作者为中国西藏的Sakya Pandita（萨迦·班智达），英译者同为塔尔库（李正栓，2013a：17）。

塔尔库致力于研究西藏艺术和文化，1977年他推出《萨迦格言》英译本。此版本对《萨迦格言》在英语世界的传播起到推动作用（李正栓，2013b：11）。

北塔认为，塔尔库的藏文无可挑剔，此版本应该是由藏语直接译成英语的，遗憾的是他并不精通英文，因此他的译本流传不广。

（3）达文波特版本

继塔尔库英译本之后，美国WISDOM PUBLICATIONS·BOSTON出版了 *ORDINARY WOSDOM—Sakya Pandita's Treasury of Good Advice*，英译者是John T. Davenport with Sallie D. Davenport and Losang Thonden（李正栓，2013a：17）。

达文波特在他的版本中对诗进行详尽的评注，评注有时过于烦冗，有喧宾夺主之感，评注的说教性比诗歌本身还强。在翻译过程中，达文波特认为复制原诗格律是不可能的，在词序安排上尽量保留原来顺序，以避免因藏英两种语言句法的区别使译文拙劣。为避免评注内容的重复，达文波特对评注进行裁译，但是保留的依然很多，读者负担依旧很重。从评注的故事和相关背景介绍中不难看出其说教性。"与初期的节译本相比，达文波特版本是较完整、充满详解的版本"（李正栓，2013b：12）。

达文波特本人在美国寂寂无名，然而本书的合译者之一Losang Thonden（洛桑·松顿）是藏文文法专家和藏文教育专家，藏语水平很高，也有一定英语水平。据北塔推测，达文波特版本可能是由洛桑·松顿用英语解释藏语，达文波特译成英语。"达文波特的英译还于2009年被放在中国藏学出版社出版的《萨迦格言藏汉英对照本》里"（李正栓，2013a：18）。

2.国内译者英译

藏族格言诗英译在国内较为滞后。在2013年之前，国内译者对藏族任何格言诗集均未涉猎。2013年1月，长春出版社出版了李正栓等人英译的《藏族格言诗英译》。该书中，李正栓将《水树格言》分成两部分，所以该书共包括四部分：《萨迦格言》《格丹格言》《水的格言》和《树的格言》。此书填补了《格丹格言》《水树格言》在国内外无英译本的空白，成为国内译者首个版本。

北塔认为,此版本的特点在于虽然以汉语作为译文的过滤器,但在最大程度上忠实汉译本,并没有影响藏族格言诗的传播魅力;译文总体风格自然、简洁、熨帖而朗朗上口,虽保留了部分佛教专有名词,但并没有成为阅读的障碍;此外很好地处理了文化背景和文本内涵的细微差异,并未照搬词典中汉语格言的英译,也没有把英语格言等僵硬地移植译文中,保证了译文风格的统一、译者的主体性和能动性。

藏族格言诗英译使中国少数民族文学走进世界文学的多维翻译空间成为可能,也使民族文化进入世界文学成为可能。李正栓的英译本对于中华传统文学的对外传播起到推动作用,对于中华民族典籍翻译的发展起到促进作用。

从《萨迦格言》英译不难看出,译者有以下特点:一、译者多为外国人,包括华裔译者;二、部分译者具有宗教信仰,译文带有说教色彩;三、李正栓所译《萨迦格言》填补了藏族格言诗英译文学角度的空白,对少数民族文化传播十分有益。

(三)藏族格言诗其他语言译本

藏族格言诗中,《萨迦格言》流传最广,"除了汉译本、英译本外,《萨迦格言》在国内被译成八思巴语、蒙古语,在国外还曾被译成法、日、捷、匈等语言"(李正栓,2013b:16)。

四、结语

藏族传统文化非常丰富,需要研究者和译者加大关注力度,投入时间和精力,为中华传统文化的传播和发展贡献一己之力。随着全球化的不断深入,藏文化作为中华传统文化的重要组成部分需要"走出去"。这对中华传统文化的传播、外国正确理解中国文化、中国思想具有举足轻重的意义。对藏族格言诗多角度、多层次的研读以及对其文本恰当的翻译显得尤为重要。我们期待在这片肥沃的土壤里出现百花齐放的繁荣景象。

参考文献

[1] 敖特根.莫高窟北区出土八思巴蒙古文《萨迦格言》残片研究[J].中国藏学,2007(4):58—65.

[2] 蔡晓菁.《萨迦格言》的结构解读[J].西藏民族学院学报,2009(3):62—66+85.

[3] 蔡晓菁.藏族格言诗中的和谐社会思想[J].福建省社会主义学院学报,2011(4):59—62.

[4] 胡秉之.一部光彩夺目的哲理诗集——谈谈《萨迦格言》[J].西藏民族学院学报,1981(3):89—98.

[5] 孟延燕.谈谈藏族哲理诗《萨迦格言》的社会历史作用[J].西藏民族学院学报,1982(4):83—88.

[6] 宁世群.闪光的珍珠,智慧的花朵——论《萨迦格言》中的比喻[J].西藏民族学院学报,1986(1):76—85.

[7] 李正栓.藏族格言诗英译[M].长春:长春出版社,2013a.

[8] 李正栓.藏族格言诗翻译史略[J].燕山大学学报,2013(3)b:9—12.

[9] 李钟霖.藏族格言诗中的智愚观[J].西藏民族学院学报,1991(2):51—59.

[10] 李钟霖.藏族格言诗面面观——格言诗中的治学观[J].青海民族研究,1991(2):44—48.

[11] 李钟霖.藏族格言诗面面观——格言诗中的审美观[J].青海民族学院学报,1991(2):71—78.

[12] 李钟霖.藏族格言诗中的伦理观[J].西南民族学院学报,1991(5):58—61.

[13] 李钟霖.藏族格言诗的哲理性艺术魅力[J].青海民族研究,1992(1):71—75.

[14] 李钟霖.藏族格言中的宗教意识[J].青海民族学院学报,1992(1):56—60.

[15] 李钟霖.论藏族格言诗中的辩证法思想[J].青海民族学院学报,

1993（1）：25—31.

[16] 桑杰措.藏族格言诗中的道德观及其有效利用途径[J].产业与科技论坛，2012（4）：183—184.

[17] 佟德富、班班多杰.《萨迦格言》政治思想和哲学思想探讨[J].内蒙古社会科学，1989（1）：16—21+43.

[18] 王毅、吴颖.《萨迦格言》思想内涵及其民族教育价值初探[J].西藏民族学院学报，2010（1）：44—48+139.

[19] 星全成.也谈藏族格言诗中的伦理思想[J].青海民族学院学报，1994（2）：47—52.

[20] 星全成.藏族格言诗宗教思想三题[J].青海民族研究，1994（3）.

[21] 星全成.三论藏族格言诗中的治学思想[J].西北民族大学学报，2003（5）：78—84.

[22] 余仕麟.《萨迦格言》与儒家伦理思想[J].西南民族大学学报，2008（4）：13—16.

[23] 泽旺.试论《萨迦格言》中的辩证思想[J].西藏研究，1986（3）：94—98.

[24] 赵代君.关于藏族格言诗的社会学研究[J].西藏大学学报，1993（4）：4—9.

[25] 周莹.《萨迦格言》与《沉思录》中的道德伦理思想比较[J].西藏研究，2009（4）：101—108.

（本文原载《河北学刊》2014年第6期，作者李正栓、彭丹，数据未做更新，内容略有改动。）

藏族格言诗国外翻译研究历时考察

一、引言

　　藏族格言诗既是藏族重要的诗歌样式，也是众多藏族格言诗作的总称。作为海外藏学、蒙古学、汉学等海外中国学研究的重要内容，藏族格言诗历来被国外学者所关注。

　　藏族格言诗始于13世纪上半叶萨迦·贡嘎坚赞（1182—1251）以藏族民间文学为基础、借鉴印度文学样式而创作的《萨迦格言》。后世藏族学者以《萨迦格言》为蓝本，创作出《格丹格言》《水树格言》《风喻格言》《国王修身论》《土喻格言》《火喻格言》《铁喻格言》《宝喻格言》等脍炙人口的诗作，不断丰富藏族格言诗的思想主题和诗歌样式。藏族格言诗备受推崇，历来多有学者通过哲理解说、添加故事等形式对《萨迦格言》《格丹格言》等诗作进行注疏，形成内容丰富的评著，与藏族格言诗共同在藏语文化圈广泛传播。藏、蒙密切的文化交流和历史渊源使得藏族格言诗最早在蒙古语文化圈译介。《萨迦格言》在13世纪末或14世纪初被译为蒙古文之后，先后产生索南戈拉译本、咱雅班智达索南嘉措译本、莫日跟格根罗桑丹必坚赞译本、察哈尔格西·罗桑楚臣译本等多个蒙古文译本。此外，《格丹格言》等藏族格言诗及其评著在蒙古语文化圈也流传较广。

　　藏族格言诗外译肇始于Csoma于1833年英译《萨迦格言》。之后，藏族格言诗在东方学、海外藏学、海外蒙古学、海外汉学的相互促进下得到持续关注，大量外文译本和相关译论相继产出。国内外学者关注藏族格言诗的译介研究，但多为笼统性介绍，如博尔索霍耶娃（1984）、

Davenport（2000），或聚焦于某一诗作在某一地域的翻译史书写，如李正栓和李子馨（2019）、赵春龙和李正栓（2020）。藏族格言诗国外翻译研究内容丰富，包括翻译实践、译史书写、译介研究、译本研究、翻译考释等多个层面的内容，单纯从某一层面进行考察难以全面把握其国外翻译研究的整体路径。本文以外文译本产生、翻译研究视角和主题变迁为考察点，从东方学、海外藏学、海外蒙古学、海外汉学等宏观视角历时考察藏族格言诗国外翻译研究的阶段性特征，以全面把握其整体研究路径，进而为考察民族典籍国外翻译研究提供借鉴。

二、肇始期（1833—1899）：东方学视角下的认知西藏翻译

东方学是欧洲以东方国家和地区为对象而进行认知和研究的学问，在18世纪以后随着欧洲殖民主义的勃兴而得到长足发展。藏学作为东方学的重要研究领域，自18世纪开始受到俄国、英国、法国、德国等西方国家学者的密切关注。在西方藏学研究开展早期，翻译成为欧洲东方学视角下认识西藏语言、文化、宗教等方面的重要途径。藏族格言诗诗学品质独特，思想主题多元，成为认识西藏和藏语的最佳文学体裁之一，得到早期西方藏学家的关注和译介。

（一）外文译本（文）概览

"《萨迦格言》成为最早引起西方藏学家关注的西藏本土作品之一。"（Jackson，1987：42）继Csoma英译本产生之后，《萨迦格言》的俄文、法文以及德文节译本（文）相继产生（见表1）。分析早期藏族格言诗外文译本（文）发现：藏族格言诗早期外译呈现出诗作译介单一、以选译为主、出版形式零散、受关注度较高的特点。从诗作翻译来看，《萨迦格言》最早被译介且为选译，其他藏族格言诗作未被译介；从出版形式来看，形式多样且较为零散，以期刊、译著、词典附录、专著附录等形式为主；从译成外文数量来看，《萨迦格言》产生了4种外文的6个译本（文）。

表1　1833—1899年藏族格言诗外文译本统计

诗作	语种	译本名称	译者	译诗数量	出版时间	出版形式
《萨迦格言》	英文	A Brief Notice of the Subhashita Ratna Nidhi of Saskya Pandita	Csoma	234	1855—56	期刊
	俄文	《卡尔梅克语法》	А. В. Попов	待考	1847	词典附录
	法文	Le trésor des belles paroles	Foucaux	134	1858	译著
	德文	Illustrirtes Revalsches Almanach	待考	12	1860	待考
		Indische Spruche: Sanskrit Und Deuts	Schiefner	33	1863—65	专著附录
		Geschichte des Buddhismus in der Mongolei	Georg Huth	19	1893—96	译著附录

（二）翻译研究视角和主题

19世纪，藏族格言诗作为西方藏学研究的重要组成部分，其翻译成为西方藏学家在东方学视角之下开展藏族语言、文学研究进而认识西藏的途径之一，相关翻译研究论述多见于译本前言部分。

Csoma、俄国蒙古语言学家 А. В. Попов 和德国语言学家、藏学家 Schiefner 关注《萨迦格言》的语言价值。《萨迦格言》作为 Csoma（1855—1856）编写《藏英字典》(*Essay Towards a Dictionary, Tibetan and English*)和《藏语语法》(*A Grammar of the Tibetan Language in English*)的重要语料而被翻译成英文；"А. В. Попов 在《卡尔梅克语法》一书中引用了托忒蒙古文《萨迦格言》的字句，并附有俄文翻译"（博尔索霍耶娃，1984：38）；Schiefner 德译《萨迦格言》旨在从语言研究视角解读奥托·冯·波特林克（Otto von Böhtlingk）的专著《印度箴言：梵文和德文》(*Indische Spruche: Sanskrit Und Deuts*)。法国藏学家 Foucaux（1858）关注《萨迦格言》的文学属性，在译本前言中探讨了其与印度梵文诗歌的译介关系，并将之与印度梵文诗歌和西方寓言进行了比较研究。

三、发展期（1900—1964）：蒙古学视角下的蒙古文翻译考释

19世纪末，随着西方殖民主义在亚洲腹地的扩张，西方探险家相继在我国西北地区进行考古发掘和文化掠夺。随之大量藏蒙文献被发掘，藏学、蒙古学考古成为欧洲东方学研究的新领域。20世纪初，《萨迦格言》回鹘蒙古文、八思巴蒙古文译本被发掘或发现。1900—1964年间，围绕《萨迦格言》蒙古文译本考释，在蒙古学视角下推进蒙古文语言研究成为这一时期藏族格言诗翻译研究的主题，藏族格言诗翻译和研究得到进一步发展。

（一）外文译本（文）概览

这一时期，藏族格言诗的外文译本（文）产出不活跃且译介诗作单一（见表2）。《萨迦格言》Csoma英译本出版之后，受到法国、德国等国家藏学家的关注，产生较大的影响，孟加拉亚洲学会于1912年在加尔各答重新出版该译本。苏格兰学者Campbell（1925）将《萨迦格言》全部译为德文，产生了首个外文全译本。20世纪上半叶，随着日本蒙古学和藏学研究的兴起，《萨迦格言》日译本零星出现于相关蒙古文译著之中，日本学者桥本光宝（1942）日译蒙古僧人固实噶居巴·洛桑泽培的《蒙古佛教史》，其中含有《萨迦格言》19首诗。此外，捷克学者Poucha和Praha首次将《萨迦格言》部分诗节译为捷克文（Sternbach，1981：125）。

表2　1900—1964年藏族格言诗外文译本（文）统计

诗作	语种	译者	译本名称	译诗数量	出版时间
《萨迦格言》	德文	Campbell	*Die Sprüche von Sakya*	457	1925
	日文	桥本光宝	西藏の喇嘛教	19	1942
	捷克文	Poucha, Praha	*Pokladnice Moudrych Rcenl*	待考	1952

（二）翻译研究视角和主题

藏、蒙密切的历史、语言、文化渊源使得藏族典籍及其蒙古文译本成为研究蒙古语语言文化的重要文献。13世纪末期以来，相继产生的《萨迦格言》蒙古文译本以回鹘蒙古文、八思巴蒙古文、托忒蒙古文刊印，基本反映出蒙古文的演化过程，具有重要的语言研究价值。"索南戈拉译本以八思巴蒙古文和回鹘蒙古文刊印或手抄，流传时间长，版本数量多，影响广泛"（赵春龙、李正栓，2020：89），被匈裔美籍蒙古学家、藏学家捷尔吉·卡拉（Grörgy Kara）称为"中世纪蒙古标准语重要文献之一"（范丽君，2003：28）和"极具价值的中世纪蒙古文作品"（Kara，2009：1）。这一时期，西方蒙古学学家、藏学家基于考古发现，主要围绕索南戈拉译本版本进行翻译、考释以推进蒙古语语言研究（见表3），代表人物有芬兰语言学家Ramstedt和Aalto、俄裔美籍阿尔泰学家Poppe、匈牙利蒙古学家Ligeti、美国蒙藏语文学家Bosson。

表3　索南戈拉蒙古文译本版本概览

No.	版本名称	蒙古文	发现者	发现时间、地点
1	芬兰赫尔辛基残片（1件）	八思巴蒙古文	Mannerheim	1906，新疆
2	德国柏林残片（3件）	八思巴蒙古文	Grünwedel等	1905—1907，新疆
3	俄罗斯圣彼得堡科学院图书馆手抄本（3种）	回鹘蒙古文	Rudnev, Jaehrig	18世纪，布里亚特等地
4	俄罗斯圣彼得堡国立大学手抄本	回鹘蒙古文	Kowalewski	卡尔梅克
5	布达佩斯匈牙利科学院图书馆手抄本	回鹘蒙古文	Ligeti	1931，内蒙古

Ramstedt（1912）率先刊发芬兰国父马内汉将军（C.G. Mannerheim）发现的芬兰赫尔辛基残片，并尝试翻译该残片并推测其作者身份。Ramstedt的学生兼合作者Aalto（1952）补充、考证了赫尔辛基残片，通过将之与布达佩斯手抄本进行对比，确定其为《萨迦格言》八思巴蒙古文译本内容。随后，Aalto（1953—1954，1955，1959）先后对柏林残片进

行转写、翻译和注解，指出柏林残片与赫尔辛基残片为同一版本。Ligeti（1948）出版了其于内蒙古发现的布达佩斯匈牙利科学院图书馆手抄本的影印本，在序言中肯定了其文本语言价值，"《萨迦格言》布达佩斯写本中保留了中古蒙古语的正字法、词法与词汇之一切特征"（敖特根，2007：59）。Poppe（1953，2008）对Ligeti出版的布达佩斯影印本进行述评和推介，并于1957年对赫尔辛基残片进行转写、翻译和注解。日本蒙古学家Masayoshi Nomura（1955）解读、考释了八思巴蒙古文残片。Bosson（1961）对索南戈拉蒙古文译本残片和手抄本进行全面梳理，重点对柏林残片进行了补充、翻译、考释和注解。同时，国外学者开始关注《萨迦格言》翻译史的书写，如日本一桥大学大学院学生田中克彦（1961）简要考察了《萨迦格言》的蒙译史及其在蒙古文学史中的地位。

此外，《萨迦格言》索南戈拉蒙古文译本残片或手抄本常见于这一时期西方蒙古学家、藏学家和汉学家的著述之中，这对《萨迦格言》在西方学界的译介起到了重要的推动作用。例如，美国汉学家Carter（1925）在其专著《中国印刷术的发明和它的西传》刊布了索南戈拉译本柏林残片；德国蒙古学家Haenisch（1959）编著的《柏林所藏吐鲁番出土蒙古文文献卷二》收录介绍了柏林残片。

四、成熟期（1965—1999）：藏蒙学视角下的多维翻译研究

翻译学科兴起和研究视角转向推动了藏族格言诗外文译本的产生和翻译研究的发展，而国际藏学会议的召开直接催生了《萨迦格言》多种外文译本。这一时期，西方学界一改20世纪上半叶单纯从蒙古学研究《萨迦格言》的趋向，开始侧重从藏学视角出发关注藏族格言诗的翻译研究，形成了藏学和蒙古学双重视角下的藏族格言诗翻译研究。同时，20世纪五六十年代，Nida、Fedorov、Jacobson等西方语言学家推动形成的翻译研究语言学转向使西方藏蒙学家开始关注从翻译研究本身开展藏族格言诗研究。以1965年Bosson的博士论文《格言宝藏：萨迦班智达〈善说宝藏〉

藏蒙对照》（*A Treasury of Aphoristic Jewels：The Subhasitaratnanidhi of Sa Skya Pandita in Tibetan and Mongolian*）为标志，藏族格言诗翻译研究进入成熟期。

（一）外文译本（文）概览

Bosson分别从《萨迦格言》藏文和蒙古文译成两个英译本，"旨在获知蒙古文译者所使用的传统翻译技巧和方法"（Bosson，1969：Ⅶ），该论文以专著形式于1969年和1997年两次出版。19世纪70年代，国际藏学会议和国际青年藏学家会议的相继召开为藏学研究提供了国际学术交流平台，《萨迦格言》多种外文译本在这一阶段产生。这一时期，藏族格言诗外文译本出产活跃，但仍以《萨迦格言》为主（见表4）。《萨迦格言》产生了6种外文9个译本（文），且英文、俄文、捷克文、匈牙利文以及日文译本均含有全译本。印第安纳大学的Hartley在其硕士学位论文中首次英译了《国王修身论》45首诗。此外，Ligeti（1973）整理的布达佩斯本影印本在匈牙利再版。多种语言译本的产生和再版为藏族格言诗翻译研究提供了文本基础。

表4　1965—1999藏族格言诗外文译本（文）统计

诗作	语种	书目名称	译者	译诗数量	出版时间
《萨迦格言》	英文	*A Treasury of Aphoristic Jewels*	Bosson	457	1965/1969/1997
		Elegant Sayings	Tulku	234	1977
	俄文	*Назидательные речения Сакья пандиты*	Dylykova	37	1973
		Izjascnye Recenija Sakja	Bolsohoeva	457	1976
	德文	*Die uigurischen Übersetzungen des Guruyogas "Tiefer Weg" von Sa-skya Pandita und der Hanjusrinamasamgiti*	Kara	9	1977
	捷克文	*Pokladnice Moudrych Rcenl*	Kolmaš等	457	1984/1988
	匈牙利文	*Abolcsesseg Kjncsestara*	Dezso	457	1984
	日文	薩迦格言	白馆戒云	457	1994

续表

诗作	语种	书目名称	译者	译诗数量	出版时间
《萨迦格言》	日文	智恵の言葉『サキャ・レクシェー』の教え	正木晃	457	1997
《国王修身论》	英文	A Socio-historical Study of the Kingdom of Sde-Dge in the Late 19th Century	Hartley	45	1997

（二）翻译研究视角和主题

西方藏学家、蒙古学学家的关注形成了藏族格言诗翻译研究的藏学、蒙古学双重视角。在藏学、蒙古学视角下，国外藏族格言诗翻译研究主要围绕诗作译介、文学研究、译本研究几个方面展开。

诗作译介主要是对《萨迦格言》及其译本的介绍和评述。Bosson 的专著在国外藏学界和蒙古学界产生较大学术影响，英国蒙藏史诗专家 Bawden（1971）、捷克藏学家 Kolmaš（1973）等国外藏蒙学家对其进行介绍和评述，积极肯定了 Bosson 的重要学术贡献。印度藏学家 Ghosh、捷克藏学家 Kolmaš、德国印度学家和藏学家 Hahn 等国外学者通过论文、国际会议、教材等形式积极向本国或国际藏学界推介《萨迦格言》。Ghosh（1972）撰文全面介绍了《萨迦格言》，简要梳理了其翻译史；Kolmaš 在 1976 年召开的国际藏学会议上宣读了论文"萨迦班智达的格言诗"，分析了《萨迦格言》内容，并指出其所蕴含的智慧思想（Franke, 1978—1980：604）；Hahn（1994）将《萨迦格言》前三章编入德文版《藏语经典教材》之中。此外，美国著名藏学家 Van der Kuijp（1986）向国际藏学界全面介绍了西藏人民出版社 1983 年出版的《格丹格言》，并考证了其与《萨迦格言》的关系。

国外学者注重以翻译为途径研究《萨迦格言》与藏族文学、蒙古族文学以及印度文学之间的关系。捷克斯洛伐克学者 Bethlenfalvy（1965）基于乌兰巴托蒙古文手抄本，比较研究了《萨迦格言》评著中三个故事的藏文、蒙古文和梵文文本，以探究三种语言文本之间的文学关系。德国藏学家 Jackson（1983）系统梳理了包括《萨迦格言》在内的贡嘎坚赞的 8 部作品及其评著。Hahn和法国印度学家、藏学家Ludwik关注《萨迦格言》与印度文学之间的关系。Ludwik（1963，1980，1983）基于《萨迦格言》和印度格言诗的翻译史考察，多次撰文分析二者之间的文学关系；Hahn（1984）通过文本翻译探讨了《萨迦格言》部分诗节与印度格言诗之间的文学关系。

在译本研究方面，Bosson以语言学方式研究《萨迦格言》文本语言转换，指出牺牲诗作的文体和流畅性，采用直译的方式"尽可能使英译文贴近原文……希望展示其从藏文到蒙古文这一翻译过程中所使用的传统翻译技巧和方法"（Bosson，1969：Ⅶ）。

此外，以翻译为途径的藏族格言诗文本考释、宗教研究以及社会历史学研究也得到西方藏学、蒙古学界的关注。国外蒙古学学家继续从蒙古学视角关注《萨迦格言》的翻译考释研究，如Ligeti（1971）系统考释了柏林残片。美国Tulku（1977）和Kara（1977）关注《萨迦格言》的宗教价值，通过翻译其部分诗节研究贡嘎坚赞的佛学思想。Hartley（1997）以翻译为基础，从联盟与权力的宗派无偏向视角解读《国王修身论》对19世纪晚期德格土司社会历史研究的构建作用，"引起西方学界对米庞嘉措政治格言诗《国王修身论》的关注"（Ortega，2019：27）。

五、深化期（2000年以来）：藏蒙学视角下的深入翻译研究

2000年以来，随着藏学、蒙古学和翻译学研究的深化，藏族格言诗翻译研究呈现出深化发展的特点，主要表现为诗作翻译数量增加、译本内容丰富、翻译研究深化。

（一）外文译本（文）概览

"进入21世纪，对藏族格言诗的翻译出版或重印正处在一个繁盛时期"（李正栓，2019：25）（见表5）。在诗作翻译数量上，《萨迦格言》《国王修身论》之外的《水树格言》《格丹格言》《土喻格言》《风喻格言》等

藏族格言诗得到翻译，且《萨迦格言》产生4种外文5个译本（文）；在译本内容上，藏族格言诗译本多为全译，注重格言诗评著的翻译，且译本文本体例丰富。此外，《萨迦格言》早期外文译本得到再版，Foucaux法译本于2010年和2014年在美国和法国再版；Bosson英译本于2017年在英国再版。

表5　21世纪藏族格言诗外文译本（文）统计（截至2021年）

诗作	译者	语种	译本名称	译诗数量	出版时间
《萨迦格言》	Davenport	英文	Ordinary Wisdom	457	2000
	今枝由郎	日文	サキャ格言集	457	2002
	A.K. Васильев	俄文	Драгоценной сокровищницы превосходных речений Сакья-пандиты	59	2004
	Eimer Helmut	德文	Sa skya legs bshad	457	2014
《萨迦格言》及评著	Newman	英文	The Tibetan Book of Everdyay Wisdom	457	2018
《格丹格言》及评著				125	
《土喻格言》				90	
《风喻格言》				67	
《水树格言》				239	
《水树格言》	Khedrup等	英文	The Water and Wood Shastras	239	2012
《国王修身论》	Cabezón	英文	The Just King	1102	2017

（二）翻译研究视角和主题

这一时期，国外学者延续上一时期藏学和蒙古学的双重视角，深入开展藏族格言诗的翻译研究，主要涉及翻译考释、诗作译介、译本研究、文学研究几个主题。

俄罗斯学者较多从蒙古学视角出发关注《萨迦格言》的翻译考释。俄罗斯蒙古学家Atsanavong（2008）考察了《萨迦格言》蒙古文译本布里亚特木刻本的制图和拼写特性，指出该译本语言与当地蒙古方言之间的诸多差异并分析产生原因。俄罗斯蒙古学家 Muzraeva（2015）考察了卡尔梅克研究院科学文献藏 — 卫特拉语《萨迦格言》文本，并和 Sumba（2019）首次讨论了图瓦共和国国家博物馆所藏《萨迦格言》木刻本特质，对其进行转写和俄译。Kara（2000）考释并整理了匈牙利科学院图书馆藏满蒙手抄本和木刻本文献，将《萨迦格言》列入其中；基于先前对《萨迦格言》藏文文本和蒙古文译本的大量考释和研究，Kara（2009）参考诸多英文译本，编写了"藏文 — 回鹘蒙古文 — 现代蒙古文 — 英文"多语对照的翻译词典《索南戈拉〈善说宝藏〉词典》。该词典出版之后，产生了重要学术影响，Buell（2011）、Alice（2011）、Wallace（2011）等西方学者对该词典进行评介，积极肯定了其重要的参考价值和学术价值。此外，日本学者梶濱亮俊（2003）也向日本学界推介《萨迦格言》。

译本研究成为国外蒙古学学家的关注重点。Atsanavong（2012）在梳理《萨迦格言》翻译史的基础上，重点分析了其布里亚特蒙古文译本特征。Demchigmaa（2014）通过比较《萨迦格言》的藏文文本和蒙古译文，考察了蒙古文译文中所包含的藏文词汇。日本学者 Onoda Shunzo（2019）从翻译过程出发，基于《萨迦格言》由速记到手抄再到定本的转写过程探讨了其手抄本与定本之间的关系。

梶濱亮俊（2004，2017）关注《萨迦格言》与印度文学之间的关系，撰文探讨了《萨迦格言》评著中的月光菩萨国王故事，并出版《〈萨迦格言〉与印度文学》专著，全面系统地探究了二者之间的文学关系。

此外，这一时期产生的藏族格言诗外文译本多为体例完备、内容丰富的丰厚译本，译者在译本前言对诗作作者、创作背景、译介历程、翻译目的和原则多有详细说明，这些内容同样构成藏族格言诗翻译研究的重要组成部分。

六、结语

藏族格言诗国外翻译研究在译本生产和翻译研究互动中，形成了东方学、蒙古学、藏学等多元宏观视角下的考古、语言、翻译、文学、宗教、社会历史等主题的交互研究。藏族格言诗外文译本的持续产生既是东方学、海外蒙古学、海外藏学研究的成果，也为开展国外藏族格言诗翻译研究奠定了翻译实践基础和文本基础；国外翻译研究视角和主题既是对藏族格言诗外文译本生产的深化研究，也为全面把握藏族格言诗国外翻译研究的整体路径提供重要依据。

基于译本生产和翻译研究的全面考察和具体分析发现，藏族格言诗国外翻译研究呈现出历时性演变过程中的阶段性特征，如海外藏学、蒙古学、汉学、满学等中国学整体研究下的交互性特征，考古、语言、翻译、文学、宗教、社会历史等研究中承载的价值性特征，概括之，即时间维度上历时性和阶段性的统一、内容维度上整体性与交互性的统一、价值维度上价值性和功能性的统一。藏族格言诗国外翻译研究的时间维度、内容维度、价值维度为考察民族典籍国外翻译研究提供了借鉴，即民族典籍国外翻译研究考察应注意实现历时性和阶段性研究的结合，有助于在全面把握宏观视角流变下透视具体研究主题；实现整体性和交互性研究的结合，这既是对中华民族各民族间密切文化交流的历史反映，又是对中华民族多元一体文化观的现实彰显；明晰价值性和功能性的研究取向，有助于了解国外研究趋向，为国内开展相关研究提供新的视角。

参考文献

[1]Aalto, Pentti. Altaistica I: The Mannerheim Fragment of Mongolian Quadratic Script[J]. *Studia Orientalia Electronica*, 1952（17）：1-9.

[2]Aalto, Pentti. A Second Fragment of the *Subhāsitaratnanidhi* in Mongolian Quadratic Script[J]. *JSFOu*, 1953-1954（57）：1-6.

[3]Aalto, Pentti. Fragmente des Mongolischen in Quadratschrift[J]. *Mitteilungen des Institute für Orientforschung*, 1955（3）：279-290.

[4]Aalto, Pentti. Zu den Berliner Turfan-Fragmente TIIID322[J]. *JSFOu*, 1959（61）：1-20.

[5]Alice, Sárközi. Dictionary of Sonom Gara's Erdeni-yin Sang. A

Middle Mongol Version of the Tibetan Sa sky a Legs bshad Mongol-English-Tibetan by György Kara with the Assistance of Marta Kiripolská[J]. *Acta Orientalia Academiae Scientiarum Hungaricae*, 2011, 64（4）: 477-479.

[6]Atsanavong S. Graphic and Spelling Peculiarities of The Treasury of Wise Sayings Monument[J]. *Transbaikal State University Journal*, 2008（3）: 24-29.

[7]Atsanavong S. *Precious* Treasury of Graceful Sayings in R. Nomtoyev's Transfer: Some Features of Research[J]. *Transbaikal State University Journal*, 2012（11）: 111-116.

[8]Bawden, C.R. James E. Bosson (ed. and tr.) : A Treasury of Aphoristic Jewels: The Subh ā ṣitaratnanidhi of Sa skya Paṇḍita in Tibetan and Mongolian[J]. *Bulletin of the School of Oriental and African Studies*, 1971(2): 428-429.

[9]Bethlenfalvy, G. Three Pañcatantra tales in an unedited commentary to the Tibetan Subhāsitaratnanidhi[J]. *Acta Orientalia Academiae Scientarum Hungaricae*, 1965, 18（3）: 317-338.

[10]Bosson, James Evert. A Rediscovered Xylograph Fragment from the Mongolian Phags-Pa Version of the *Subhāsitaratnanidhi*[J]. *Central Asiatic Journal*, 1961, 6（2）: 85-102.

[11]Bosson, James Evert. *A Treasury of Aphoristic Jewels: The Subhāsitaratnanidhi of SaSkya Pandita in Tibetan and Mongolian*[M]. Bloomington: Indiana University Press, 1969.

[12]Buell, Paul D. Dictionary of Sonom Gara's Erdeni-yin Sang: A Middle Mongol Version of the Tibetan Saskya legs bshad [Mongol-English-Tibetan] by György Kara[J]. *The Journal of Asian Studies*, 2011（1）: 227-228.

[13]Cabezón, José Ignacio. *The Just King: The Tibetan Buddhist Classic on Leading an Ethical Life*[M].Boulder: Snow Lion, 2017.

[14]Campbell, W. L. *Die Sprüche von Sakya*[M]. Berlin: Ostasiatische

Zeitschrift, 1925.

[15]Carter, Thomas Francis. *The Invention of Printing in China and its Spread Westward*[M]. New York: Columbia University Press, 1925.

[16]Csoma de Cörösi, Alexander. A Brief Notice of the Subhashita Ratna Nidhi of Saskya Pandita, with extracts and translations[J]. *Journal of Asiatic Society of Bengal*, 1855-1856,（24）: 141-165,（25）: 257-294.

[17]Davenport, John Thomas. *Ordinary Wisdom: Sakya Pandita's Treasury of Good Advice*[M]. Boston: Wisdom Publications, 2000.

[18]Demchigmaa, O. Regarding the Tibetan words in the Mongolian Translations of Subhasitaratnanidhi[J]. *Mongolian Studies*, 2014（38）: 119-132.

[19]Foucaux, Philippe Édouard. *Le trésor des Belles Paroles: Choix de Sentences Composées en Tibétain par le Lama Saskya Pandita*[M]. Paris: Benjamin Duprat, 1858.

[20]Franke, Herbert. Review: *Proceedings of the Csoma de Körös Memorial Symposium held at Mátrafüred, Hungary 24-30 September, 1976*. Ed. By Louis Ligeti, Bibliotheca Orientalis Hungarica 23. Budapest: Akadémiai Kiadó, 1978[M]. *Monumenta Serica*, 1979-1980（34）: 601-610.

[21]Ghosh, Bajagovinda. Sakya Pandita's "Subhāsitaratnanidhi": A Work on Elegant Sayings[J]. *Repository*, 1972（2）: 20-24.

[22]Haenisch, Erich. *Mongolica der Berliner Turfan-Sammlung, II: Mongolische Texte der Berliner Turfan-Sammlung in Faksimile*[M]. Berlin: ADAM, 1959.

[23]Hahn, Michael. "Zu Den Quellen Einiger Strophen Aus Sa Skya Paṇḍitas Subhāṣitaratnanidhi", Tibetan and Buddhist Studies[J]. *Bibliotheca Orientalis Hungarica*, 1984, 29（1）: 251-266.

[24]Hahn, Michael. *Lehrbuch der Klassischen Tibetischen Schriftsprache*[M]. Swisttal- Odendorf: Indica-et-Tibetica-Verl, 1994.

[25]Hartley, Lauran R. *A Socio-Historical Study of The Kingdom of SdeDge（Derge, Kham）in The Late Nineteenth Century: Ris-Med Views of Alliance and Authority*[D]. M. A. Dissertation. Bloomington: Indiana University, 1997.

[26]Jackson, David P. Commentaries on the Writings of Sa-skya Pandita[J]. *The Tibet Journal*, 1983（3）: 3-23.

[27]Jackson, David P. *The Entrance Gate for the Wise（Section III）*[M]. Wien: Arbeitskreis für Tibetische und Buddhistische Studien Universität, 1987.

[28]Kara, György. *Die uigurischen Übersetzungen des Guruyogas "Tiefer Weg" von Sa-skya Pandita und der Hanjusrinamasamgiti*[M]. Berlin: Akademie, 1977.

[29]Kara, György. *The Mongol and Manchu Manuscripts and Blockprints in the Library of the Hungarian Academy of Sciences*[M]. Budapest: Akadémiai Kiadó, 2000.

[30]Kara, György. *Dictionary of Sonom Gara's Erdeni-yin Sang: A Middle Mongol Version of the Tibetan Saskya Legs bshad Mongol-English-Tibetan*[M]. Boston: Brill, 2009.

[31]Kolmaš, Josef. James E. Bosson, A Treasury of Aphoristic Jewels: The Subhāṣitaratnanidhi of Sa Skya Paṇḍita in Tibetan and Mongolian（Book Review）[J]. *Archív Orientální*, 1973（2）: 156.

[32]Ligeti, Louis. *Le Subhāsitaratnanidhi Mongol, un Document du Moyen Mongol*[M]. Budapest: Akadémiai Kiadó, 1948.

[33]Ligeti, Louis. Les Fragments du Subhāsitaratnanidhi Mongol en Écriture 'Phags-pa: Mongol Préclassique et Moyen Mongol[J]. *Acta Orientalia Academiae Scientarum Hungaricae*, 1964, 17（3）: 239-292.

[34]Ligeti, Louis. Fragments Mongols de Berlin[J]. *AOH*, 1971, 24（2）: 139-164.

[35]Ligeti, Louis. *Trésor des Sentences: Subhāsitaratnanidhi Mongol de*

Sa-skya Pandita Traduction de Sonom Gara[M]. Budapest: Akadémiai Kiadó, 1973.

[36]Ligeti, Louis. *Proceedings of the Csoma de Körös Memorial Symposium*[M]. Budapest: Akadémiai Kiadó, 1978.

[37]Masayoshi Nomura, "Fragmente des Mongolischen Subhāsitaratnanidhi in Quadratschrift", Mitteilungen des Instituts für Orientforschung[J]. *Deutsche Akademie der Wissenschaften zu Berlin*, 1955（3）: 379-390.

[38]Muzraeva, Delyash N. *Texts of "Subhashita" in Tibetan and Oirat languages from the Scientific Archive of the Kalmyk Institute for Humanitarian Studies of the RAS*[A]. In Dyakov, N. N., Matveev, A.S.: *Asia and Africa in a Changing World: 28th International Conference on Source studies and Historiography of Asian and African Countries*[C]. St. Petersburg: St. Petersburg State University, 2015.

[39]Muzraeva, Delyash N., Sumba, Rita P. On a Xylographic Compilation of Buddhist Texts in Mongolian Language From the National Museum of the Republic of Tuva[J]. *The New Research of Tuva*, 2019（2）: 139-150.

[40]Newman, Beth. *The Tibetan Book of Everdyay Wisdom: A Thousnad Years of Sage Advice*[M]. Boston: Wisdom Publications, 2018.

[41]Ortega, Miguel Álvarez. When Fools Cannot Win: Social Determinism and Political Pragmatism in Bodong's Reception of Sakya Legshe[J]. *Revue d'Etudes Tibétaines*, 2019（52）: 27-50.

[42]Onoda Shunzo. *On a Factor for the Occurrence of Variant Readings in the Tibetan Canon*[A]. In 岩尾一史・池田巧. チベット・ヒマラヤ文明の歴史的展開[C]. 京都: 京都大学人文科学研究所, 2018: 401-411.

[43]Poppe, Nikolai Nikolaewitsch. L. Ligeti, Le Subhāsitaratnanidhi Mongol, un Document du Moyen Mongol. Budapest, 1948[J]. *Winer Zeitschrift für die Kunde des Morgenlandes*, 1953, 52（1-2）: 257-259.

[44]Ramstedt, Gustaf John. Ein Fragment Mongolischer Quadratschrift[J].

JSFOu, 1912（27）: 1-4.

[45]Ryoshun Kajihama. The Story of King Candraprabha in the 'Sa skya legs bshad' Commentary[J]. *Journal of Indian and Buddhist Studies*, 2004, 53（1）: 458-453.

[46]Sternbach, Ludwik. Subhāṣita-saṃgrahas, A Forgotten Chapter in the Histories of Sanskrit Literature[J]. *Indologica Taurensia*, 1973（1）: 169-255.

[47]Sternbach, Ludwik. Note on The Identification of Some Sayings in SA SKYA PAṆḌITA's "Subhāṣita-ratna-nidhi" [J]. *Acta Orientalia Academiae Scientiarum Hungaricae*, 1980, 34（1-3）: 249-262.

[48]Sternbach, Ludwik. Indian Wisdom and Its Spread beyond India[J]. *Journal of the American Oriental Society*, 1981, 101（1）: 97-131.

[49]Tulku, Tarthang. *Elegant Sayings*[M]. Berkeley: Dharma Publishing, 1977.

[50]Van der Kuijp, Leonard. *Dge-Idan legs-bshad* by Bsod-nams Grags-pa and Don-grub[J]. *Journal of the American Oriental Society*, 1986, 106（3）: 617-621.

[51]Wallace, Vesna A. Dictionary of Sonom Gara's Erdeni - Yin Sang: A Middle Mongol Version of the Tibetan Sa Skya Legs Bshad Mongol — English — Tibetan by Görgy Kara with the assistance of Marta Kiripolská[J]. *Religious Studies Review*, 2011（37）4: 304.

[52]Yeshe Khedrup, Wilson Hurley. *The Water and Wood Shastras*[M]. Wayne: Karuna Publications, 2012.

[53]敖特根.莫高窟北区出土八思巴蒙古文《萨迦格言》残片研究[J].中国藏学，2007（4）: 58 — 65.

[54]鲍培.鲍培八思巴字蒙古语文献研究入门[M].郝苏民，译.北京:民族出版社，2008.

[55]博尔索霍耶娃.《萨迦格言》在蒙古人中的流传[J].邢克，译.蒙古学资料与情报，1984（04）: 37 — 39.

[56]范丽君.论蒙古语言文字的演变——兼谈卡拉·捷尔吉及其《蒙古人的文字与书籍》[J].内蒙古社会科学（汉文版），2003（4）：27—30.

[57]今枝由郎.サキャ格言集[M].東京：岩波書店，2002.

[58]李正栓.新中国成立70年以来藏族格言诗翻译[J].上海交通大学学报（哲学社会科学版），2019，27（04）：16.

[59]李正栓，李子馨.《国王修身论》翻译与传播史研究[J].外语教学，2019（2）：94—98.

[60]桥本光宝.西藏の喇嘛教[M].東京：佛教公论社，1942.

[61]田中克彦.*Subhasitaratnanidhi*のモンゴル訳について：モンゴル文献史におけるその位置[J].一橋論叢，1961，45（6）：649—658.

[62]赵春龙、李正栓.《萨迦格言》蒙译史略[J].西藏研究，2020（1）：87—93.

[63]梶濱亮俊.サキャ・レクシェの一注釈書について[J].印度學佛教學研究，2003，51（2）：929—932.

[64]梶濱亮俊.「サキャ格言」とインドの說話[M].テクネ，2017.

（作者赵春龙、李正栓）

第二部分　藏族格言诗翻译史研究

藏族格言诗翻译史概览[*]

藏族格言诗是藏族文学的一个重要组成部分，在藏族人民中有着广泛深远的影响。对藏族格言诗翻译历史进行梳理，无论对历史还是对现实都具有重要意义。作为独具特色的民族文学作品，藏族格言诗的翻译动机和时代环境具有一定的复杂性。

藏族格言诗自诞生以来就不断被翻译成蒙古语，后又被译入西方几种语言。藏族格言诗汉译（亦属民族翻译）史也比较复杂。若把藏族格言诗割裂的翻译现象串在一起考虑，情况则更为复杂，因为藏族格言诗先后被译成近十种语言。因此，本文拟将藏族格言诗翻译史研究纳入更大的范围来考量，以避免孤立的个案研究可能导致的片面结论。通过梳理割裂的藏族格言诗多语种翻译活动，系统划分其翻译历史阶段，可以深入全面地探讨格言诗翻译的特点和规律。（本文研究对象以正式出版物为依据，蒙古语版本除外。）

一、关于《萨迦格言》

《萨迦格言》由萨班·贡嘎坚赞（1182—1251）创作，作为传世之作，影响深远，是藏族格言诗的肇始和典范。贡嘎坚赞是萨迦王室的第四代祖师，他自幼聪慧好学，熟习释典，深研经学，师从当时最有学问的名人，最终成为西藏第一位班智达（pandita，即"博学之士"），因此后世学者经常用"班智达"指代贡嘎坚赞。

贡嘎坚赞不仅对藏族文化的发扬和传播做出了卓越的贡献，在捍卫我国领土完整、稳固西藏地方政权、改善民族关系等方面也起到了不可替代的作用。在他的率领下，包括他的侄子巴思八在内的藏族代表历经艰辛抵达凉州，参加了1247年的凉州会谈，进一步确立了中央政府对西藏的管辖。在其后的藏蒙两地交流过程中，藏族文化传入蒙古族人民当中，极大丰富和影响了蒙古族文化、文学和思想。藏族格言诗通过译成蒙古语在蒙古地区传播，进而辐射到世界其他地区，成为藏族格言诗在世界范围内翻译和传播的重要母本。

《萨迦格言》是贡嘎坚赞认真观察藏地文化和社会现象，经过深入思考，以格言诗形式创作的一部诗集。诗篇充满哲理，劝诫、规范人们的日常行为，有利于社会治理和安定。《萨迦格言》原书共九章，由457首诗组成，每首诗4行，每行7个字，不完全押韵，属于自由体。

《萨迦格言》是世界文明互鉴的一个范例，其问世得益于印度文学经典的传播。从形式和内容来看，《萨迦格言》与印度佛哲龙树（Nagarjuna，约150—250）的格言诗一脉相承。例如，《萨迦格言》中有100多首诗直接模仿和化用了龙树格言诗的内容，这一数量达到诗篇总量的五分之一。

二、《萨迦格言》蒙译初始期和跟进期

《萨迦格言》在贡嘎坚赞在世时就被译成蒙古文，时间大约是13世纪下半叶，最早版本译者是索南·嘎拉（亦译索南·戈拉，Sonam Gara，藏语Bsodnams）。索南·嘎拉生卒年不详，根据文献推测他属于忽必烈时期（1215—1294）。《萨迦格言》被译成蒙古文时书名有变，汉语意为《善说宝藏》，蒙古族称之为《苏布喜地》（梵文音译）。《善说宝藏》于是成为美国译者常用的treasury和elegantsayings的词源。《萨迦格言》蒙古文译本13世纪以来在藏区和蒙古族地区流传，对蒙古族地区的思想和文化影响深远。

索南·嘎拉翻译《萨迦格言》用的是八思巴文。八思巴即贡嘎坚赞的侄子罗卓坚赞（Gro mgon，1235—1280，是萨迦派第五代祖师。1247年，他随其伯父贡噶坚赞参加了著名的凉州会谈，不仅和平解决了蒙藏争端，还确立了萨迦家族在西藏的统治地位。1264年，罗卓坚赞奉命创建蒙古文字。1269年，全国开始使用"蒙古新字"，即"八思巴"文。八思巴文在元代用来拼写蒙古语、回鹘语和汉语。因此，《萨迦格言》被译成八思巴文的时间只能发生在13世纪和14世纪，具体约在1269年到1368年间。因为1368年元朝灭亡后，八思巴文就不再使用。

文献显示，《萨迦格言》还有布里亚特共和国蒙古文译本，刊印年代不详。

17—18世纪是《萨迦格言》蒙译跟进期。藏族格言诗对蒙古族文化、文学和思想影响很深，17—18世纪《萨迦格言》蒙译活动仍在进行，主要有3个版本：1630—1661年间，出现托忒文蒙古文译本《萨迦格言》，译者是咱雅班智达；18世纪中叶，北京出现莫日根·葛根·丹毕坚赞翻译的《萨迦格言》木刻本；18世纪下半叶，在漠南察哈尔查干敖包庙出现《善说宝藏》察哈尔查干敖包庙译本，译者察哈尔格布西鲁布桑楚鲁图木不仅是学者和翻译家，还创作格言诗，兼具译者、作家和研究者身份。这几个蒙译本是传承藏族格言诗的重要载体，也是西方翻译藏族格言诗的重要底本。

三、19世纪《萨迦格言》外译初期

19世纪是藏族格言诗走出去的重要开端，也是世界藏学形成肇始。虽然几个译本都是选译，但其重要意义不可低估，它们的流传使西方人开始了解中国文化思想，开始认识西藏的文学与文化。西方对藏族格言诗的翻译一半受它们的影响，另一半受蒙译本的影响。这几个西方译本的译者为中国文学与文化的传播贡献良多。

（一）乔玛对《萨迦格言》的选择性英译

1819年，匈牙利人亚历山大·科斯马·德·克鲁西（Alxander Csoma DE Körösi，1784—1842，其名汉译有两种译法，一是乔玛，二是克鲁西，我们选用"乔玛"）历时两年，从匈牙利徒步到印度和中国喜马拉雅山区，在臧格拉村（ZanglaVillage）居住，与许多藏族学者一起生活，学习藏族语言，研究藏族文化，在此度过余生。他把藏文格言诗译成英语，试图在英译过程中发现两个民族的思维模式、方法以及语言表达结构的异同。实际上，根据乔玛传记作者迪瓦达尔·杜卡（TivadarDuka，1825—1908）的介绍，当时流行的一个说法是：匈牙利语的马札尔语（Magyarlanguage）起源于中亚的一种语言，乔玛对此很感兴趣，并试图对此进行论证，这是他来东方的原因。结果他虽然没有找到他要找的语言源头，却翻译了藏族格言诗《萨迦格言》，成为第一个外译《萨迦格言》的译者和西方藏学研究的开拓者。

1833年，乔玛将《萨迦格言》的234首译成了英语，开藏族格言诗英译之先河，刊登于《孟加拉亚洲学会期刊》1855年第24卷第141~165页（85节）和1856年第25卷第258~294页（149节）。乔玛给他的选译命名为 *A Brief Notice of the Subháshita Ratna Nidhi of Sakya Pandita*。该版格言诗英译使用的是散文体而非诗体。他选译的234首分为9章，采用藏英对照形式。也就是说，他从《萨迦格言》的9章中分别选译了一些诗节。乔玛开藏族文学英译之先河，功绩卓著。

在藏族文学外译和世界藏学发展过程中，乔玛贡献最大，他首译《萨迦格言》，还把他积累的很多文献寄给匈牙利科学院。这些资料后来成为西方藏学研究的重要资料，也是国际藏学研究的基础之一，是使匈牙利东方学研究占据国际藏学研究重要地位的宝藏，达文波特对乔玛也有好评，认为乔玛是《萨迦格言》翻译的倡导者。

但乔玛是第三方译者，藏语和英语都不是他的母语，他的母语是匈牙利语，所以他的译文是否准确，是存疑的。

（二）施福讷对《萨迦格言》的选择性德译

1863—1865年间，安东·施福讷（Anton Schiefner, 1817—1879）出版《萨迦格言》德译节选本（33首）。施福讷出生在爱沙尼亚瑞威尔（现称都塔林，爱沙尼亚首都）的一个德语家庭，爱沙尼亚当时属于俄罗斯帝国。施福讷从1840—1842年间在柏林专心致志学习东方语言。1843年返回圣彼得堡之后，很快在帝国学院获得职位，1852年他讲授藏语和藏族文学，1879年于圣彼得堡去世。

（三）富可士对《萨迦格言》的选择性法译

1858年，法国的富可士（Philippédouard Foucaux, 1811—1894，亦译福柯，但容易与另一个福柯混淆，故本文用"富可士"）在巴黎的本杰明杜邦出版社出版《萨迦格言》法译节选本（134首）。该书只有46页，其选文来源是乔玛译本。正文是对134节诗的翻译，用散文体；正文后有两页的注释。需说明的是，正文所选诗节是译者根据自己的喜好和理解从《萨迦格言》九章457首中选择的，顺序是自前向后，序号是译者自己加的。该书于2010年在美国再版。出版者表示，再版此书的目的是保护和促进世界文学研究，足以说明其价值和影响。

四、20世纪上半叶《萨迦格言》全本德译及比较研究

20世纪上半叶，藏族格言诗翻译最重要的活动是《萨迦格言》出现全本德译。它的重要意义不仅是使西方学者得以一窥《萨迦格言》的全貌，还提供了对《萨迦格言》进行思想和艺术形式整体研究的底本。苏格兰人坎贝尔（William Lachlan Campbell, 1880—1937）对此贡献卓著。

1925年，坎贝尔翻译的《萨迦格言》德译全本出版，德语书名为Diespruchevon Sakya，译成汉语即《萨迦的格言》。坎贝尔曾于1916—1917年间在西藏中南部江孜镇生活，在那里他买到一些格言诗书籍，其中还包括一些木刻版本，文字准确性不强。由于是第三方译者，其译文质

量也存在争议。

在此有必要提及坎贝尔的另一项工作，他翻译了印度佛哲龙树的《智慧之树》，英文书名为 The Tree of Wisdom，封面署名译者 Translated by W. L. Campbell。《智慧之树》是从藏语译成英语的，1919年在加尔各答大学（Calcutta University）出版。根据坎贝尔1918年10月在甘托克译本中的前言所述，《智慧之树》约在公元11世纪被译成藏语，曾被许多藏族作家引用过，并且有时是整句整句地使用。他称此种行为为"文学剽窃"（literary piracies）。可见，坎贝尔在研究《萨迦格言》和《智慧之树》的内在联系，这就是通过比较文学研究方法发现问题。他把贡嘎坚赞的格言诗和龙树的格言诗相提并论，发现藏族格言诗与龙树格言诗有继承性脉络关系。这一点至关重要，证实了一些学者的推测，即藏族格言诗无论从形式还是内容上看都继承了龙树格言诗的体例和风格，并把这种文学形式发展得更加完善。

五、20世纪50年代《萨迦格言》汉译初始期

1949年中华人民共和国成立，1951年10月，西藏和平解放，藏族格言诗开始逐渐被译成汉语。这时的汉译与西方学者对《萨迦格言》的翻译态度相近，属于探索性翻译。

1956—1957年，《人民日报》副刊连续刊登王尧（1928—2015）选译的200余首《萨迦格言》。后来经过进一步加工整理，1958年，王尧汉译的《西藏萨迦格言选》由青海人民出版社出版。王尧的汉译开藏族格言诗汉译之先河，意义重大，他也当之无愧地成为藏族格言诗汉译的开山鼻祖。

六、20世纪下半叶《萨迦格言》多语外译繁荣期

20世纪下半叶，外译版本不断出现，促进了藏族格言诗的传播，为21世纪多语翻译奠定了基础。

(一) 美国学者薄森的英译

1969年，加利福尼亚大学詹姆斯·艾佛特·薄森（James Evert Bosson，1933—2016）出版了其1965年完成的博士论文《警句宝库》，这是《萨迦格言》的第一个完整英译本。薄森译本包括蒙译英和藏译英，参照的底本是藏文原文版的《萨迦格言》和蒙文版的《萨迦格言》。后者是匈牙利学者路易斯·李盖提（Ligeti Lajos，1902—1987）1948年在匈牙利影印的。薄森的译文采用的是散文体直译，论文中附有较详尽的考据资料。他翻译《萨迦格言》的目的是进行语言研究。该英译本收录于印第安纳大学出版物乌拉尔语系和阿尔泰语系系列之第92卷。

该书的序言很有价值，介绍了译者掌握的资料，还比较了藏蒙语言和语法现象。薄森用蒙古语、藏语和满语进行研究并翻译，他出版的几部著作都是开创性的，包括《布里亚特语读物》和《警句宝库：藏蒙语萨迦·班智达的萨迦格言》，这两部书均由印第安纳大学出版社分别于1962年、1969年出版。

(二) 塔尚·塔尔库的英译

塔尚·塔尔库（Tarthang Tulku，1934—不详）的《萨迦格言》英译本名为 Elegant Sayings（即《雅言宝库》），该书由 Dharma Publishing 于1977年出版。此译本选诗与乔玛译本诗节数量相同，选目也相同。不同之处在于塔尔库采用的是诗节形式，用词也有些变化，译诗为非韵体，属于自由体译诗，以诗译诗，还原了原诗的节奏美感，这是他的一大贡献。他还替换了一些词语，此举也许是为避抄袭之嫌，也许是根据藏文原义对乔玛译文的有意纠正。如前所述，乔玛是第三方译者，而塔尔库的藏语比乔玛好。

(三) 匈牙利藏学家李盖提的匈牙利版本

1948年，李盖提的《萨迦格言》影印本在布达佩斯出版，影印底本来自匈牙利科学院，这是李盖提在1928—1931年间在内蒙古地区考察时，从一个王爷府上购买的。在影印本序言中，李盖提对文稿的来源和价值等进行了详细分析，说明此书中的文字包括藏文和回鹘（Uighur）蒙古文。这是一部非常重要的底本，是通过蒙译向西方传播的关键母本。

1973年，李盖提的《名句宝藏：索纳木·嘎啦所译萨迦格言》由布达佩斯科学院出版社出版。索纳木·嘎啦是忽必烈（1215—1294）时期的著名人物，他曾把藏文《萨迦格言》译成回鹘蒙古文。这个译本的前言和介绍用的是法语，正文部分是1948年的影印本内容，即回鹘蒙古语或对其内容进行的转写，共包括457首诗。正文后附有目录和参考文献，最后列表表明这本书是李盖提蒙古学研究系列文集的第四本。

1933年，李盖提对乔玛寄给匈牙利科学院的有关藏文资料进行了介绍，让国际学界首次认识这些藏族格言诗。1942年，李盖提开始着手编辑资料索引，把乔玛列为重要的藏学专家，开启了国际藏学研究。他还引导约瑟夫·特尔杰克（József Térjek）确定研究方向，启发他对乔玛进行详细的分类研究，将国际藏学研究推上一个小高潮。

（四）戴利科娃的选择性俄译

《萨迦·班智达箴言录》（*Назидательные речения Сакья Пандиты*）是关于藏族格言诗的一篇重要俄语论文，由苏联藏学家戴利科娃（Дылыкова В. С.）于1973年创作发表。这篇论文中有37首俄译《萨迦格言》诗篇。此论文被收录于《苏联中国文学研究（苏联科学院院士N. T. Fedorenko诞辰60周年纪念文集）》（*Изучение китайской литературы в СССР: Сборник статей. К 60-летию чл.-кор АН СССР Н. Т. федоренко*），该文集出版于莫斯科。

（五）格奥尔·卡拉的选择性德译

1977年，格奥尔·卡拉摘译9首《萨迦格言》，从其选译的诗可以看出，卡拉非常重视《萨迦格言》中体现的伦理价值以及在提高人文修养方面所起的作用。

（六）坦多瑞·德兹的《萨迦格言》匈牙利语译本

1984年，李盖提的蒙藏双语译本被匈牙利诗人、翻译家坦多瑞·德兹（Tandori Dezs，1938—2019）转译成匈牙利语，由布达佩斯的欧洲出版社出版发行。这本匈牙利语译本不同于李盖提的1948年影印本，是第一个匈牙利语全本，不仅使《萨迦格言》完整地被认识，对匈牙利的世界藏学研究也起到了推进作用。2011年，匈牙利Fapadoskony v. Hu出版社再版了此书。

七、20世纪八九十年代藏族格言诗汉译的繁荣

1978年，党的十一届三中全会决定全面实施改革开放政策，藏族格言诗的翻译也呈现出百花齐放的局面，这其中也包括对一些格言诗的复译或重译。

（一）《萨迦格言》汉译

1980年，西藏人民出版社出版了次旦多吉等人的汉译本《萨迦格言》，1985年第二次印刷。王尧的完整本《萨迦格言（汉藏文版）》于1981年由青海民族出版社出版。

（二）《格丹格言》与《水树格言》汉译

《格丹格言》作者是班钦·索南扎巴（1478—1554），创作于16世纪中叶，含125首诗，教人走正路、做智者，每首诗4行7字，前两行立意，后两行比喻，语言朴实，意象生动。

《水树格言》作者是孔唐·丹白准美（1762—1823），即第三世贡唐仓活佛，博学、多才。该书以水和树做比喻来讲人生道理。其中"水格言"含139首诗，"树格言"含100首。在《水树格言》中，作者通过譬喻指导人们的日常行为，思想深邃，寓意深刻，特色鲜明。

耿予方（1929—）汉译的《格丹格言》和《水树格言》合集1986年

由西藏人民出版社出版。

（三）《国王修身论》汉译

《国王修身论》（亦译《论王道》）由米庞嘉措（1846—1912）著，藏语本第一次出版于1983年12月，由西藏人民出版社出版。据达文波特研究，此书为德格王朝王子江白仁钦（Jampal Rinchen）邀请米庞嘉措撰写，用以指导他如何治理朝政。《国王修身论》由耿予方翻译成汉语，1987年由西藏人民出版社出版。《国王修身论》继承以往格言诗之优点，又有创新。全书共21章，包括1102节格言诗，近6000行，是篇幅最长的藏族格言诗。该书具有突出的文学、史学和社会学研究价值。

（四）其他藏族格言诗汉译

1984年，李午阳、王世镇、郑肇中翻译的《藏族物喻格言选》藏汉文对照本由甘肃民族出版社出版，其中各格言诗选录情况如下：《木喻格言》58首，《水喻格言》66首，《火喻格言》10首，《铁喻格言》12首，《宝喻格言》16首。

八、21世纪初多部藏族格言诗多语翻译

随着全球化进程的深入和对外交流、交往的进一步发展，藏族格言诗的翻译进入鼎盛期，语种不断增加，翻译对象从单一的《萨迦格言》到其他格言诗集；汉译本多次重印，其他语种版本也屡有重印。

（一）《萨迦格言》多语翻译

1.达文波特等的英译

2000年，美国学者约翰·T·达文波特（John T. Davenport）等翻译的《萨迦格言》英文全译本由智慧出版社（WISDOM PUBLICATIONS）出版，英文书名强调智慧和良言：*Ordinary Wisdom: Sakya Pandita's Treasury of Good Advice*，该译本突出了 Good Advice，认为这是《萨迦格言》的真

谛和要旨，并且针对普通民众，帮助民众增长智慧（wisdom）。书中还附有对格言诗的解释性评注，这种深度翻译在西方较受欢迎。

该译本署名是John Thomas Davenport with Sallie D. Davenportand Losang Thonden。应当说这是一次合作翻译，译者各有所长。Losang Thonden（洛桑·松顿）藏语水平高，英语水平也不错；北塔推测该译本是先由洛桑口述翻译，后由达文波特后与Sallie D. Davenport一起译出。

达文波特翻译《萨迦格言》的目的之一就是帮助英语读者了解中国藏族文化，为此，他不厌其烦地进行注释，副文本极为丰富。

李正栓和赵春龙曾发表论文对该译本给予较高评价，对该译本之诗体、修辞、韵律、句法进行研究和评论。

2. 图马诺瓦的选择性俄译

2001年，俄罗斯学者图马诺瓦（TYMAHOBA O. T）在其专著中选译部分《萨迦格言》诗篇。虽然所译诗篇数量不多，也是一次重要的俄语译介。

3. 今枝由郎的日译

今枝由郎（1947— ）是日裔法国藏学家，对国际藏学研究贡献很大。他的《萨迦格言》日译本于2002年由东京株式会社岩波书店（いわなみしょてん，IwanamiShoten）出版，其翻译底本是薄森的博士论文和一个藏文文本。

4. 西里耶娃的选择性俄译

2004年，俄罗斯翻译家瓦西里耶娃选译《萨迦格言》第9章，收录在她的论文集《印度与西藏：文本与译文》（*Индия -Тибет：текстивок ругтекста*）里。

5.《萨迦格言藏汉英对照本》

2009年，中国藏学出版社出版了《萨迦格言藏汉英对照本》。这个三语本的汉译译者是仁增才让和才公太，英译用的是达文波特英译本，表明国内译者开始重视《萨迦格言》的国际传播。

6.《萨迦格言》藏汉双语本

班典顿玉、杨曙光的《萨迦格言》藏汉双语本于2010年由西藏人民出版社出版。2012年9月出版第2版。此书配有插图，使文本内容更加丰富直观。

7.《萨迦格言：西藏贵族世代诵读的智慧珍宝》汉藏双语本

王尧汉译的《萨迦格言》2012年更换书名重新出版。该书前一部分是汉语，后一部分是藏语。这一版在封面上加了副标题，从一个侧面强调了《萨迦格言》对人们成长的重要性，但"贵族"二字削弱了作品原有的大众性。

8.《图说萨迦格言》英汉藏三语本

2018年，李正栓等译的《图说萨迦格言》英汉藏三语本在西藏藏文古籍出版社和尼泊尔分别出版。《图说萨迦格言》以英汉藏三语呈现，语言简洁流畅，配有插图以增强译本的趣味性和可读性，以域外读者现实文化需求为导向，注重语言的简洁性、内容的趣味性和出版形式的大众化。

9.《萨迦格言》译本重印

步入21世纪后，《萨迦格言》各种版本不断在国内和美国、匈牙利、法国等国家重印。不难看出，无论是国内还是西方出版机构仍然对《萨迦格言》情有独钟，相对而言对其他格言诗重视程度不够。

（二）其他藏族格言诗多语翻译

1.《水木圣典》英译

2012年11月，美国Karuna Publications出版了叶什·科德拉普和威尔逊·赫里（Ye-she Khedrup and Wilson Hurley）英译的The Water and Wood Shastras，即《水木圣典》。作者通过比较和研究，发现《水木圣典》就是丹白准美（Tenpai Dronme）的《水树格言》。该书是一位藏族学者和一位美国译者合译的。

2.《国王修身论》英汉藏三语本

李正栓、刘姣英译的《国王修身论》英汉藏三语本于2017年7月由天利出版文化公司在尼泊尔出版。此英译本底本是耿予方教授的汉译本，李正栓最大限度地忠实于汉语原文，即间接忠实于藏语原文。这是国内外首个英译本，填补了《国王修身论》英译的空白。

2017年8月，第21届尼泊尔国际书展在加德满都举行，该书隆重亮相，颇受欢迎。该书从南亚地区向世界传播，使藏族格言诗这一中国少数民族优秀文化瑰宝进一步走向世界。

3.《水树格言》英汉藏三语本

李正栓和李圣轩英译的《水树格言》英汉藏三语本于2017年11月由尼泊尔出版社出版。

4.《格丹格言》英汉藏三语本

李正栓和韶华英译的《格丹格言》英汉藏三语本于2019年6月在尼泊尔出版。李正栓仍然紧跟耿予方汉译本，最大限度地忠实于该汉译本，以求做到间接忠实于原文。

（三）藏族格言诗合集的翻译

1.《藏族格言诗水木火风四论译著》汉译

2000年，我国台湾地区出版了《藏族格言诗水木火风四论译著》，分别收录水、木、火、风作喻的藏族格言诗139首、106首、70首、65首。

2.《藏族格言诗英译》双语本

2013年，《藏族格言诗英译》双语本由长春出版社出版，译者是李正栓团队，内容包括三大格言诗。当时《国王修身论》英译尚未完成。此译本得到汪榕培、黄国文和王宏印教授等学界专家的赞许。

3.藏族嘉言萃珍（藏汉对照绘图本）系列

2020年，青海人民出版社出版了藏族嘉言萃珍（藏汉对照绘图本）系列，共4部。《格丹格言》和《水木格言》两译本于2020年1月出版，译者为龙仁青。龙仁青是青海省作协副主席，青海省《格萨尔》工作专家委员会委员。两译本中每首诗都用阿拉伯数字标注序号，按藏汉顺序排版，汉语每行七个字，不押韵或押韵自由。

《萨迦格言》和《王侯美德论》两译本于2020年4月出版，译者皆为仁增才郎。仁增才郎为《青海日报》社主任编辑，担任藏汉英三语文化栏目编辑和审稿工作。两译本每首诗都标注序号，其中《萨迦格言》每页两首诗，按藏汉顺序排版，汉语每行7个字，押韵自由；《王侯美德论》每页3首诗，双栏排版，左边是藏语，右边是汉语。汉语每行7个字，押韵自由。

4.《藏族四大格言诗（藏汉英）》在美国出版

2021年，美国南方出版社（Dixie WPublishing Corporation）将李正栓主编、赵春龙任副主编的《藏族四大格言诗（藏汉英）》（Four Great Books of Tibetan Gnomic Versesin Tibetan，Chi-neseand English）列入"东西文翰大系"（Orient-occident Lit Collection）出版。该译本以藏语、汉语和英语三语形式呈现，把《萨迦格言》《格丹格言》《水树格言》和《国王修身论》放在一起，以便读者阅读、了解中国藏族特色鲜明的优秀传统文学。

（四）李正栓转译反哺本

为了加强对外国译者藏族格言诗藏译英版本的研究，同时加强与国内出版的藏译汉版本进行对比研究，李正栓等人将几部藏译英《萨迦格言》转译成汉语。2014年，加拿大Toronto Education Press出版了李正栓和耿丽娟转译的塔尔库英译本 *Elegant Sayings*，书名《雅言宝库（萨迦格言）》，译者在"雅言宝库"后以括号形式注明是"萨迦格言"；2016年，花山文艺出版社出版了李正栓、赵春龙转译的达文波特英译本 *Ordinary Wisdom*：*Sakya Pandita's Treasury of Good Advice*，书名为《普通智慧：萨迦·班智达良言宝库（原名：萨迦格言）》，在直译其书名后以括号形式注明"原名：萨迦格言"。

李正栓等转译的原则是：忠实对等地翻译，不对原作语言进行美化或改动，以期探析国外译作句法结构和用词规律。除乔玛和薄森外，塔尔库、达文波特和赫里都与藏族学者合作翻译，国内译者除王尧外，也基本上是汉族学者和藏族学者合作翻译，应当说，在原文理解上都不会有很大问题。李正栓等只是提供了转译译本，尚未进行比较研究。根据其粗浅研究发现，达文波特译文所表达的意思和次旦多吉译文所表达的意思是有出入的。这些由英译版本转译的汉译本作为对藏族文化的反哺，在具备研究价值的同时，也扩大了读者群，促进了藏汉民族交流。

本文对藏族格言诗各语种翻译进行了梳理，探究不同版本之间的师承关系。这表明藏族格言诗翻译已经形成一个系统。当前，藏族格言诗翻译仍然如火如荼，这不仅是弘扬中国传统文化之需要，也是构建世界文学的重要方面，体现了国内外学者对中国传统文化和少数民族文学的高度重视。民族与民族、国家与国家之间通过文学文本阅读增进相互了解，定能助力"一带一路"倡议和建设，以文化交流促进民心相通。

参考文献

[1]Körösi, Alxander Csoma DE. Brief Notice of the Subháshita Ratna Nidhi of Saskya Pandita [J]. *Journal of the Asiatic Society of Bengal*, 1855（XXIV）.

[2]耿丽娟,李正栓.塔尔库《萨迦格言》漏译原因探析[J].燕山大学学报，2015（1）.

[3]Daven port J T. Ordinary Wisdom: *Sakya Pandita's Treasury of Good Advice* [M]. Boston: Wisdom Publications, 2000.

[4]Nagarjuna. *Tree of Wisdom* [M]. Campbell W L, tr. Calcutta: Press of Calcutta University, 1919.

[5]北塔.间接忠实：少数民族典籍翻译的一颗硕果[J].燕山大学学报（哲学社会科学版），2014（1）.

[6]李正栓,赵春龙.达文波特英译《萨迦格言》特色研究[J].外语与外语教学，2015（6）.

*本文系国家社科基金课题"藏族格言诗翻译史研究"（16BYY018）阶段性成果。

（作者：李正栓贾晓英。李正栓，博士，河北师范大学外国语学院教授；主要研究方向为典籍英译研究、英美文学研究；贾晓英，河北师范大学大学外语教学部教授；主要研究方向为典籍英译研究。）

新中国成立70年来藏族格言诗翻译

一、引言

在西藏被广泛诵读着这样一种"善言",这就是藏族人民称之为"勒谐"(legshe)的格言诗。它是藏族文化宝库中的珍贵遗产之一,深受藏族民众喜爱,是我国乃至全世界的文化珍品。

然而,在西藏和平解放以前,由于政教合一的封建农奴制度的长期桎梏,这一具有实践性和群众性的文学艺术形式并没有得到继承和发展。

西藏和平解放以后,尤其是党的十一届三中全会以来,党和国家高度重视藏族文化的传承和发展。因此,对藏族格言诗的翻译历史进行梳理,有着重要的历史意义和现实意义。

二、藏族格言诗译介与传播离不开中央政府的关怀

党和国家对西藏高度重视,先后召开六次西藏工作会议,研究西藏发展问题。每次会议都对西藏发展具有划时代意义,推动了西藏各方面工作,为西藏文化建设指明了方向。

第一次西藏工作会议:1980年3月14—15日,党中央第一次提出了建设团结、富裕、文明的社会主义新西藏的战略奋斗目标,确立了中央的援助和扶持政策。第二次西藏工作会议:1984年2—3月,党中央提出

发展和繁荣文化艺术，对外开放，对内加强交流。第三次西藏工作会议：1994年7月20—23日，党中央提出藏族优秀文化和其他民族优秀文化互相吸收，传统文化与现代文化相结合。第四次西藏工作会议：2001年6月25—27日，党中央提出要进一步加大对西藏的建设资金投入和实行优惠政策的力度，继续加强对口支援。第五次西藏工作会议：2010年1月18—20日，党中央、国务院提出要把西藏建设成为重要的中华民族特色文化保护地。第六次西藏工作会议：2015年8月24—25日，中央提出要繁荣藏民族文化艺术、加快发展新文化。党中央的几次西藏工作会议有几个核心词：团结、富裕、文明、繁荣文化艺术、对内加强交流、弘扬藏族传统文化、中华民族特色文化保护地、新文化等。

中央对西藏文化建设的支持突出表现在以下几个方面：

从1951年到1990年四十年间，为发展西藏教育，中央拨十多亿元专款。1985年，国家出资在内地举办108个西藏班，各有关省市大力支持。

1984年，党中央在第二次西藏工作座谈会上提出要发展、繁荣西藏文化和艺术，要求西藏加强与各省各民族文化交流。这也是各省援藏工作的开端。

这一时期，藏学研究也得到了中央的大力支持。首先，自1979年起筹办研究机构，1985年8月成立西藏科学院。其次，1986年成立中国藏学中心，此中心设在北京。

本部分将对中华人民共和国成立70年以来藏族格言诗多语种翻译活动进行梳理，对藏族格言诗翻译史进行阶段划分，对各种译本和译者进行简介。

三、关于《萨迦格言》

这里有必要专门介绍一下《萨迦格言》，因为早期人们只重视翻译《萨迦格言》。

《萨迦格言》由萨班·贡嘎坚赞（1182—1251）创作。

贡嘎坚赞出生于地处后藏的萨迦王室，自幼接受严格教育，学习释典和经学，曾师从名师，渐成著名学者，被誉为西藏第一位"班智达"（pandita），"班智达"即"学识渊博的学者"，因此，后世译者有时直接称他为"班智达"，如Sakya Pandita，类似于现在人们以学位代替人名，不过读者都懂得书上所署的"班智达"特指萨班·贡嘎坚赞。

贡嘎坚赞不仅对藏族文化贡献极大，对稳固西藏政局、保卫领土完整、改善民族关系都贡献卓著。是他带领侄子八思八到凉州参加了凉州会谈（1247），和平地解决了蒙藏矛盾，确定了中央政府对西藏的统辖，也把藏族文化带到蒙古地区，极大地丰富和影响了蒙古族文学、文化、思想，还传播了佛教。

《萨迦格言》是藏族第一部格言诗集，是贡嘎坚赞的代表作，成书于13世纪，以格言诗形式提出如何治学、如何识人、怎样处世、如何待物等一系列主张，强调知识，重视智慧，褒扬正直，教人诚恳，鼓励仁慈，灌输爱民思想，劝人忍让，号召施舍，强调利他和不忘精进等思想。每首诗由四行组成，每行七个字，不完全押韵，属于自由体。原书共九章，由457首诗组成。这九章对何为学者、何为贤者、何为愚者、何为贤愚间杂、何为恶行、如何正确处世、如何避免不正确处世引发的问题、如何观察事物、如何观察教法等做了精彩论述。

以形式和内容而论，《萨迦格言》是贡嘎坚赞对印度先哲龙树（Nagarjuna）（约150—约250）格言诗的继承和发展。贡嘎坚赞结合藏族文化和社会现象，细致观察，深入思考，创作了这部能规范人们日常行为、有利于统治者治理社会的、充满哲理的格言诗。在457首格言诗中，约100多首诗（占五分之一之多）直接模仿和化用了龙树格言诗的内容。篇幅所限，兹不举例。

对于统治者而言，《萨迦格言》是一部教育并指导人们思想与行动的指南，也是一部约束自己行为和为人处世方法的教科书。所以，它是僧俗皆喜、充满思想与哲理的文学读物。

《萨迦格言》为后世格言诗创作树立了榜样。16世纪、18世纪和19世纪都有格言诗佳作，它们分别是《格丹格言》《水树格言》和《国王修身论》，与《萨迦格言》一起合称藏族四大格言诗集。还有许多格言诗名作，如《火的格言》《天空格言》《宝贝格言》《蛋的格言》《土的格言》等。

《萨迦格言》于1833年被翻译成英语，当时译者选译234节，于1855年正式发表。后又被译成多种语言，在全世界发行。本文只讲中华人民共和国成立70年以来藏族格言诗（含《萨迦格言》）的翻译实践。

四、藏族格言诗翻译起步

20世纪50年代，即中华人民共和国成立后，藏族格言诗开始被逐渐翻译成多种语言。在这个初始期，《萨迦格言》被选译，属于探索期。

1951年10月，西藏和平解放。1959年6月，西藏开始民主改革，农奴翻身做了主人，生产关系发生重大变化，生产力被充分解放。1965年，中央批准成立西藏自治区，充分落实民族政策，合法宗教活动受到保护，西藏民众的爱国热情普遍高涨，祖国西南边疆安全趋于稳定。

（一）格言诗汉译的民族教育背景

党中央重视民族教育问题，在中华人民共和国成立之初就决定成立中央民族学院，1950年6月便开始筹备。在中华人民共和国成立之初千疮百孔和经济十分困难的情况下，这一决定充分体现了中央对民族教育的重视，体现了民族地区和边疆地区在中央领导心目中的重要位置。周恩来总理亲自批准成立中央民族学院。1951年6月11日正式开学时，董必武等中央领导出席并做讲话。

中央民族学院对我国的民族教育起到重大作用，培养了一大批民族学生和民族干部，为边疆建设和祖国统一做出巨大贡献。

（二）王尧与格言诗汉译

1956年到1957年期间，王尧（1928—2015）对《萨迦格言》进行选译，在报纸（《人民日报》副刊）上连载，共选登200余首。后经加工整理，于1958年在青海人民出版社出版，书名《西藏萨迦格言选》。

王尧开格言诗汉译之先河，具有重要的历史意义和现实意义。从南京大学和中央民族学院毕业后，他毕生从事藏学研究工作，成果丰硕，著述26部，发表论文几百篇，先后获很多荣誉，深受学生爱戴。他师从语言学家、教育家和翻译家于道泉（1949年向中央建议要尽快培养懂少数民族语言和文化的边疆研究和建设人才。中央听从其建议，抽调各地相关人员，组建藏语培训班）。1951年5月，中央政府与西藏地方政府签订十七条协议。王尧学习藏语并参加了和平解放西藏的工作。他潜心学习西藏方方面面的知识，亲眼看见，亲自体验，对西藏的认识逐渐加深。他配合部队参加宣传工作，帮助藏族同胞了解党的民族政策，安定民心。这样的生活和求学经历使王尧对西藏文学和文化产生浓厚兴趣，立志把藏族格言诗翻译成汉语，以便在更广大的地区传播。王尧的学习和成长经历奠定了他从事藏学研究的坚实基础。

五、国外译本起步及发展情况

在国内学者、译者开始翻译藏族格言诗的时候，国外也产生了三个译本，其中含两个完整译本。

（一）美国学者薄森的英译

薄森（James E. Bosson，1933—2016）于1969年出版了他翻译的《萨迦格言》的英译本，书名为 *A Treasury of Aphoristic Jewels*（《警句宝库》），这是他1965年完成的博士论文。薄森的翻译是蒙译英和藏译英，457首全部采用散文体直译。薄森的翻译与研究附有较详尽的考证资料，以学术研究为主要目的。其蓝本是藏文原本和路易斯·李盖提（Ligeti Lajos，1902—1987）1948年在匈牙利影印的蒙文本《萨迦格言》。薄森是一位重要的蒙古语专家，其弟子遍布美国，成为美国东方学研究的主体。

（二）戴利科娃对《萨迦格言》的选择性俄译

1973年，苏联藏学家戴利科娃（Дылыкова В. С.）发表论文《萨迦·班智达箴言录》（*Назидательные речения Сакья Пандиты*）。在文中，她将37首《萨迦格言》译成俄语。此文收入《苏联中国文学研究（苏联科学院院士N.T. Fedorenko诞辰60周年纪念文集）》（Изучение китайской литературы в ССР：Сборник статей. К 60-летию чл.-кор АН СССР Н. Т. федоренко），在莫斯科出版。

（三）匈牙利学者李盖提的匈牙利版本

1973年，布达佩斯的科学院出版社出版了李盖提的译作，书名《名句宝藏：索纳木·嘎啦所译萨迦格言》。蒙译者索纳木·嘎啦是元代忽必烈时期人物，他把藏语《萨迦格言》译成回鹘蒙古文。李盖提这部译作封面写的是：

TRÉSOR DES SENTENCES

SUBHASITARATNIDHI

DE

SA–SKYA PANDITA

TRADUCTION

DE

SONOM GARA

PAR

LOUIS LIGETI

封面底部为出版地、出版社和出版年份：

AKADÉMIAI KIADÓ, BUDPAPEST 1973

早在1948年，李盖提就在布达佩斯出版了《萨迦格言》影印本。底本是他1928—1931年间在内蒙古地区考察时购买并赠给匈牙利科学院的。他在影印本中作序，对文稿来源和价值等进行详解，说明此书包括藏文和回鹘蒙古文文本。

李盖提在《名句宝藏：索纳木·嘎啦所译萨迦格言》中所附萨迦格言是1948年版本内容，含457首全部原作内容。

这个译本的前言和介绍是法语写的，前言和介绍是它被称为著作之书的研究部分。正文是1948年影印本内容，即回鹘蒙古文文本或对其进行的转写。正文共457首，正文后是目录和参考文献，最后有列表，说明这本书是李盖提蒙古学研究文集的第四部。

兹录本书译文之第一节：

1

merged erdem-ün sang bariycid：

sayin üge-tü erdenniš-I quriyayu：

yeke dalai usun-u sang inu boluysan-u tula：

qamuy müred tende cidquyu（Ligeti, 1973：25）.

李盖提出生于匈牙利，上大学时学习古典语言学、土耳其语言学，后获词源学博士学位。在巴黎师从亨利·玛斯皮罗（Henri Maspero, 1883—1945）学习汉语、藏语，又师从伯希和（Paul Pelliot, 1878—1945）学习蒙古语和蒙古学。曾于1928—1930年间到中国考察，学习了蒙古地区一些部族语言，例如察哈尔语（Chahar）、喀尔沁语（Harchin）、土默特语（Tumet）和达斡尔语（Dagur），收集许多文献，包括蒙古族、满族、藏族和汉族的。1936年成为匈牙利科学院成员，1939年回母校布达佩斯大学工作，讲授蒙语、藏语、蒙藏文化等课程。他还支持其他东方学教学机构和研究机构建设，并为他们讲授汉语，培养他们成为汉学家。

李盖提首先于1933年对乔玛寄给匈牙利科学院的有关藏学资料进行了介绍并于1942年编辑资料索引，开启藏学研究，当逐渐把匈牙利乃至西方藏学研究推向高潮。

李盖提著述很多，其成果与其语言和文化研究一致，兹不一一详列。

六、多语种翻译

20世纪70年代以后，藏族格言诗外译呈现多语繁荣发展景象，多个译本出现，促进了格言诗的传播。

1978年，党的十一届三中全会决定实施对内搞活和对外开放的政策，改革开放初期，藏族格言诗翻译也呈现出一个百花齐放的局面，包括对一些格言诗的重译。

改革开放之前，藏族格言诗翻译以《萨迦格言》为主，汉译本只有一个。改革开放之后，随着中央对民族文化建设的进一步重视，国内出现了几个藏族格言诗的汉译本，其中包括次旦多吉等翻译的《萨迦格言》、耿予方翻译的《格丹格言》《水树格言》和《国王修身论》，不同译者选用了不同的翻译策略。此间，外国译者承担了把《萨迦格言》从藏语译成其他语种的工作。

（一）美国塔尚·塔尔库的英译

塔尚·塔尔库（Tarthang Tulku，1934—2018？）的《萨迦格言》英译本书名为Elegant Sayings（《雅言》，1977）。

"塔尔库的译文有抄袭乔玛译本之嫌，因为所选格言诗数量一样，选目也一样"（耿丽娟、李正栓，2015：104）。不同的是，塔尔库采用了诗节形式，用词有所变化，但并非韵体译诗，而是自由体译诗。

例如，乔玛译文第1首（《萨迦格言》第7首）：

Were you to die the next year, acquire science; though in this life you cannot become wise, in your future birth, it will be a recommendatory precious thing, if taken with you（Körösi，1855：44）.

塔尔库译文：

Acquire knowledge though you may die next year.

Although in this life you may not become wise,

In your future birth, if taken with you,

It will become a precious thing（Tulku，1977：63）.

他以诗译诗，还原了格言诗的形式美。他对一些词进行了替换，或为避免抄袭之嫌，或是根据藏文原义纠正了乔玛译文。

（二）格奥尔·卡拉对《萨迦格言》的选择性德译

1977年，格奥尔·卡拉摘译9首《萨迦格言》，数量很少，可能是他最喜欢的几首。例如，Wenn du einen Feind, der dir geschadet hat, überwinden möchtes, dann überwinde zuerst deinen Zorn.（要想战胜自己的敌人，先要制服自己的嗔怒。）不难看出，卡拉看中《萨迦格言》的伦理价值及其在提高人文修养方面的作用。可惜，他选译得太少。

（三）坦多瑞·德兹的《萨迦格言》匈牙利语译本

1984年，匈牙利诗人、翻译家坦多瑞·德兹（Tandori Dezső, 1938—2019）将李盖提的蒙藏双语译本转译成匈牙利文本，由布达佩斯欧洲出版社出版发行，全书计152页。

（四）《萨迦格言》汉译

1980年和1981年出版两个汉译本。

1980年，西藏人民出版社出版次旦多吉等人汉译的《萨迦格言》第一版。"翻译小组由两位藏族学者和四位汉族学者组成，他们是：次旦多吉、王之敬、丁有希、贾湘云、廖东凡、平措朗杰"（萨班·贡嘎坚赞，1985：3）。编者在前言部分对《萨迦格言》进行简介，之后是目录。正文部分没有序号。

1981年，青海民族出版社出版王尧《萨迦格言（藏汉文版）》。这是457首完整版。译者在前言中对9世纪中叶的西藏情况进行简介，对《萨迦格言》的特点进行分析。之后是正文目录，分汉语和藏语。此本注释不多。

（五）《格丹格言·水树格言》汉译

1986年，西藏人民出版社出版了耿予方（1929—?）汉译的《格丹格言》和《水树格言》完整汉译本。

耿予方先后在华东大学、山东大学和中央民族学院就读，是藏学家和翻译家，著述颇丰，为藏族民间文学的整理保护做出重要贡献。

1.《格丹格言》汉译

"格丹"意为"具善"。《格丹格言》即教人正确行事、做智者不做愚者的警世良言。

《格丹格言》诞生于16世纪中叶，由班钦·索南扎巴（1478—1554）创作，共125首，每首由四行组成，每行有七字。一般前两行表达作者思想，后两行打比方，借助寓言故事和典故使读者进一步体会作者思想。全书语言形象，平易近人，给人深刻印象。

《格丹格言》以智慧的语言表达了作者对人生、社会的思考、对智者的称赞和对愚者的批判。

2.《水树格言》汉译

《水树格言》的作者是孔唐·丹白准美（1762—1823）。全书主要包括两部分：《水的格言》和《树的格言》，分别包含格言诗139首和100首。作者以水和树比喻人生百态，寓意深刻，特色鲜明。

丹白准美博学、多才，在《水树格言》中教导人们如何处世，表达他对世间诸事的见解，揭露社会腐败与黑暗，表达对人民群众的同情，探讨人生各种问题，劝谕人们以德树人，做有品质、有教养、有修养的人。

《格丹格言·水树格言》汉译具有很强的时代性，促进了民族之间的互相理解，使汉语读者了解藏族格言诗里的智慧和哲理，对传承藏族文化、了解稳定西藏社会颇有助益。

（六）《国王修身论》

由米庞嘉措（1846—1912）所著的《国王修身论》藏语本第一次出版是1983年12月，由西藏人民出版社出版。

目前，《国王修身论》只有一个汉译本，由耿予方翻译，于1987年由西藏人民出版社出版。

1980年第一次全国西藏工作会议后，1983年出版《国王修身论》藏语本，1984年第二次西藏工作会议后，1987年出版汉语本。可见党的西藏工作政策对藏族格言诗翻译工作的重要影响。藏族格言诗翻译工作也是对党的西藏工作政策的积极响应。

《国王修身论》是应邀而写的。讲的是在德格王国，两个王子争夺王位的故事。江白仁钦（Jampal Rinchen）在与其兄争夺王位的过程中思考一个问题，即如何成为一个合格的国王。他请教米庞嘉措。米庞嘉措乃著此书。该书是米庞嘉措以其生活经历以及对人生和治理国家的思考为基础撰写而成的，阐述了他对各种问题的见解，集中阐述统治阶级该如何修身治国，给王子提出一系列建议，包括如何管理财税，如何治理乡村和城镇，对统治者如何用权、如何应付危机等基本问题提出中肯建议。这些理念有超时代性，今天仍有借鉴价值。

《国王修身论》具有很高的文学价值、史学和社会学研究价值。全书共21章，包括1102节，近6000行，是藏族格言诗中的长篇巨著。其内容广大渊博，语言质朴浑厚，涉及统治者的道德规范、施政方针、待人接物、处事原则、用人之道、是非标准、修身之法等。作为一部文学经典、管理学和社会学著作，它不仅展示了藏族人民深邃的哲理和智慧，而且反映出藏族社会所特有的文化特征、生活状态、伦理价值观和历史风貌。

米庞嘉措（亦称久·米庞嘉措、大米庞、米庞嘉措、米旁·朗杰嘉措、米庞·降央嘉措、居米旁·降央南杰嘉措）是清代藏族学者、诗人。他出生于今四川甘孜藏族自治州德格县自动聪颖好学，六岁时便博闻强记，十二岁出家，十八岁起到藏区各地游学。他善于学习，凡是高僧学者，不论门派，他都虚心请教。因此，他学识渊博，精通显密与五明，获"班智达"称号。他才识过人，待民和蔼，常帮穷济贫，他医术高超，能妙手回春，颇受民众尊重和敬仰。1912年4月29日，他在嘎莫达仓寺圆寂。

（七）《火喻格言》《铁喻格言》《宝喻格言》汉译

根据李正栓和赵春龙对其他格言诗汉译进行的检索发现，20世纪80年代，《火喻格言》《铁喻格言》《宝喻格言》各有一部汉语选译本。

（八）《藏族物喻格言选》（藏汉文对照本）

1984年10月，甘肃民族出版社出版了李午阳、王世镇、郑肇中翻译的《藏族物喻格言选》（藏汉文对照本），该译本选译了《木喻格言》58首、《水喻格言》66首、《火喻格言》10首、《铁喻格言》12首、《宝喻格言》16首。

（九）《智慧的语言——萨迦班智达的教诲》

1997年，日本出版了《萨迦格言》日译本，由正木晃翻译，书名《智慧的语言——萨迦班智达的教诲》。

七、语种、译本数量持续增长

随着改革开放深化，中国国力不断增强，全球化进程加快，各国各族人民交往日益频繁，藏学发展很快，藏族格言诗的翻译进入鼎盛期。突出表现有三个方面：译语语种继续增加，格言品种逐渐增加，各种译本不断重印。

（一）达文波特对《萨迦格言》的英译

19世纪与20世纪转交之际，约翰·T·达文波特（John T. Davenport）把《萨迦格言》全部译成英语，书名 Ordinary Wisdom: Sakya Pandita's Treasury of Good Advice，汉译为《普通智慧：萨迦·班智达劝善宝库》。此译本中他插入了对格言诗的解释性评注。这种评论性深度翻译在西方较受欢迎。此书于2000年由智慧出版社（WISDOM PUBLICATIONS）出版。达文波特本是水资源专家，曾在亚洲工作，现居美国俄勒冈州。他在亚洲工作期间接触到《萨迦格言》，被其中深邃的所吸引并决定将其译成英语。

实际上，本书是由三人合译的。另外两人是萨莉（Sallie D. Davenport）和洛桑·松顿（Losang Thonden）。洛桑的母语是藏语，英语水平也不错。北塔推测，他们的合作方式是"洛桑口头释义，达文波特翻译，萨莉加工"（北塔，2014：64）。

该书译者写了译者前言、导言，对《萨迦格言》以往翻译情况做了简介，还简单介绍了《萨迦格言》对印度格言的继承和对后世格言诗的影响。

达文波特把他的读者群锁定为英语世界的普通读者，因此对书中涉及的神话、典故有详尽的注释，是一种研究型深度翻译。

达文波特认为，薄森作品不流行正是因为缺乏注释，所以他不厌其烦地对格言诗中出现的典故进行注释。其注释具有"说文解字"之功能，更有通过故事性注释对读者进行说教的作用。

达文波特在翻译时使用了诗体，以保持对原诗形式的忠实，他采用自由体，不追求押韵，在词序安排上尽量与原文一致。在翻译专有名词时他的原则是方便朗读，有时用梵文，有时用藏文，有时用英语中的对应词，有时按意思转化，比较灵活。

李正栓和赵春龙撰文分析过他的译本特色并得出以下结论："达译本是首个体例完整、内容全面的诗体全译本，其独特的译本特征为藏族格言诗的翻译提供了一定的借鉴，同时译本中出现的不足也成为后来译者的参考。达文波特以自由体译诗，没有采用原诗的形式和韵律，但保留了诗歌的韵味；大量祈使句式的运用，添加了译本的地域色彩，强化了道德说教意味；详尽的注释妨碍了读者的流畅阅读，但在一定程度上向英语世界的读者传递了藏族格言诗文化，为域外读者打开了了解西藏文化的一扇窗。总之，达译本对于推动汉藏文化在西方的传播贡献良多"（李正栓、赵春龙，2015：85—86）。

（二）《藏族格言诗水木火风四论译著》汉译

2000年，中国台湾学者萧金松出版了蒙藏专题研究丛书之《藏族格言诗水木火风四论译著》。该书收《水论格言》共139首、《木论格言》共106首、《火论格言》共70首、《风论格言》共65首。这些格言均为七言体，萧金松的汉译是四言体，采用藏文、汉译、罗马对音、词语解释、白话释文、附注并列方式。具体形式是：藏语和汉语排在左栏。对音和词语解释排在右栏。下面是字对字直译，然后是这一节诗的释文，用单栏排版，下面附注，也用单栏排版。

（三）图马诺瓦对《萨迦格言》的选择性俄译

2001年，俄罗斯学者图马诺瓦（Туманова О.Т）出版专著《西藏宗教及其教育意义》（Тибетская йога и тайные учения），由莫斯科公平新闻出版社（М.：ФАИР-ПРЕСС）出版发行。图马诺瓦在其专著第四章《复兴与智者》（НОВОЕ ВОЗРОЖДЕНИЕ И УЧИТЕЛИ МУДРОСТИ）中将部分《萨迦格言》译为俄文。

（四）今枝由郎对《萨迦格言》的日译

2002年8月，日本东京株式会社岩波书店（いわなみしょてん，Iwanami Shoten）出版了日裔法籍学者今枝由郎（Yoshiro Imacda，1947—）翻译的日语版《萨迦格言》。

今枝由郎对《萨迦格言》的日译以美国译者詹姆斯·薄森（James E. Bosson）翻译的 A Treasury of Aphoristic Jewels（《警句格言宝库》，1969）和中国西藏佛教文化协会《萨迦格言》文求堂（1994）为底本。

今枝由郎生于日本爱知县，1966年考入京都大谷大学学习文学，1969年毕业后去了法国。1970年10月—1972年9月期间，他在法兰西学院任助教，1972年先后求学于法兰西学院、高等实验学院和国立东方现代语言学院。1972年10月到1973年9月期间，他学习藏语和西藏文化。1974年，在东洋文库任职，出任日佛会馆秘书，后到东京外国语大学任教，讲授藏语。1987年，获巴黎第七大学的博士学位。

今枝由郎与人合作撰写并出版敦煌藏文文书选和西藏艺术研究等多部著作。他个人还有藏学相关论著。他与人合作编辑出版的《西藏研究目录》，含11822条，已成为藏学研究必备书。

（五）西里耶娃对《萨迦格言》的选择性俄译

2004年，俄罗斯作家、翻译家瓦西里耶娃（А.К. Васильева）在其论文《箴言宝库》（"Глава о Дхарме"из "Драгоценной сокровищницы превосходных речений"）的第四章中将《萨迦格言》的第九章《佛法思辨》译成俄文，发表在《印度与西藏：文本与译文（翻译）》（（и перевод）из сборника "Индия –Тибет: текст и вокруг текста"）论文集中。

（六）《萨迦格言藏汉英对照本》三语本

2009年4月，中国藏学出版社推出了《萨迦格言》的又一个汉译本。这个版本增加了英译，成为三语读本，由仁增才让和才公太汉译，英译用的是达文波特的译本。在国内出版的《萨迦格言》中增加英译，说明译者和出版者的国际化意识。

本书书名分三行，第一行是藏语，第二行是汉语，第三行是英语。目录及正文顺序是藏、英、汉。

（七）《萨迦格言》藏汉双语本

2010年，班典顿玉、杨曙光汉译本《萨迦格言》（藏汉双语）由西藏人民出版社出版。2012年9月，此书出版第2版。此书配有插图，正文中每首诗有阿拉伯数字序号，序号后两行汉语，下边是两行藏语，单栏排版。书的最后一页是跋。

译者班典顿玉，北京大学佛学专业硕士研究生毕业，是萨迦寺民主管理委员会主任、西藏佛教协会副会长；杨曙光为北京白塔寺管理处副主任。

（八）《萨迦格言：西藏贵族世代诵读的智慧珍宝》（汉藏双语本）

2012年，王尧汉译的《萨迦格言》再版，更名为《萨迦格言：西藏贵族世代诵读的智慧珍宝》（汉藏双语本），由当代中国出版社出版，前一部分是汉语，后一部分是藏语。

（九）《水木圣典》英译

2012年，美国出版了 *The Water and Wood Shastras*，译为汉语为《水木圣典》。根据分析，这本书的母本是《水树格言》，译者是叶什·科德拉普（Yeshe Khedrup）和威尔逊·赫里（Wilson Hurley），前者是一位藏学家，后者是美国学者，出版商是Karuna Publications（US）。

（十）《藏族格言诗英译》双语本

李正栓和他的团队把《萨迦格言》《格丹格言》和《水树格言》从汉语翻译成英语，出版了合订本，书名《藏族格言诗英译》，于2013年由长春出版社出版。

此书封面是汉英藏三种文字，内附出版说明、王宏印教授序、新墨西哥州立大学阿莱里·哈维序和李正栓自序。正文是汉英双栏排版，封底是汪榕培教授、王宏印教授和黄国文教授简评。

其中，《格丹格言》是国内外第一个英译本，《水树格言》则是国内外第二个英译本，与美国Karuna Publications出版的叶什·科德拉普和威尔逊·赫里英译本仅差几个月，是国内第一个英译本。

（十一）《国王修身论》英汉藏三语本

李正栓和刘姣把《国王修身论》译成英语，于2017年由尼泊尔天利出版文化公司在尼泊尔出版。英汉藏三语对照的形式扩大了读者群体，不仅包括藏族同胞和汉语读者，还包括英语读者。

尼泊尔天利出版文化公司是藏区第一家文化出版行业"走出去"的公司，是响应国家"一带一路"倡议、推动中国文化"走出去"而建立的，致力于把我国特别是西藏优秀传统文化和图书资源输出到尼泊尔，向全世界发行，积极推动中国传统文化在国外的传播。

（十二）《水树格言》英汉藏三语本

李正栓和李圣轩英译的《水树格言》英汉藏三语本于2017年11月由天利出版文化公司在尼泊尔出版。

该译本以耿予方的《格丹格言·水树格言》汉译本为蓝本，与《国王修身论》一样，英汉藏三语本扩大了读者群体。

（十三）《图说萨迦格言》英汉藏三语本

李正栓等人所译《图说萨迦格言》英汉藏三语本于2018年10月由天利出版文化公司在尼泊尔出版，288页，排版顺序是英文、汉语、藏语。书中配有许多插图。

（十四）《格丹格言》英汉藏三语本

2019年9月，李正栓和韶华英译的《格丹格言》在尼泊尔和中国同时出版。

（十五）部分重印版本

进入21世纪后，《萨迦格言》汉译和西方曾经出版的译本被重印，说明藏族格言诗的魅力依然不减。2010年，美国凯辛格出版社再次印刷富可士法译本。2011年，匈牙利fapadoskonyv.hu出版社再版德兹《萨迦格言》匈牙利语译本。2012年，班典顿玉的《萨迦格言》（藏汉双语）重印。2012年，王尧汉译《萨迦格言》重印，更名为《萨迦格言：西藏贵族世代诵读的智慧珍宝》。2013年，珍珠域将富可士《萨迦格言》法译本制作成电子版。2014年，法国阿谢特图书出版社重印富可士《萨迦格言》法译本。2017年，劳特利奇出版社重印薄森《萨迦格言》英译本。

八、结语

目前，罗桑金巴所著的《风喻格言》、南杰索巴所著的《土喻格言》、诺奇堪布阿旺朋措所著的《铁喻格言》尚未见研究和英译。

目前，国内外尚无人系统地撰写藏族格言诗的翻译史，我们首次尝试把藏族格言诗翻译现象串起来。对于像藏族格言诗这类具有浓郁民族特色的文学作品，其数十个译本的产生均有深刻的历史原因，厘清其翻译背景会给相关研究提供更多的视角；还可以此为先导展开藏民族以至其他民族文学作品的横向比较研究及纵向深入研究。对各部格言诗的翻译史进行考察有助于系统把握各部格言诗的翻译特色和面貌，还可以为进一步的翻译和研究提供系统的指导和建议。还应当注意到，进入21世纪后，对藏族格言诗的翻译出版或重印处在一个鼎盛时期，中国译者也要抓住时机进行翻译并与外国学者合作，以确保藏族格言诗被正确地传播出去，走进世界读者心中，成为世界文学的重要组成部分。

参考文献

[1] 北塔. 间接忠实：少数民族典籍翻译的一颗硕果[J]. 燕山大学学报（哲学社会科学版），2014（1）：62—66.

[2] 耿丽娟、李正栓. 塔尔库《萨迦格言》漏译原因探析[J]. 燕山大学学报，2015（1）：103—106.

[3] 李正栓、赵春龙. 达文波特英译《萨迦格言》特色研究[J]. 外语与外语教学，2015（6）：80—86.

[4] 萨班·贡嘎坚赞. 萨迦格言[M]. 次旦多吉等（译）. 拉萨：西藏人民出版社，1985.

[5] 王尧等. 中国藏学史（1949年前）[M]. 北京：中国社会科学出版社，2013.

[6] Davenport, John Thomas. *Ordinary Wisdom: Sakya Pandita's Treasury of Good Advice*[M]. Boston: Wisdom Publications, 2000.

[7] Körösi, Alxander Csoma DE. A Brief Notice of the Subháshita Ratna Nidhi of Saskya Pandita[J]. *Journal of the Asiatic Society of Bengal*, 1855（Vol. XXIV）.

[8] Ligeti, Louis. *TRÉSOR DES SENTENCES—SUBHASITARATNIDHI*, AKADÉMIAI KIADÓ, 1973.

[9] Tulku, Tarthang. *Elegant Sayings*[M]. Berkeley: Dharma Publishing, 1977.

（本文原载《上海交通大学学报（哲学社会科学版）》2019年第4期，作者李正栓，数据未做更新，内容略有改动。）

《萨迦格言》蒙译史略

一、引言

　　13世纪上半叶，萨迦·贡嘎坚赞（1182—1251）借鉴印度文学样式，吸收西藏本土文学营养，创作了《萨迦格言》。自此，后世藏族学者以此为蓝本，竞相模仿创作，形成了独特的藏族格言诗文化。由于萨迦·贡嘎坚赞显赫的宗教和政治身份，《萨迦格言》在创作完成之后不久便被翻译成蒙古文，流传于蒙古地区，引领了藏族格言诗由西藏流向蒙古地区并走向世界的翻译浪潮。

　　《萨迦格言》，又被称为《善说宝藏》《善书宝藏》，在蒙古地区因音译被称为《苏布喜地》或《苏布悉地》，其蒙古文译本在13世纪末或14世纪初就已问世，之后又有几种译本以八思巴文、回鹘蒙古文、托忒蒙古文印行传世。《萨迦格言》主要有索南戈拉、咱雅班智达南喀嘉措、莫日跟格根罗桑丹必坚赞、察哈尔格西·罗桑楚臣、丹津却达尔、诺木图因仁钦等人的蒙译本，其中索南戈拉、莫日跟格根罗桑丹必坚赞、察哈尔格西·罗桑楚臣的蒙译本流传较为广泛，并产生了深远影响。蒙古学者借鉴《萨迦格言》进行创作，一改先前创作主题，丰富了蒙古文学，《萨迦格言》中很多警句成为蒙古民间文学的一部分。同时，《萨迦格言》的蒙译促进了其对外传播，其多个外译本直接由蒙译本翻译而来。《萨迦格言》的蒙译本成为其走向世界文学图景的源头之一。由此，考察《萨迦格言》蒙译史具有了多重意义。

二、《萨迦格言》蒙译史略考

"据考查,《善书》的第一个翻译本是十四世纪索纳木·卡拉(索南戈拉)译的八思巴译文,无疑这是世界上《善书》的第一个译本了。现存最完整的是十八世纪察哈尔查干敖包庙(察干乌拉庙)的版本"(低·却拉布吉,1988:77)。当前,随着历史、考古等学科的推进,与之相关的重要文献和考古资料逐渐浮出水面,《萨迦格言》蒙译面貌越发清晰。语境张力的扩展推动了《萨迦格言》蒙译史的研究进程,扩大了其研究内容。在此基础上,笔者进一步梳理了《萨迦格言》在蒙古地区的译介情况,以译者为中心,揭示各译者翻译《萨迦格言》之起因,厘清各个译本及其众多版本之间的演变关系。

(一)索南戈拉及其译本

索南戈拉,因音译不同又被称为"索纳木·卡拉""索南嘎拉""苏那木喀喇",是忽必烈时期的密宗大师,具体生平经历不详。从其身份和翻译《萨迦格言》这一史实判断,索南戈拉与藏传佛教或蒙古王廷有着密切关系,当时蒙古王廷和佛教学者对《萨迦格言》较为重视。随着考古的推进和文献的发掘,索南戈拉译本的不同版本渐次被发现,其译介传播的面貌也愈发清晰。通过查阅考古资料、历史文献以及相关论文,笔者系统梳理了索南戈拉译本的历时流变情况,力求全面呈现该译本的整体面貌(见表1)。

表1 《萨迦格言》索南戈拉蒙译本概览

译本	译成时间	版本	具体名称	发现或出版时间
索南戈拉译本	13世纪末或14世纪初	木刻本	芬兰赫尔辛基残片(1件)	1906年发现
			德国柏林残片(3件)	1905—1907年间发现
			敦煌莫高窟北区B163:3残片	2001年发现

续表

译本	译成时间	版本	具体名称	发现或出版时间
索南戈拉译本	13世纪末或14世纪初	手抄本	俄罗斯圣彼得堡科学院图书馆手抄本	不详
			俄罗斯圣彼得堡国立大学手抄本	不详
			布达佩斯匈牙利科学院图书馆手抄本	1948年出版
		印刷本	《格言宝藏：蒙汉双语〈萨迦格言〉》	1969年出版
			内蒙古人民出版社印刷本	1989年出版

现有的索南戈拉译本以木刻本、手抄本和印刷本的形式呈现，其中木刻本为考古残片，手抄本和印刷本为完整译本。

1906年，芬兰国父马内汉将军（C.G. Mannerheim，1867—1951）在亚洲旅行期间从新疆获取《萨迦格言》八思巴蒙古文译本木板残页一张，即赫尔辛基残片。1912年，芬兰学者兰司铁（G.J. Ramstedt，1873—1950）在其《一件方体字蒙古文残文书》一文中首先刊布该残页图片。1952年，兰司铁学生兼合作伙伴、芬兰研究八思巴文的代表人物潘提·阿尔托（Pentti Aalto）发表《阿尔泰研究一：马内汉所获八思巴蒙古文残文书》一文，最先确定该残文为《萨迦格言》八思巴蒙古文译本的一部分。

德国柏林残片中的两张为格伦威德尔（Albert Grünwedel，1856—1935）和勒柯克（A. von Le Coq，1860—1930）在新疆发现。1905年12月至1907年4月，两人带领的德国探险队对我国新疆地区进行第三次考察，途中在吐鲁番发现《萨迦格言》八思巴蒙古文译本残片。潘提·阿尔托于1955年发表《八思巴字蒙古文〈萨迦格言〉残片》一文，最早对该残片内容进行转写、翻译与释读。"李盖提于1964年对该残片、柏林的另外一件《萨迦格言》残片以及赫尔辛基残片进行了系统研究。"（敖特根，2006：61）基于柏林的另外一件《萨迦格言》残片，潘提·阿尔托写出《八思巴蒙古文〈萨迦格言〉的第二件残片》一文，指出德国柏林3件残片与芬兰赫尔辛基残片属同一个版本。

2001年8月，我国蒙古学专家从敦煌莫高窟北区第163窟发现的大批文献中整理出一木刻版八思巴文《萨迦格言》。嘎日迪在其《敦煌莫高窟北区出土蒙古文和八思巴文文献标音释读（二）》一文中对该残片进行了考证，"这是继吐鲁番出土柏林收藏八思巴蒙古文《善说宝藏》之后的又一文献，但是版本不同。元代，具体印行年代不详"（敖特根，2006：24）；并指出该残片与赫尔辛基和柏林收藏的版本有所不同，系佛经版式。由此说明，元代木刻版刊印的《萨迦格言》索南戈拉八思巴蒙古文译本至少有两个版本。

俄罗斯圣彼得堡科学院图书馆存有三件手抄本，一件由鲁德涅夫（Rudnev）从布里亚特人手中获得；一件由贾赫里克（Jaehrig）于1782年获得；另外一件信息不详。据考证，以上三个手抄本均为索南戈拉翻译的《萨迦格言》译本。此外，俄罗斯圣彼得堡国立大学和布达佩斯匈牙利科学院图书馆藏有索南戈拉译本手抄本，学界对这两个译本研究较多。匈牙利科学院图书馆手抄本为匈牙利蒙古学家路易斯·李盖提（Louis Ligeti，1902—1987）于1921—1931年在内蒙古考察旅行期间从卓索图盟喀喇沁旗公爷府处获取。该手抄本以《蒙文版善说宝藏》（Le Subhasitaiatnanidhi Mongol）为名于1948年在布达佩斯出版，并附藏文原文。值得注意的是，圣彼得堡国立大学和布达佩斯匈牙利科学院图书馆的两个手抄本与木刻本的刊印文字形式不同，均为回鹘蒙古文誊写，由此说明《萨迦格言》索南戈拉译本由八思巴蒙古文和回鹘蒙古文同时刊印。

1969年，美国加利福尼亚大学东方语言研究所蒙古文、藏文专家詹姆斯·薄森（James E. Bosson）以《萨迦格言》藏文本和布达佩斯蒙译本为底本，参照美国国会图书馆蒙译本，分别对藏蒙两种文字的《萨迦格言》进行了拉丁文转写、翻译和注解，出版《格言宝藏：藏蒙双语〈萨迦格言〉》（*A Treasury of Aphoristic Jewels: The Subhasitaratnanidhi of Sa Skya Pandita in Tibetan and Mongolian*）一书。1989年9月，内蒙古人民出版社出版了由索南戈拉翻译、照那斯图和思钦朝克图校注、仁钦戈瓦校订的《善说宝藏》。

综上所述，索南戈拉蒙古文译本自问世以来，以木刻本、手抄本以及印刷本多种形式呈现，同时以八思巴蒙古文和回鹘蒙古文刊印或手抄，流传时间长，版本数量多，影响广泛。

（二）咱雅班智达索南嘉措及其译本

索南嘉措（1599—1662），又被译为"那木喀嘉措""那木海扎木苏"，在蒙古地区被称为咱雅班智达。作为藏传佛教格鲁派高僧、政治家、语言学家、翻译家和文学家，咱雅班智达对促进蒙古地区政治、文化的发展以及密切蒙藏之间的政教关系作出了重要贡献。此外，他创制了适用于卫拉特蒙古的托忒蒙古文，并用其来翻译佛典、医书以及文学作品，极大促进了卫拉特文化的进步。咱雅班智达弟子拉德那博哈得拉所撰的《咱雅班第达传》对其一生有着详细描述。

当前国内外学界对咱雅班智达的政治和宗教贡献研究较多，对其语言和翻译成就研究较少。叶尔达在其博士论文《拉布占巴·咱雅班第达·那木海扎木苏之研究》中对咱雅班智达创制托忒文字和翻译佛学经典的史实进行考证，提出"咱雅班智达创制托忒蒙古文的时间为1648年""其翻译佛经起止时间为1638—1662年""咱雅班第达是为了译经事业的需求而完善回鹘蒙古文，从而创造了托忒文"（叶尔达，2005：1）。综合上述观点，咱雅班智达将《萨迦格言》翻译或改写成托忒蒙古文的时间应为其创制托忒蒙古文的1648年至其圆寂的1662年之间。

目前，学界对《萨迦格言》咱雅班智达译本并未展开深入研究。笔者囿于资料匮乏，没有查阅到该译本，无法分析其译本风格。但是，从苏联学者H·雅洪托娃对咱雅班智达蒙译藏《金光明经》译本的分析中可一窥其翻译原则与风格，"扎雅班弟达（咱雅班智达）译本的特点在于对藏文原文作了极其严谨的研究，译本除藏语中定语位于被说明词之后的情形外，词汇的数量和顺序都保持原样。再有，卫拉特文本同藏文本一样，对梵文人名、地名及常用的宗教术语都作了翻译，而没有作音译"（H·雅洪托娃，1986：39）。据此分析，咱雅班智达在翻译之前对藏文本做了大量研究，在翻译过程中尽可能忠实于藏文本的形式及内容。这些翻译原则可能被运用到《萨迦格言》的翻译之中。

（三）莫日跟格根罗桑丹必坚赞及其译本

莫日跟格根罗桑丹必坚赞（1717—1766），又被译为"莫日根·葛根·丹毕坚赞"，蒙古族著名文学家和翻译家，为蒙古族传统文化的发展和蒙藏文化的交流作出了重要贡献。"他以过人的聪明才智，使用自己的母语和文字撰写了大量诗歌和箴言诗，编写过很多有影响的语言、历史方面的著作，还翻译了大量的藏文佛教典籍"（乌力吉巴雅尔，2004：107）。

莫日跟格根所处时代的蒙古地区对藏传佛教极为推崇。长期在寺院接受教育的蒙古族青年因长期脱离自己的传统文化而不能流利地使用本族语言和文字进行交流。作为当时蒙古族杰出的学者，莫日跟格根针对这种情况，身体力行，把藏文经典翻译成蒙古文，帮助蒙古族民众使用本民族语言，并在文学作品中对使用本民族语言文字的人表现出崇敬之意。在此背景下，莫日跟格根将《萨迦格言》由藏文翻译成蒙古文，以此来提高本民族语言的使用率。因此，在翻译过程中，莫日跟格根注重把握原文的精神实质，提倡译文对原文的忠实性，"把莫日跟格根翻译的《萨迦格言》同藏文原著进行对照，无论是在理解原文还是在表达方面，均没有明显失误。他的译文可谓古朴、简练、准确，译文中增减词语少，诗行前后颠倒少，诗句押韵少（包括诗首、诗腰、诗尾的押韵）"（乌力吉巴雅尔，2004：121）。

莫日跟格根译本于18世纪中叶译成之后在北京以木刻本刊行，流传广泛。据不完全统计，该译本现有北京木刻本、布里亚特共和国木刻本以及美国国会图书馆手抄本几个版本（见表2）。

表2 《萨迦格言》莫日跟格根罗桑丹必坚赞蒙译本概览

译本	译成时间	诗节数量	版本	具体名称	出版时间
莫日跟格根罗桑丹必坚赞译本	18世纪中叶	457首	木刻本	北京木刻本	18世纪中叶
				布里亚特共和国木刻本	1889年
			手抄本	美国国会图书馆手抄本	不详

（四）察哈尔格西·罗桑楚臣及其译本

察哈尔格西·罗桑楚臣（1740—1810），又被译为"察哈尔格西罗桑楚勒特木""察哈尔格布西鲁布桑楚鲁图木""罗布·桑楚鲁腾""萨囊彻辰"，蒙古族高僧、著名翻译家、文学家、史学家，精通佛学、文学、语言、历史、翻译等社会科学和天文、历法、医学等自然科学，著有《察哈尔格西·罗桑楚臣全集》。察哈尔格西弟子罗布桑桑若布尼玛所著的《察哈尔格西·罗桑楚臣传》对其生平事迹和文学作品作了详细描述。

清朝时期，察干乌拉庙是全国重要的木刻和印刷中心之一，印刷了大量佛教经典、民间谚语格言、箴言、口头诗歌、祝词赞词、传说故事等书籍。察哈尔格西曾担任该庙的主持人、译者和印刷蒙藏经文负责人，翻译和刊印了大量藏文经典。他的"印刷蒙藏经文负责人"这一身份成为其《萨迦格言》译本保存最为完整的重要原因。作为高僧大德，察哈尔格西心怀众生，注意引导众生从善，为此撰写了大量道德劝诫诗。由此分析，将富有哲理、劝诫众生的善书《萨迦格言》由藏文翻译成蒙古文也是其心怀众生的重要体现。《察哈尔格西·罗桑楚臣传》的相关记载印证了这一观点，"应别人的请求提议，上师（察哈尔格西）将萨迦班知达的善言《苏布悉地》及其注释译成蒙文"（董晓荣，2017：198）。

察哈尔格西"在语言修辞方面有极高的讲、辩、撰等能力"（董晓荣，2017：193），这为其翻译《萨迦格言》奠定了良好基础，同时为其译本的语言风格定下基调，即讲究韵律、语言优美、通俗易懂。国内蒙古文、藏文专家乌力吉巴雅尔对照《萨迦格言》藏文本，对索南戈拉、莫日跟格根以及察哈尔格西的蒙译本进行了对比分析，指出"在翻译上能把握原文精神实质，既按原文词语排列，又非常忠实原文的，最后是察哈尔格西译本……从巧妙地使用语言艺术，诸如选词、修饰、押头韵和脚韵等多种艺术手段，使译文变得生动活泼、贴近读者方面来看，首先是察哈尔格西的译文"（乌力吉巴雅尔，2004：117）。

察哈尔格西译本于1778年在察干乌拉庙刻版刊印，之后有木刻本、手抄本、印刷本等多个形式的版本流传于世，广受欢迎。根据已有文献，笔者对该译本几个版本的基本信息进行梳理，以呈现其历时流变情况（见表3）。

表3 《萨迦格言》察哈尔格西·罗桑楚臣蒙译本概览

译本	译成时间	诗节数量	版本	具体名称	出版时间
察哈尔格西·罗桑楚臣译本	1778年	457首	木刻本	察哈尔察干乌拉庙木刻本	1778年
				布里亚特共和国重印本	待考
			手抄本	哥本哈根皇家图书馆藏蒙满三语手抄本	待考
			印刷本	张家口印刷本	20世纪三四十年代
				乌兰巴托印刷本	1958年
				沈阳印刷本	1958年

（五）其他译者及其译本

《萨迦格言》还有苏尼特人丹津却达尔和布里亚特人诺木图因仁钦的蒙古文译本。由于这两个译本流传不广，译本和译者的资料有限，故不在此展开论述。

三、《萨迦格言》蒙译特征

相较于《萨迦格言》其他语种的翻译，其蒙译持续时间最长，影响最广，产生的译本数量仅次于汉译本。从翻译历程整体考察，《萨迦格言》蒙译表现出较强的政治性、宗教性、文学性等译介特征。政治性表现为其译介与时代背景密切相关；宗教性表现为译者均为佛教高僧大德；文学性表现为译者以诗译诗，保留了原文本的诗歌形式。

（一）与时代背景密切相关

自13世纪中叶萨迦·贡嘎坚赞抵达凉州同窝阔台会晤起，藏传佛教在蒙古地区先后经历了两次重要的弘传期，第一次弘传期从13世纪中叶至元朝败退北京的14世纪后半叶，主要在蒙古王公贵族中传播；第二次弘传期从16世纪后半叶到清朝晚期，由蒙古王公贵族传至广大民众。蒙藏政治关系以藏传佛教在蒙古地区的传播兴衰为标志，经历了同样的历程。两次弘传期中蒙藏密切的政教关系反映在文学交流上。在第一次弘传期，蒙藏文学交流处于伊始阶段，藏族文学经典传至蒙古地区较少；至第二次弘传期，蒙藏文学交流达到鼎盛，大批藏文经典被翻译成蒙古文，对蒙古族文学产生深远影响。以《萨迦格言》蒙译为窗口，能够窥探出蒙藏政治、宗教、文化的交流历程。元朝时期，由于萨迦·贡嘎坚赞、八思巴以及萨迦派在元宫廷中的显赫地位，《萨迦格言》被翻译成蒙古文，但仅有索南戈拉译本。16世纪后半叶之后，蒙藏文学交流深入开展，《萨迦格言》出现了咱雅班智达、莫日跟格根、察哈尔格西等人的多个蒙译本。《萨迦格言》蒙译史折射出蒙藏政治、宗教、文化的交流史。

（二）译者为佛教高僧大德

从《萨迦格言》的蒙译者分析，众多译者具有同一身份，即佛教的高僧大德。作为宗教学者，几位译者（索南戈拉信息不详，在此不做讨论）不仅学识广博，还有着极大的社会责任感和使命感。咱雅班智达多次奔走于蒙古和西藏之间，对密切两地间的政教联系和发展蒙藏经济文化关系起到了重要作用；莫日跟格根为传播本民族文化和促进蒙藏文化交流作出重大贡献；察哈尔格西心怀众生，注意引导众生从善。几位译者与作者萨迦·贡嘎坚赞的宗教身份一致，同样心怀众生和社会责任，为传播佛教和促进本民族发展贡献一己之力。译者与作者的身份一定程度上推动了《萨迦格言》的蒙译。

（三）译本均保留诗歌形式

在两次弘传期，佛教经典和藏族文学成为蒙古学者推崇的重要对象。蒙古学者大量翻译藏文经典，尤为注意对藏文本的忠实性。在《萨迦格言》的翻译中，几位译者以诗译诗，尽量忠实原文的内容与形式。"在藏译蒙古文实践中的直译这一传统，一直延续到莫日跟格根的时代。察哈尔格西罗桑楚勒特木则是坚持自由开放式翻译的代表"（乌力吉巴雅尔，2004：125）。索南戈拉与莫日跟格根的翻译观较为一致，坚持藏译蒙古文的直译传统，尽量按原文词语排列，译文中增减词语少，诗行前后颠倒少，注重把握原文的精神实质；察哈尔格西使用"选词、修饰、押头韵和脚韵等多种艺术手段，使译文变得生动活泼、贴近读者"，体现了其自由开放式翻译风格。藏族格言诗具有朗朗上口、易于背诵的特点。《萨迦格言》蒙译本诗歌形式的保留促进了文化传播，凸显了其教化功能，这与译者翻译初衷高度一致。

四、《萨迦格言》蒙译影响

安东尼·皮姆指出，"翻译史研究应表达、讨论或解决影响我们当前的实际问题"（Pym，2007：xxiv）。分析作品译介影响为表达、讨论或解决当前实际问题的重要方面。深入分析《萨迦格言》蒙译影响对考证和梳理蒙藏文化关系起着重要作用。综合来看，《萨迦格言》蒙译影响表现为促进了其自身对外传播和丰富了蒙古文学样式两个方面。

（一）促进其对外传播

翻译作为沟通不同语言文化的中介对文学作品的传播起着积极的促进作用。"没有翻译的中介，一些文学作品充其量只能在其他文化和文学传统中处于'死亡'或'边缘化'的状态。同样，在其世界各地的旅行过程中，一些本来仅具有民族/国别影响的文学作品经过翻译将产生世界性的知名度和影响，因而在另一些文化语境中获得生命。"（王宁，2009：24）《萨迦格言》的蒙译使其获得诸多国外专家学者的关注，在域外文化语境中获得生命。

为形象表达《萨迦格言》蒙译对其对外传播带来的影响，特绘制"《萨迦格言》对外译介概览图"（见图1和图2）。图1为《萨迦格言》经由其蒙译本对外译介情况，图2为《萨迦格言》由藏文本对外直译或转译情况。对比发现，从文本被发现、收藏、出版的域外地区分布来看，《萨迦格言》

蒙译本或由其译出的译本分布在卡尔梅克、布里亚特、圣彼得堡、乌兰巴托、哥本哈根、赫尔辛基、柏林、华盛顿、布达佩斯、伯明顿以及东京等11处，经由藏文本译出的译本分布在孟加拉国、巴黎、爱沙尼亚、加尔各答、圣彼得堡、布拉格、伯克利、波士顿、伯明顿以及东京等10处；从现有的外译本语种来看，经蒙译本直译或转译的有英文、俄文、匈牙利文、日文等4个语种译本，经藏文本直译或转译的有英文、法文、德文、俄文、捷克文、日文6个语种译本；从译本情况和翻译过程来看，蒙译本或由其译出的译本均为全译本，且存在转译现象，经由藏文本译出的译本包括全译本和节译本，且存在二次翻译、三次翻译和改写的情况。从对比分析中可以看出，《萨迦格言》的蒙译提高了其在域外的影响力，使其由民族文学走向世界文学成为可能。

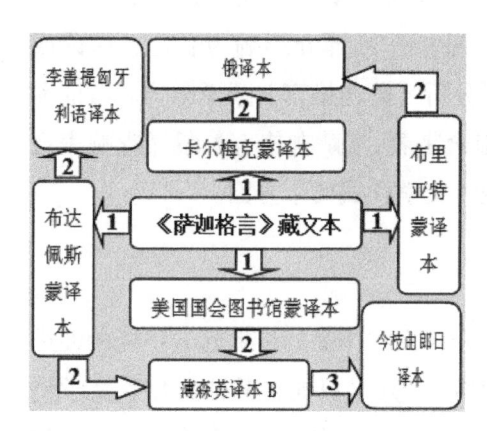

图1 《萨迦格言》对外译介概览一

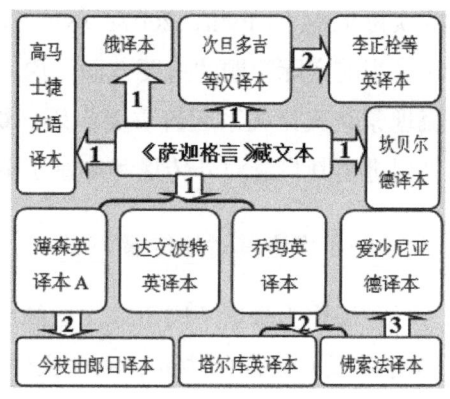

图2 《萨迦格言》对外译介概览二

（二）丰富蒙古文学样式

蒙古族文学吸收藏族文学的过程可分为翻译、模仿和创作三个阶段，集中体现在对佛教故事、高僧传记、劝喻诗、仪轨诗等文学题材的借鉴上。《萨迦格言》在蒙古地区的传播同样经历了以上几个阶段，并对蒙古族的格言诗、劝喻诗以及注疏文学产生重要影响。

《萨迦格言》进入蒙古族文学系统为原有的蒙古格言诗注入新的血液

和营养。蒙古族格言诗模仿《萨迦格言》的写作形式，以物为喻，借喻说理；借鉴《萨迦格言》道德劝诫等主题思想，一改之前以英雄史诗为主题的单一写作形式，蒙古族学者创作出大量格言诗作。例如，鲁布桑普仁莱著有《水晶鉴格言》《净鉴格言》《益众格言》《金钗之言》，伊希巴拉珠撰有《世俗格言》《夜莺训言》。蒙古地区撰写格言诗的学者从世俗和宗教两个方面对民众进行道德劝诫，如察哈尔格西·罗桑楚臣撰有《烟酒训言》，劝诫民众戒烟戒酒。借鉴《萨迦格言》写作风格的劝诫诗语言朴素，准确形象，对蒙古族民众起到了很大的道德教化作用。

自《萨迦格言》问世以后，后世学者不断对其进行注疏，或融入哲理进行解说，或添加故事解释诗作，如仁钦拜的《萨迦格言注释》以54则富有哲理且饶有兴味的故事注解《萨迦格言》部分诗作。随着《萨迦格言》的传入，为格言诗注疏这一文学传统传至蒙古地区。例如，察哈尔格西在翻译《萨迦格言》之后，为其注疏写成《萨迦格言注释·如意钥匙》。注疏传统增强了格言诗的艺术感染力，密切了蒙藏之间的文学关系。班钦·索南达瓦模仿《萨迦格言》撰写了大量劝诫诗，结集为《白莲花束》。及至19世纪，西藏作家央金加比罗堆为该书注疏著有《白莲花束阳光注》，后被译为蒙古文并出版。

五、结语

《萨迦格言》蒙译史是蒙藏文学文化交流史的一个缩影。通过梳理和考察《萨迦格言》蒙译本及其蒙译史，可以窥探出蒙藏之间政治、宗教、文化、文学等方面关系的历时演变，反映出藏族文学典籍经由蒙译走向世界的译介历程。同时，《萨迦格言》在蒙译过程中表现出的译介特征体现了藏族文学典籍蒙译的普遍特征。《萨迦格言》蒙译史的梳理为民族文化典籍民译史和外译史的书写和完善做了翔实准备。

参考文献

[1]敖特根.敦煌莫高窟北区出土蒙古文文献研究[D].兰州：兰州大学

博士论文，2006.

[2]低·却拉布吉.《善书宝藏》和蒙古族古代格言诗的关系[J].西北民族大学学报（哲学社会科学版），1988（4）：73—79.

[3]董晓荣.蒙文版《察哈尔格西·罗桑楚臣》研究——以作者、版本、文献价值为中心[M].上海：上海古籍出版社，2017.

[4] H·雅洪托娃.《金光明经》的几种蒙古文译本[J].外情，译.蒙古学资料与情报，1986（1）：38—39.

[5]王宁."世界文学"与翻译[J].文艺研究，2009（3）：23—31.

[6]乌力吉巴雅尔.蒙藏文化关系研究[M].北京：中国藏学出版社，2004.

[7]叶尔达.拉布占巴·咱雅班第达·那木海扎木苏之研究[D].北京：中央民族大学博士论文，2005.

[8] Pym, Anthony. *Method in Translation History* [M].北京：外语教学与研究出版社，2007.

（本文原载《西藏研究》2020年第1期，作者赵春龙、李正栓，数据未做更新，内容略有改动。）

藏族格言诗汉译史考

一、引言

藏族格言诗以13世纪上半叶萨迦·贡嘎坚赞[①]（1182—1251）的《萨迦格言》成书为标志正式形成，后经历代藏族学者的创作，内容日趋丰富，逐渐形成独特的藏族格言诗文化。现有贡嘎坚赞的《萨迦格言》、班钦·索南扎巴（1478—1554）的《格丹格言》、贡唐·丹白准美（1762—1823）的《水树格言》、罗桑金巴（1821—？）的《风喻格言》、居·米庞嘉措（1846—1912）的《国王修身论》、南杰索巴（生卒年不详）的《土喻格言》以及诺奇堪布阿旺朋措（生卒年不详）的《火喻格言》《铁喻格言》《宝喻格言》流传于世。藏族格言诗广受国内外学者重视，被翻译成蒙古文、满文、英文、法文、德文、俄文、汉文、日文等十余种语言。

藏族格言诗最早译介始于蒙译。"据考查，《善书》(《萨迦格言》)的第一个翻译本是十四世纪索纳木·卡拉译的八思巴译文，无疑这是世界上《善书》的第一个译本了"（低·却拉布吉，1988：77）。由此引领以蒙译和汉译为主的域内翻译。藏族格言诗汉译萌芽出现于20世纪40年代，中华人民共和国成立后开始了真正意义上的汉译。藏族格言诗的汉译具有多重意义。首先，藏族格言诗的真正汉译开始于中华人民共和国成立以后，这体现了党和国家对藏族文化的重视、保护和宣传，有利于国内外读者全

[①] 由于音译原因，萨迦·贡嘎坚赞被不同学者译为萨迦班智达·根呷坚赞、萨班·贡噶江村、萨班·贡嘎江村等。为了保持文中姓名前后一致，本文除在介绍文章标题或引用内容时使用其他名称，其他地方均使用"萨迦·贡嘎坚赞"。

面了解民族政策关照下的藏族文化发展状况和中华民族共同体意识牢铸进程。其次，藏族格言诗的汉译、民译和外译时常在交互翻译的情况下进行，爬梳藏族格言诗汉译史有助于厘清藏族格言诗民译、汉译和外译之间的译介路线。再次，藏族格言诗的思想内容借鉴吸收了以儒学为主的汉族思想文化，其形式和思想又在一定程度上影响了蒙古族文学的发展，藏族格言诗的汉译和蒙译历程反映出汉族与藏蒙等少数民族文化间交往交流交融的密切关系。最后，兼懂民族语、汉语和外语的翻译人才缺乏，成为民族文化典籍外译的障碍。"从目前国内民族典籍英译实践看，民族典籍译为英语基本上都要经过汉语中介才可转换为英语，特别是汉语的转译已成为一种比较普遍的现象"（刘艳春、赵长江，2017：47）。藏族格言诗汉译为其民译和外译提供了更多选择，其汉译史的梳理有助于译者更为广泛地选取文本资料。因此，从民族典籍研究和藏学研究出发全面考察藏族格言诗汉译史极为重要和必要。

二、藏族格言诗汉译史分期

王尧根据"在中国运用科学方法研究藏族及藏文化"的原则，将"现代科学意义上的中国藏学史"划分为八个时期，即"（1）中国藏学研究的萌芽时期（1840—1911）；（2）中国藏学研究的创立时期（1912—1937）；（3）中国藏学研究的艰难发展时期（1938—1949）；（4）中国藏学研究的新生时期（1950—1965）；（5）中国藏学研究的沉寂时期（1966—1976）；（6）中国藏学研究的复苏时期（1977—1985）；（7）中国藏学研究的繁荣时期（1986—1995）；（8）中国藏学研究的稳定发展时期（1995以后）"（王尧等，2013：25）。王尧综合考察了国内藏学研究的发展进程，对中国藏学史的时期划分具有普遍适用性。藏族格言诗作为藏学研究的重要内容，其汉译历程符合藏学研究的一般规律。然而，由于起步晚，藏族格言诗汉译又具有一定特殊性，即藏族格言诗汉译萌芽出现在20世纪40年代，真正意义上的汉译传播在中华人民共和国成立以后才开始，略过了现代中国藏学史前面的两个研究时期。结合现代中国藏学史的普遍发展规律和藏族格言诗汉译的特殊发展进程，我们将藏族格言诗汉译划分为五个时期[①]，即（1）藏族格言诗汉译萌芽时期（1938—1949）；（2）藏族格言诗汉译新生时期（1950—1965）；（3）藏族格言诗汉译沉寂时期（1966—1976）；（4）藏族格言诗汉译全面发展时期（1977—1995）；（5）藏族格言诗汉译深入时期（1995年以后）。

（一）藏族格言诗汉译萌芽时期（1938—1949）

"本时期学者们有更多的机会直接接触到边疆问题，因此，在边疆研究的方方面面都取得了丰硕的成果。中国藏学在这样的艰苦环境和特定背景下继续得到进一步的发展"（王尧等，2013：91）。藏族典籍汉译本逐渐见诸报端或成书出版，《萨迦格言》进入学者研究视野，出现藏族格言诗汉译萌芽。

据考证，藏族格言诗汉译始于郭和卿。郭和卿（1907—1986），四川雅安人，我国著名藏学家和藏族典籍翻译家。1984年，四川雅安因修县志需要征集本县名人资料，郭和卿应此要求于1984年7月27日回信介绍了自己的学习和工作经历，其中特别提及，"《萨迦格言》系萨迦班智达所著。这是一部叙述修身处世的格言。内容分九章。系我于四十年前译出汉本，约五万字。系用文言翻译（不合出版的要求），以此作为存稿"（郭和卿，2021）。1996年出版的《雅安市志》印证了信中内容，"民国二十三年（1934年），川康边防总指挥刘文辉[②]邀请格西绛巴默朗到雅安讲经，经师推荐郭（和卿）任刘文辉藏文翻译，后刘又邀请西藏格西、广化寺堪布昂旺朗嘉至康定讲经，对郭执弟子礼。郭先后担任翻译十一年，佛学、藏语文学有很高造诣，曾用文言文翻译西藏史学名著《一切宗义明

[①] 藏族格言诗汉译符合中国藏学研究分期的一般规律，但也有其特殊规律。由于藏族格言诗汉译在1977—1995年整个期间呈现出全面汉译的特征，本文没有完全按照中国藏学研究时期进行划分，将这个时期列为藏族格言诗汉译的全面发展时期。

[②] 刘文辉（1894—1976），爱国将领，曾担任国民革命军第二十四军军长、原西康省主席等职，于1949年12月在四川彭县通电起义。中华人民共和国成立后，历任西南军政委员会副主席、四川省政协副主席、林业部部长等职。

镜》(土观·罗桑却吉尼玛著)和文学名著《萨迦格言》(萨迦班智达·根呷坚赞著),还被聘为班禅驻成都办事处和西康省政府藏文秘书"(四川省雅安市志编纂委员会,1996:819)。《雅安县志》的记载与郭和卿回信的内容基本吻合。由此断定,《萨迦格言》为郭和卿于1944年左右在原西康省工作期间翻译,但由于其文言翻译不符合出版社的出版要求,故将其作为存稿。郭和卿的《萨迦格言》汉语全译本这一藏族格言诗汉译萌芽没有得到充分发育,颇为遗憾,但藏族格言诗汉译由此进入国内学者的视野。

(二)藏族格言诗汉译新生时期(1950—1965)

"新中国成立初期,各级人民政府组织的少数民族典籍抢救、整理及翻译活动促成其在中原地区的真正译介"(赵春龙、许明武,2020:31)。该时期藏族格言诗汉译特征表现为:译者少、译作单一且为节译。

1956年,王尧汉译的《萨迦格言》部分诗节刊登于《人民日报》文艺版,开启《萨迦格言》汉译的新历程。1956—1957年期间,《人民日报》刊登王尧汉译《萨迦格言》格言诗212首,该汉译诗广受欢迎。1958年2月14日,《民族团结》期刊(现用名《中国民族》)二月号(总第五期)刊登王尧汉译《萨迦格言》的6首诗,同时刊登王尧"贡噶江村和他的哲理诗"一文,简要介绍了作者贡嘎坚赞及其作品《萨迦格言》。1958年3月23日,《光明日报》"文学遗产"第201期刊载王尧"谈西藏萨班·贡嘎江村及其哲理诗"一文。1958年5月,青海人民出版社结集出版《人民日报》文艺版刊登的212首诗,名为《西藏萨迦格言选》。该译本除了212首诗外,还包括一个简短的译者序和32条注释。译者序简要介绍了作者贡嘎坚赞及其作品,32条注释解释了西藏地区和藏传佛教中特有的文化意象。《人民日报》《民族团结》《光明日报》以及青海民族出版社等重要出版单位的联合推介使得《萨迦格言》很快为国内读者熟悉。

(三)藏族格言诗汉译沉寂时期(1966—1976)

1966—1976期间,藏族文化研究呈现停滞景象,藏族格言诗汉译活动受此影响，陷入"沉寂时期"，仅《萨迦格言》产生一个汉译本。本时期藏族格言诗汉译特征表现为：集体翻译，译作单一且为选译，译本以内部资料形式传阅。

1974年7月，中央民族学院语文系藏语文翻译专业印制由其71级和72级学生共同汉译的内部资料《〈萨迦格言〉选批》。该译本为手写油印本，译有42首诗，藏汉对照排版。在译者序中，译者站在无产阶级立场对《萨迦格言》中的封建思想内容进行批判，但同时肯定了《萨迦格言》的民族文学经典地位，指出《萨迦格言》的思想与孔孟之道同属一个思想体系。1974年12月，西北民族学院语文系民族语文教研组翻印了该译本，进一步扩大了《萨迦格言》的读者面向。

（四）藏族格言诗汉译全面时期（1977—1995）

这一时期，民族典籍整理和翻译工作得到快速发展，藏族格言诗的汉译本呈现"井喷式"增长。相比前两个时期，这一时期藏族格言诗得到全面汉译，呈现出以《萨迦格言》汉译为主、兼顾其他格言诗汉译的局面。这一时期藏族格言诗汉译特征表现为：翻译形式多样，汉译作品全面，译本多为选译，传播方式多样。

在《萨迦格言》汉译方面，该时期结集印刷了3个汉语全译本[①]，1个汉语选译本。1979年8月，中央民族学院少数民族语言文学系、藏语教研组古藏文研究生指导小组印制了《〈萨迦格言〉讲稿：附格言及注释译文》，该书为藏语教研组的课堂讲义，介绍了《萨迦格言》的作者生平、成书背景、篇章结构、思想内容、写作特点、艺术特色，肯定了《萨迦格言》的

---

① 在本时期，除了中央民族学院、王尧、次旦多吉等的3个汉语全译本以外，还有耿予方的《萨迦格言》汉语全译本。耿予方在"试论《萨迦格言》"一文中标注"所引格言原文，均系笔者翻译初稿。最近，西藏人民出版社已正式出版汉文译本，可查看"（耿予方，1980：49）。但笔者多方查找，未找到耿予方的《萨迦格言》汉译本。笔者结合该文引用格言诗近50首且格言诗编号至455首（《萨迦格言》共457首诗）和耿予方在20世纪80年代初期全译《格丹格言》《水树格言》以及《国王修身论》的翻译经历，认为耿予方汉译了《萨迦格言》的全部诗节，故将耿予方译本归为全译本。但是，由于没有找到耿予方译本，故没有将该译本列入并做进一步介绍。

思想价值，并附有释文故事和汉语全文翻译，诗节为藏汉对照排版。1979年9月，西藏自治区文化局资料室印制何宗英翻译的内部资料《〈萨迦格言〉释文》，该译本以51个故事解释了《萨迦格言》的51个诗节。何宗英汉译本得到学者和专家的认可。1981年，西藏社会科学院主办的《西藏研究》创刊号刊登了何宗英的"《〈萨迦格言〉释文》选载（二则）"。1980年，西藏人民出版社出版了次旦多吉、王之敬、丁有希、贾湘云、廖东凡、平措朗杰汉译的《萨迦格言》全译本。该译本出版后广受欢迎，1980年第一次出版发行了8000册，1985年再版发行了10000册。此外，1983年《西藏研究》第四期刊登了"《萨迦格言》选录——观察学者品（一）"，文中包括次旦多吉等人翻译的两首诗。可见，次旦多吉等人翻译的《萨迦格言》受到学界的一致认可。20世纪80年代初，王尧的《萨迦格言》汉译本继续受到关注，并得到逐步完善。1980年，《青海社会科学》第二期刊登"《萨迦格言》选录"，文中包括王尧翻译的《萨迦格言》11首诗。1981年，青海民族出版社出版了王尧翻译的《萨迦格言》全译本。

在其他藏族格言诗汉译方面，该时期出现《格丹格言》《水树格言》以及《国王修身论》的汉译全译本各一本。此外，《水树格言》《火喻格言》《铁喻格言》《宝喻格言》各出现一本汉语选译本。1984年4月，西藏人民出版社结集出版了耿予方汉译的《格丹格言》和《水树格言》。1984年10月，甘肃民族出版社出版了李午阳、王世镇、郑肇中汉译的《藏族物喻格言选》（藏汉文对照本），该译本选译了《木喻格言》58首、《水喻格言》66首、《火喻格言》10首、《铁喻格言》12首、《宝喻格言》16首。1986年5月，中央民族学院《藏族文学史》编写组印制了耿予方翻译的《国王修身论》汉译本；1987年2月，西藏人民出版社出版了该译本。

另外，一些学者在期刊或图书中发表藏族格言诗汉译诗节，构成藏族格言诗汉译本的又一传播途径。1979年，《宁夏文艺》第五期刊登高景茂的"《萨迦格言》选译"，包含6首诗汉译文。1981年，《青海民族学院学报》第三期以藏汉对照的形式刊登延恺、唐景福汉译的"《火喻格言》《铁喻格言》《宝论格言》选登"，三部格言诗均选登10首。1983年，《民族文学研究》创刊号刊登佟锦华的"试论《萨迦格言》"[1]，文中列入佟锦华汉译的57首诗。此外，1984年，四川民族出版社出版的佟锦华主编《藏族文学史》列入佟锦华翻译的《萨迦格言》《格丹格言》《水树格言》《国王修身论》的大量诗节[2]。1984年，《青海民族学院学报（社会哲学版）》第四期刊登星全成的"从格言诗看历代藏族学者的治学观"，文中以藏汉对照的形式列入星全成汉译的《萨迦格言》12首诗。1986—1987年，我国台湾学者萧金松在台湾《边政研究所年报》第17期和《蒙藏专题研究丛书》上分别发表《萨迦格言》汉语选译本《〈萨迦格言〉第一、第二品译注》和《〈萨迦格言〉第三品观察愚者品译注》，两个译注均为藏文、汉译、对音（采用Wylie系统）与语词对照四栏排版，另加释文和附注。1987年，《西藏研究》选登耿予方汉译的《国王修身论》59首诗。藏族格言诗在期刊和图书中的选刊说明其文化价值和译本价值为学界所认同，同时也为其广泛传播提供了有利条件。

（五）藏族格言诗汉译深入时期（1995年以后）

本时期藏族格言诗汉译继续深入，呈现出"丰厚翻译为主，翻译现象多元，出版形式多样"的译介特征。藏族格言诗汉译仍以《萨迦格言》汉译为主，且以丰厚翻译居多。同时，《水喻格言》《木喻格言》《火喻格言》和《风喻格言》均产生汉语全译本，这些译本同样为丰厚译本。

索达吉堪布《格言宝藏论释》（上下卷）的出版标志着藏族格言诗汉译深入时期的到来。1996年，索达吉堪布译出《萨迦格言》汉语全译本《格言宝藏论》和《格言宝藏论释》（上下卷）。《格言宝藏论》包括《萨迦格言》的457首诗；《格言宝藏论释》（上下卷）除了包括457首诗之外，还包括译者结合现代社会实际为每首诗增加的阐释部分。藏族格言诗汉译本日趋丰厚，传播方式日渐多元。

---

[1] "本文所引诗篇都是根据四川民族出版社出版的藏文《萨迦格言》翻译的"（佟锦华，1983：33）。

[2] "本书关于藏文原著的大量引文，除了少数来自出版的正式译文，多数是我们自己的译稿"（佟锦华，1985：16）。

1997年，甘肃民族出版社和西藏人民出版社均以"藏族格言诗+故事+图画"的形式分别出版《藏族格言故事连环画丛书》和《藏族格言故事选》，内含部分格言诗，增强了藏族格言诗的趣味性。2000年，台湾学者萧金松的《藏族格言诗水木火风四喻译注》出版，收录了《水喻格言》《木喻格言》《火喻格言》和《风喻格言》的全文，并将藏文、汉译、对音与语词对照四栏排版，另加释文和附注。2009年，中国藏学出版社结集仁增才让和才公太的汉语全译本以及约翰·达文波特（John T. Davenport）等人的英语全译本，以藏汉英对照的方式出版《〈萨迦格言〉藏汉英对照本》，开启《萨迦格言》译本出版新模式，该译本于2010年、2015年、2018年三次再版。2010年，西藏人民出版社以藏汉对照的排版形式出版班典顿玉和杨曙光翻译的《萨迦格言》全译本，附有图画说明。2012年，当代中国出版社出版王尧的汉语新版本《萨迦格言：西藏贵族时代诵读的智慧珍宝》，增加诸多注释。2013年，西藏人民出版社出版百种藏汉文对照惠民图画书编委会编纂的《萨迦格言》汉语选译本《国学启蒙经典诵读——〈萨迦格言〉》，藏汉对照排版，附有藏文评论，增加图画说明。此外，孙德仁于2014年汉译《萨迦格言》部分诗节和《蛋喻格言》，收录其《仁者行吟译记存稿》；李钟霖汉译《格丹格言》及其注疏于2017年出版《藏汉对照格丹格言诠释》。

近年来，藏族格言诗的汉译和传播趋向多元化和整体化。首先，藏族格言诗出现转译现象。2014年，多伦多教育出版社出版李正栓、耿丽娟转译塔尔库《萨迦格言》英译本 *A Precious Treasury of Elegant Sayings* 的汉译本《雅言宝库》；2016年，花山文艺出版社出版李正栓、赵春龙转译达文波特《萨迦格言》英译本 *Ordinary Wisdom—Sakya Pandita's Treasury of Good Advice* 的汉译本《普世智慧：萨迦班智达劝善良言宝库》，丰富了藏族格言诗的翻译景象。其次，藏族格言诗结集出版。2020年，青海人民出版社出版了"藏族嘉言萃珍"（藏汉对照绘图本），内含仁增才郎汉译的《萨迦格言》和《王侯美德论》（《国王修身论》）、龙仁青汉译的《水木格言》和《格丹格言》；同年，甘肃民族出版社出版的"藏族格言大全"（4卷）不仅包括王尧汉译的《萨迦格言》、耿予方汉译的《格丹格言》《水树格言》《国王修身论》、文扎汉译的《风的格言》《月的格言》《宝论格言》《火的格言》《铁的格言》《地的格言》，还包括其他30余部藏族格言（诗），极大丰富了藏族格言诗宝库。

三、藏族格言诗汉译特征

藏族格言诗汉译在各个时期呈现出不同译介特征。循着各个分期汉译特征，从历时角度全面考察藏族格言诗的汉译特征，我们发现藏族格言诗汉译呈现出跨学科的诸多特点。"少数民族典籍翻译呈现出民族学、翻译学、传播学和语言学等诸多学科的跨界融合特点。对少数民族典籍展开多学科综合研究，绘制出民族典籍翻译出版的网络图景，是翻译出版界的重要研究领域"（胡丰月，2016：62）。藏族格言诗的汉译特征符合民族典籍汉译的普遍特征。从民族学分析，藏族格言诗构成藏学研究的重要内容，其汉译历程与时代背景联系紧密；从翻译学分析，其涉及丰厚翻译、转译、翻译目的等翻译学内容；从传播学分析，其出版方式和传播途径多样；从语言学分析，其涉及藏、汉、英等多种语言。

（一）起步晚，发展快，与时代背景联系紧密

藏族格言诗汉译萌芽出现在20世纪40年代，真正译介始于20世纪50年代。相比14世纪初期开始的蒙译和19世纪上半叶开始的英译，藏族格言诗的汉译明显处于落后状态。然而，从汉译萌芽出现到当前深入译介，藏族格言诗产生了近20个汉译本。相比早期的蒙译和英译，藏族格言诗的汉译进步快速，取得丰硕成果。

藏族格言诗汉译的每一个快速发展时期均与彼时时代背景紧密相关。伴随着民族典籍译介的发轫、发展和深入，藏族格言诗汉译同样经历了相应的译介阶段。藏族格言诗汉译本产生较多的时期有三个，即1950—1965年的汉译新生时期、1977—1995年的全面汉译时期以及1995年以后的深入汉译时期。新生时期为中华人民共和国成立初期，党和国家高度重视少数民族文化保护，组织整理和译介了大量民族典籍。全面汉译时期为

改革开放初期，国家的工作重心转移到社会主义现代化建设，文化建设受到党和国家的高度重视，民族典籍得到进一步整理和翻译。深入汉译时期，我国改革开放战略持续深入，经济结构进行战略性调整，社会经济快速发展，尤其近年来，在"以铸牢中华民族共同体意识为主线，着力建设中华民族共有精神家园"（索林，2020：7）治藏方略指引下，西藏社会文化快速进步，藏族格言诗汉译呈现丰厚性翻译和整体化传播景象。

（二）译者以诗译诗，传递多元翻译目标

自藏族格言诗汉译以来，除郭和卿的《萨迦格言》汉译本为文言文形式，其他汉译本均保留了诗歌形式。藏族格言诗汉译者以诗译诗与译者身份密切相关。藏族格言诗汉译者大致可分为三类，即精通藏汉语言文化的学者、精通诗歌翻译的学者、藏传佛教高僧。这些译者尽量以诗译诗以传递多元的翻译目标。

通过阅读比较各个译本的副文本，可将译者的翻译目标归结为几类，即传播藏族文学文化、宣传佛教思想、挖掘教育价值。在这几种翻译目标中，传播藏族文学文化占据主流。王尧、何宗英、耿予方、次旦多吉、延恺、景福、佟锦华、李午阳、李正栓等从这一角度出发汉译或转译藏族格言诗，在前言后序中肯定了藏族格言诗的文学文化价值。"格言诗，是藏族文学的重要组成部分，也是藏族文学的一种独特形式。千百年来，它不仅在藏族地区广为流传，颇有影响，而且在祖国文学宝库和世界文坛上也有一定的影响和地位"（李午阳等，1984：1）。"它（《萨迦格言》）不仅为我们研究西藏文学史、思想史提供了可贵的资料，同时，也可作为文艺创作的借鉴"（萨班·贡嘎坚赞，1985：2）。

索达吉堪布和班典顿玉、杨曙光从传递佛教思想的角度出发汉译《萨迦格言》。索达吉堪布在前言中特别提及《萨迦格言》对佛教弟子修行的重要性，并指出王尧"未将本论之前后礼赞、回向等颂译出，也未按原版藏文字数相同的格式翻译，"（索达吉堪布，1996：1）。由于过分强调《萨迦格言》的字数对等和格式相同，索达吉堪布汉译本通俗性欠佳。班典顿玉为了弥补索达吉堪布译本的不足，与杨曙光合作汉译《萨迦格言》，旨

在把其汉译本打造为佛教徒和非佛教徒均能读懂的诗体译本。

中央民族学院（现中央民族大学，下同）少数民族语言文学系、藏语教研组古藏文研究生指导小组和百种藏汉文对照惠民图画书编委会注重挖掘藏族格言诗的教育价值。前者将《萨迦格言》作为大学生学习藏语的教材在学校刊印，以藏汉对照排版的方式进行印刷，并增加诸多副文本，为学生学习藏文提供诸多便利。后者通过藏汉对照排版、附加藏文评论、增加图画的方式解释了《萨迦格言》中31个诗节内容，此外，该译本被列入国学丛书，突出藏族格言诗的教育价值。仁增才让、才公太、达文波特的《〈萨迦格言〉藏汉英对照本》采用简朴易懂的语言，以藏汉英三语对照排版的方式为藏族学生提供学习汉语和英语的课外读物，同样突出了《萨迦格言》的教育价值。

中央民族学院语文系藏族文学翻译专业71级、72级学生和萧金松的藏族格言诗汉译本有一定程度的政治色彩。前者的《〈萨迦格言〉选批》产生于特殊历史时期，该译本对《萨迦格言》中蕴含封建思想的诗节进行了批判。萧金松的藏族格言诗汉译本文学性较强，其《〈萨迦格言〉第一、二品译注》发表在我国台湾地区1986年的《边政研究所年报》，《〈萨迦格言〉第三品观察愚者品译注》和《藏族格言诗水木火风四喻译注》被列入《蒙藏专题研究丛书》。

（三）汉译以《萨迦格言》为主，译本逐步趋向完善厚重

《萨迦格言》的问世开创了藏族格言诗创作的先河，后世藏族学者争相模仿《萨迦格言》，并创作出大量格言诗，由此形成"藏族格言诗文化"。由于《萨迦格言》开创性的文学地位和深邃的思想内涵，《萨迦格言》成为最受译者欢迎的藏族格言诗。在藏族格言诗汉译活动中，《萨迦格言》汉译本数量最多，且不断有新译本出版问世。同时，《格丹格言》《水树格言》《国王修身论》《火喻格言》《风喻格言》《铁喻格言》《宝喻格言》等格言诗也得到整理和汉译，其中大部分格言诗均有汉语全译本。

在藏族格言诗汉译过程中，其汉译本趋向完善厚重。一方面，藏族格言诗由《萨迦格言》单部格言诗的汉译逐步扩展向藏族格言诗的全面汉译。藏族格言诗汉译以1944年左右郭和卿汉译《萨迦格言》为开端，随后的四十年间产生六七个《萨迦格言》汉译本，直到20世纪80年代才出现其他格言诗的汉译本。20世纪80年代，藏族格言诗汉译取得重大进步。藏族四大格言诗《萨迦格言》《格丹格言》《水树格言》《国王修身论》均出现汉语全译本，《火喻格言》《铁喻格言》《宝喻格言》出现汉语选译本。另一方面，大部分藏族格言诗均经历了由节译到全译的翻译过程，并且副文本内容逐步厚重。王尧的《萨迦格言》汉译本最能体现该特征。王尧的《萨迦格言》汉语选译本由1956—1957年在《人民日报》副刊连载到1958年青海人民出版社结集出版，其汉语全译本由1981年青海民族出版社的初次出版到2012年当代中国出版社的重新出版，内容由节译到全译，愈加全面，文本体例逐渐增加，愈加厚重。

（四）汉译本出版方式和传播途径多样

藏族格言诗汉译本在出版方式上呈现多元局面。出版方式多样表现在两个方面，一是出版单位在地域上分布广泛，分布在中国内地、台湾地区以及国外；二是排版方式多样，包括一种语言单独排版和多种语言对照排版。

藏族格言诗汉译本的出版单位包括青海人民出版社、西藏人民出版社、青海民族出版社、甘肃人民出版社、中国藏学出版社、当代中国出版社、花山文艺出版社、台湾地区出版社及多伦多出版社等，分布在青海、西藏、甘肃、台湾、四川、福建、北京、河北等国内省、市、自治区以及加拿大。在排版上，藏族格言诗呈现多样形式。例如，王尧、何宗英、次旦多吉、耿予方、索达吉堪布等人的藏族格言诗译本为汉语单独排版；中央民族学院、班典顿玉和杨曙光、百种藏汉文对照惠民图画书编委会的《萨迦格言》汉译本为藏汉双语对照排版；李正栓等人的《雅言宝库》和《普世智慧》为英汉对照排版；仁增才让、才公太、（美）达文波特的《〈萨迦格言〉藏汉英对照本》为藏汉英三语对照排版；萧金松的汉译本为藏文、汉译、对音、语词四栏对照排版。

由于独特的文学性和一定的宗教性，藏族格言诗呈现出多样的传播途径，其中图书发行为主要传播方式，还有报纸连载、期刊选登、内部传阅、课堂讲义、网络传播等方式。王尧的《萨迦格言》汉语选译本、次旦多吉等的《萨迦格言》汉译本在成书之前分别在《人民日报》和《西藏日报》上以连载的形式进行刊登；高景茂、耿予方、佟锦华、星全成、萧金松的《萨迦格言》汉语选译本，延恺、景福的《火喻格言》《铁喻格言》《宝论格言》的汉语选译本以及耿予方的《国王修身论》汉语选译本均在期刊上进行刊登；中央民族学院语文系藏语文翻译专业71级和72级学生的《〈萨迦格言〉选批》和何宗英的《〈萨迦格言〉释文》为内部阅读资料；中央民族学院少数民族语言文学系、藏语教研组古藏文研究生指导小组印制的《〈萨迦格言〉讲稿》为课堂讲义。多元的传播途径促进了藏族格言诗在国内的全面传播。

四、结语

藏族格言诗汉译史是我国民族典籍汉译史的缩影，其汉译特征在很大程度上反映了民族典籍的汉译特征。同时，藏族格言诗汉译史大致反映了现代中国藏学研究历程，其每个汉译时期与现代中国藏学研究基本保持了同步。将藏族格言诗汉译史纳入民族典籍汉译史和现代中国藏学史的范畴进行考察，丰富了民族典籍翻译史和现代中国藏学研究，突显出多元一体中华民族观和文化观；以藏族格言诗汉译史为纽带考察其民译史和外译史，具体映射出藏汉民族间的密切关系及中华民族共同体牢铸进程。藏族格言诗汉译史的系统梳理丰富了民族典籍汉译史和现代中国藏学史，为进一步具体分析藏族格言诗的翻译和传播奠定了资料基础。

参考文献

[1] 低·却拉布吉.《善书宝藏》和蒙古族古代格言诗的关系[J]. 西北民族学院学报（哲学社会科学版），1988（4）：73—79.

[2] 耿予方. 试论《萨迦格言》[J]. 中央民族学院学报，1980（4）：71—77.

[3] 郭和卿. 郭和卿其人[EB/OL]. （2019-09-11）[2021-10-11] https：//www.douban.com/note/733962704/?type=like.

[4] 胡丰月. 少数民族典籍翻译出版的探索与思考——从《藏族典籍翻译研究》的出版谈起[J]. 出版广角，2016（19）：61—63.

[5] 李午阳等. 藏族物喻格言选[M]. 兰州：甘肃民族出版社，1984.

[6] 刘艳春、赵长江. 国内民族典籍英译现状、成就、问题与对策[J]. 西藏民族大学学报（哲学社会科学版），2017（2）：140—145.

[7] 萨班·贡嘎坚赞著. 次旦多吉等译. 萨迦格言[M]. 拉萨：西藏人民出版社，1985.

[8] 四川省雅安市志编纂委员会. 雅安市志[M]. 成都：四川人民出版社，1996.

[9] 索达吉堪布. 格言宝藏论释[M]. 甘孜：四川色达喇荣五明佛学院，1996.

[10] 索林. 准确把握新时代党的治藏方略[J]. 西藏研究，2020（增刊）：6—10.

[11] 佟锦华. 评《萨迦格言》[J]. 民族文学研究，1983（1）：32—41+52.

[12] 佟锦华. 藏族文学史[M]. 成都：四川民族出版社，1985.

[13] 王尧、王启龙、邓小咏. 中国藏学史（1949年前）[M]. 北京：中国社会科学出版社，2013.

[14] 赵春龙、许明武. 文学经典与文化认同——藏族格言诗域内经典化建构[J]. 西北民族大学学报（哲学社会科学版），2020（4）：30—37.

（本文原载《西藏研究》2022年第2期，作者赵春龙、李正栓，数据未做更新，内容略有改动。）

藏族格言诗捷译史考

一、引言

　　藏族重要典籍《萨迦格言》自13世纪上半叶问世以来就广受关注，先后被翻译成蒙古文、满文、英文、法文、德文、汉文、俄文、匈牙利文、捷克文、日文等十余种语言，产生了40余个译本。近年来，国内学界对《萨迦格言》汉译本和英译本的关注较多，对其语言特征、译本风格、译者因素、译介历程等方面进行微观分析和宏观考察。然而，在当前研究中，《萨迦格言》的其他语种译本未引起学界足够重视，仍处于研究边缘。对翻译史进行考察与梳理能够挖掘不同文化之间的交流概况，为进行相关深度研究提供资料参考。《萨迦格言》外文译本众多，助推了其在域外的广泛传播，对外文译本的整体爬梳成为其深度研究的基础。基于此，本文从宏观上考察《萨迦格言》的外译史，以期反映其外译的整体互动情况，并以捷译史为个案研究，重点考察其捷克文译本产生之社会背景，揭示译者翻译之起因，钩沉史实，以丰富相关翻译史料，全面反映其外译的宏观图景。

二、《萨迦格言》外译史概述

　　13世纪上半叶，《萨迦格言》问世不久便被翻译成蒙古文，引领了藏族格言诗由雪域高原走向蒙古地区进而走向域外的翻译浪潮。《萨迦格言》在域外的翻译和传播主要伴随西方藏学研究推进而展开，同时藏传佛教的域外传播在一定程度上助推了其域外译介。因此,其域外译者以藏学家为主,辅以佛教人士。

19世纪上半叶,"西方藏学之父"、匈牙利学者亚历山大·乔玛·德·克鲁西(Alexander Csoma de Cörösi, 1784—1842)旨在通过对比马扎尔语与藏语的语言结构和表达形式来为本民族"寻根",于1833年首次将《萨迦格言》翻译成英文,成为其"西译"之肇始,也成为藏学研究之肇始,渐被西方学者所熟知。乔玛的工作激发了西方学者对藏族文化的兴趣,为《萨迦格言》被转译成其他外文并在域外世界广泛传播提供了基础。1855—1856年,乔玛英译本 *A Brief Notice of the Subhashita Ratna Nidhi of Saskya Pandita* 刊登于《孟加拉亚洲学会会刊》(*Journal of Asiatic Society of Bengal*)第24卷和25卷,旋即引起西方学者关注。1858年,法国东方学学者、藏学家菲利普·爱德华·佛索(Philippe—Édouard Foucaux, 1811—1894)从乔玛节译本中选出134首诗进行转译,译成法译本 *Le trésor des belles paroles*。1860年,佛索法译本中的12首诗又被译为德文,载于 *Illustrirtes Revalsches Almanach* 并在爱沙尼亚出版。1863—1865年间,德国语言学家、藏学家安东·席福纳(Anton Schiefner, 1817—1879)德译了《萨迦格言》中的33首诗,附在其著作 *Böhtlingk's Indische Sprüche* 的注释之中。19世纪末,德国柏林大学藏文、蒙古文和乌拉尔—阿尔泰语专家乔治·胡特(Georg Huth, 1867—1906)翻译出版了蒙古僧人固始噶居巴·洛桑泽培所著《蒙古佛教史》一书,包含《萨迦格言》中的19首诗。

进入20世纪,《萨迦格言》持续得到域外学者的关注,并出现多部全译本,一改19世纪节译的局面。1925年,苏格兰人威廉·拉克兰·坎贝尔(William Lachlan Campbell)以在甘孜购得的《萨迦格言》木刻本和手抄本为底本,将其全部译为德文。该译本"总体来说不太令人满意,经常出现逻辑错误"(Bosson, 1969: 10),但因其为第一个全译本而受到较多关注。此外,坎贝尔翻译了印度古代高僧龙树(Nagarjuna,约150—约250)的格言诗并从比较文学视角考察了两者的师承关系。1948年,匈牙利蒙古学家路易斯·李盖提(Louis Ligeti, 1902—1987)与坦尼欧·迪索（Taneori Dezso）将《萨迦格言》全部翻译成匈牙利文。1969年，美国蒙古文、藏文专家詹姆斯·薄森（James E.Bosson，1933—2016）从语言比较目的出发将《萨迦格言》分别从藏文和蒙古文全部翻译成英文，美国印第安纳大学出版社（Indiana University Press）出版了薄森译本 *A Treasury of Aphoristic Jewels: The Subhasitaratnanidhi of Sakya Pandita in Tibetan and Mongolian*。薄森在书中对之前译本进行粗略梳理，重点对坎贝尔译本和李盖提译本进行了考证。

20世纪下半叶，随着西方学者对藏学研究的关注日益增多，《萨迦格言》产生多个外译本。1976年，苏联学者N.D.博列索霍耶娃（N.D. Bolsohoeva）将《萨迦格言》翻译成俄文，进一步扩大了其在域外的传播。1977年，美国达摩出版社（Dharma Publishing）出版了塔尚·塔尔库（Tarthang Tulku）的英译本 *A Precious Treasury of Elegant Sayings*。该译本为乔玛英译本的改写本，对后者内容借用较多，但因塔尔库的较大宗教影响在美国传播广泛。捷克著名汉学家、藏学家约瑟夫·科尔马什（Josef Kolmaš，中文名高马士）与著名女诗人、翻译家贾娜·斯托罗婆罗瓦（Jana Štroblorá）于1984年共同将《萨迦格言》翻译成捷克文，即 *Pokladnice Moudrych Rcenl*。《萨迦格言》的日译最早可追溯至20世纪40年代。日本学者桥本光宝译的《蒙古佛教史》中含有《萨迦格言》中的19首诗。20世纪末，随着日本藏学研究的快速发展，《萨迦格言》产生了首个日译本，即1994年"日本藏学之父"康噶·崔臣格桑（ツルティム・ケサン，又名白馆戒云，1942—？）翻译的『薩迦格言—サーキャ・パンディタの格言集』。

21世纪，国内外学者对《萨迦格言》关注日益增多。2000年，美国波士顿智慧出版社（Wisdom Publications）出版了达文波特等人翻译的 *Ordinary Wisdom—Sakya Pandita's Treasury of Good Advice*（2000），文中附有萨迦堪布·桑杰丹增（Sakya Khenpo Sangyay Tenzin）的《萨迦格言》注疏 *A Hive Where Gather Bees of Clear Understanding*。达文波特在书中对之前英译本进行梳理和评析。2002年，日裔法国藏学家今枝由郎（Yoshiro Imacda，1947—？）参考薄森英译本和崔臣格桑日译本翻译了『サキャ格言集』。2013年，长春出版社出版了国内学者李正栓的 *Tibetan Gnomic Verses Translated into English*（《藏族格言诗英译》）。译者将 *Sakya Gnomic Verses*（《萨迦格言》）、*Dgeldan Gnomic Verses*（《格丹格言》）、*Gnomic Verses about Water*（《水的格言》）、*Gnomic Verses about Tree*（《树的格言》）等多部藏族格言诗看作有机统一整体进行翻译，结集出版，扩大了藏族格言诗的整体影响。李正栓在书中重点对藏族格言诗英译史和汉译史进行了梳理。该译著于2017年由尼泊尔天利出版社（Nepal Tianli Publication and Culture Company Pvt.Ltd）引进于尼泊尔出版。

综上概述，《萨迦格言》伴随着西方藏学研究、国内民族典籍外译的推进渐次产生了多个外文译本。除了以藏文本、蒙译本以及汉译本为底本外，《萨迦格言》众多外译本之间多有互动，或转译、或借鉴、或评析译本、或梳理译史，共同构成了其外译史的宏观互动图景。为全面反映《萨迦格言》外译情况，特绘制"《萨迦格言》非英文外译本概览"（见表1）。分析表1可知，自1858—2002年，《萨迦格言》伴随着西方藏学研究的推进产生了十余个非英文外译本，这在一定程度上折射出西方藏学发展历程和我国藏族典籍在域外的译介情况。

表1 《萨迦格言》非英文外译本概览

NO.	语种	书目名称	译者	译诗数量	出版地点	出版时间
1	法文	Le trésor des belles paroles	P.E.Foucaux	134	巴黎	1858
2	德文	Illustrirtes Revalsches Almanach	待考	12	爱沙尼亚	1860
		Böhtlingk's Indische Sprüche	Anton Schiefner	33	柏林	1863—1865
		Geschichte des Buddhismus in der Mongolei	Georg Huth	19	柏林	1893—1896
		Die Sprüche von Sakya	W.L.Campbell	457	柏林	1925
3	匈牙利文	Abolcsesseg Kjncsestara	Louis Ligeti, Taneori Dezso	457	布达佩斯	1948
4	俄文	Izjascnye Recenija Sakja	N.D.Bolsohoeva	457	莫斯科	1976

续表

NO.	语种	书目名称	译者	译诗数量	出版地点	出版时间
5	捷克文	*Pokladnice Moudrych Rcenl*	Josef Kolmaš, Jana Štroblorá	457	布拉格	1984/1988
6	日文	西藏のボン教について	桥本光宝	19	东京	1942
		薩迦格言	白馆戒云	待考	东京	1994
		サキャ格言集	今枝由郎	457	东京	2002

三、《萨迦格言》捷译史之个案探究

翻译从来不是在真空中进行的，翻译的进行必然有着深刻的社会背景和译者个人因素。《萨迦格言》的捷译亦然。本部分依据安东尼·皮姆（Anthony Pym）提出的翻译史研究4项原则对《萨迦格言》捷译史进行个案分析以丰富其翻译史料：

（1）翻译史研究需要解释译作为什么会在特定的社会时代和地点出现，即翻译史应解释翻译的社会起因；

（2）翻译史研究的主要对象不是译本，也不是译本的语言特征，而只能是作为人的译者；

（3）翻译史的重点在于译者，故翻译史的写作需围绕译者生活及其经历过的社会环境展开；

（4）翻译史研究应表达、讨论或解决我们当前的实际问题（Pym, 2007：ix）。

由此可见，社会环境和译者主体性在翻译史研究中的地位应予以凸显。基于此，本部分将重点考察其捷克文译本产生之社会背景，揭示译者翻译之起因。

（一）《萨迦格言》捷译之社会背景

《萨迦格言》的捷译与捷克包括藏学在内的东方学研究进程密切相关，

同时深受捷克国内形势、中捷文化交流的影响。

　　捷克对中国文化的研究最早可追溯至18世纪。18—19世纪，诸多捷克传教士游历了包括中国在内的多个亚洲国家，留有大量对中国进行描述和报道的珍贵资料，其中耶稣会士严嘉乐（Karel Slavíček，1678—1735）写有大量描述中国传统文化和汉语的信件，后被约瑟夫·符拉什吉尔（Josef Vraštil）和高马士整理结集为著名的《中国来信（1716—1735）》一书。"汉学作为东方学的一部分，是从查理大学在19世纪下半叶设置东方学讲习所开始的"（刘学敏，2001：110）。这一时期，捷克首位东方学家卢·德沃夏克（Rudolf Dvorák，1860—1920）撰写和翻译了大量有关中国儒学和道教的著作，如著有《孔夫子的生活和思想》（1889）和《中国的宗教》（1895），译有《诗经》（1897）和《道德经》（1920）等典籍著作。"1922年1月25日几名捷克东方学家穆义（Alois Musil）和鲁茨石卡（Rudolf Růžička）等成立了东方研究所，经费由共和国第一任总统玛沙雷克（Tomáš Garrigue Masaryk）资助"（姚宁，2000：450）。但是，首批任命的研究员中没有一位汉学家。

　　东方研究所正式研究中国文化始于捷克著名汉学家雅罗斯拉夫·普实克（Jaroslav Průšek，1906—1980）。1932—1938年，普实克长期旅居中国和日本，其间结识了鲁迅、郭沫若、冰心、茅盾、郑振铎等中国新文化运动的领军人物。"与中国文化学者的交往深刻影响了普实克的学术取向，他放弃了原先的经济学和历史研究计划，开始对中国文学产生兴趣，并从古典文学转为对中国现代文学、小说史和民间文学史的研究"（徐伟珠，2016：33）。普实克围绕以上文学领域展开研究，取得丰硕学术成果，翻译了《呐喊》《论语》《子夜》《老残游记》《中国话本小说集》《聊斋志异》等多部中国典籍和现当代小说，并著有《话本的起源及其作者》《中国历史与文学》《抒情的与史诗的——雅罗斯拉夫·普实克的中国现代文学研究》等多部学术著作。二战期间，捷克斯洛伐克被德军攻陷，查理大学被迫停学，普实克组织了捷克斯洛伐克东方研究所语言教学班教学生学汉语。战后，查理大学复学，开设汉语专业，普实克担任文学院远东系主任。1952年，捷克斯洛伐克科学院成立，他被任命为科学院东方研究所所长。

"20世纪50年代，普实克意气风发地全面构筑着汉学专业，首先是在查理大学哲学院，然后主要在东方研究所"（奥古斯丁，2009：30）。捷克国内良好局势和中捷密切关系有力地促进了捷克汉学的发展。从1948年捷克斯洛伐克爆发二月事件到1968年苏联占领捷克斯洛伐克这段时间，捷克斯洛伐克同中国关系密切，人员往来和文化交流频繁。普实克积极同中国联系，密切与中国的文化合作关系。1949年4月，郭沫若率领包括茅盾、郑振铎、徐悲鸿、艾青、田汉、丁玲等在内的庞大中国文化代表团前往布拉格出席世界保卫和平大会。"普实克邀请中国代表们参观东方研究所，让他们了解在这个小国有一群学者热衷于研究和传播中国文化，并不失时机地与代表团商谈两国文化机构开启未来合作关系的可能性"，由此奠定了中捷文化交往合作的坚实基础。1950年12月，普实克率领捷克文化团访问中国，受到周恩来、郭沫若、沈雁冰等中国领导人和文化界人士的热情接待。在此次访问中，捷克文化团从中国获取大量图书，进一步加深了捷中之间的文化合作关系，促进了捷克的中国文化研究。20世纪50年代，在普实克的努力下，捷克与中国科学院之间签署了有关科学合作议定书，确定交换工作人员和出版物，中国开展和深化对捷克汉学研究的帮助等事宜。

高马士正是在这一背景之下前往中国留学，学习藏语言文学专业。高马士后来任职于东方研究所，为该所的藏学研究奠定了坚实基础。当前，捷克科学院东方研究所成为捷克研究中国文化的核心科研单位，主要进行亚洲、非洲国家历史、文化及语言等领域的研究，分为非洲及近东部、南亚部以及东亚部3个部门。其中，东亚部主要研究范围为中国学研究、日本学研究、朝鲜学研究、蒙古学以及藏学研究。

（二）《萨迦格言》捷译之译者因素

高马士，捷克著名汉学家、藏学家、翻译家、目录学家，1933年出生于摩拉维亚（Moravia）一个普通家庭。20世纪五六十年代，捷中文化交流密切，尤其文艺交流互动频繁。章蟾华（1954）、马思聪（1960）等人曾多次撰文对该时期捷中文艺交流活动进行详细描写和报道。1951年，就读中学的高马士在观看中国人民解放军歌舞团的精彩歌舞表演之后，对中国和汉语产生浓厚兴趣。1952年，高马士怀揣着了解中国和学习汉语的志愿，考入布拉格查理大学文学院学习汉语专业，并得到普实克的亲自指导，这为他学习研究中国语言、文学、文化以及历史奠定了良好基础。

在查理大学求学期间，随着对中国文化学习和研究的深入，高马士对中国西藏等少数民族边疆地区产生浓厚兴趣。1957年，高马士从查理大学毕业，同年进入我国中央民族学院学习藏语言文学专业，师从中国著名藏学家、语言学家、教育家于道泉、王尧等人，开始研究西藏的历史、文学和佛教。在中国求学期间，高马士于1958年在四川省甘孜藏族自治州德格县（中国三大藏传佛教印经院之首——全国重点文物保护单位德格印经院坐落于此）购买了大量西藏文学和宗教典籍，其中包括完整版的《甘珠尔》和《丹珠尔》。1959年，高马士从中央民族学院毕业并回国，任职于捷克斯洛伐克科学院东方研究所。1960年，高马士参与东方研究所编写大型《捷汉词典》的工作，为收集编写词典资料再次来到中国，并得到中国著名语言学家吕叔湘的大力帮助，与之结下深厚友谊。之后，高马士多次来华，并从中国购得大量藏文典籍。这些资料构成捷克科学院东方研究所西藏图书馆的主体部分，并基于此编成《布拉格东方研究所图书馆藏藏文手抄本和木刻本书目》（1969）和《布拉格收藏的德格版藏文印本书目录》（1971）。中国的求学经历为高马士从事藏族语言、文学、文化以及宗教研究奠定了扎实基础。

高马士以执着的精神孜孜不倦地在学术道路上求索前进。1961—1964年，他在东方研究所就读藏学在职研究生；1965年获得捷克斯洛伐克科学院科学副博士学位；1966年获得查理大学文学硕士学位；1991年获得捷克斯洛伐克科学院科学博士学位。在东方研究所工作期间，高马士曾担任东方研究所东亚部负责人、东方研究所科学情报中心翻译、布拉格国立外语学校藏文教师、东方研究所所长等职位。一直以来，他密切关注国际藏学研究，"多次出席国际藏学会议：1976年在匈牙利，1979年在英国，1982年在奥地利，1985年在德国，1989年在日本，1991年在中国，1992年在挪威……"（高马士，2016）。1991年9月，高马士参加了由中国藏学研究中心举办的第一届北京中国藏学研讨会，做了"1913—1914年的西藏能自行和另一个国家建立条约关系吗？"的发言，并依据史实阐明其不能自行为之。此外，为了进行藏学研究，他曾多次到访印度、英国、蒙古等地。

高马士孜孜不倦的学术追求使其在藏学、汉学、翻译、目录学等方面获得丰硕成果。藏学研究成果集中在藏传佛教、藏文字史等方面；汉学研究与藏学研究交叉进行，成果聚焦于汉藏历史研究、汉藏关系史、汉藏文学等方面；翻译成果多为从藏文、汉文、俄文、英文、拉丁文翻译的大量经典文献；目录学研究成果为藏学图书编目。此外，高马士撰有多篇与上述方面相关的研究性论文。我们根据现有资料，将高马士的主要学术成果进行初步整理（见表2）。高马士在藏学研究方面取得的累累硕果为其在国际藏学界赢得很高声誉。

表2　高马士学术成果概览

NO.	著作/译著	类别	出版地	年份
1	《黑潭之龙》（白居易诗集）	译著	布拉格	1958
2	《西藏与中华帝国》	著作	澳大利亚	1967
3	《德格土司世谱》	译著	布拉格	1968
4	《布拉格东方研究所图书馆藏藏文手抄本和木刻本书目》	编著	布拉格	1969
5	《布拉格收藏的德格版藏文印本书目录》	编著	布拉格、西德	1971
6	《佛国记》	译著	布拉格	1972
7	《萨迦格言》	译著	布拉格	1984
8	《中有闻教得度密法》	译著	布拉格	1991
9	《心经》	译著	布拉格	1992
10	《朗萨姑娘》	译著	布拉格	1993
11	《驻藏办事大臣和帮办大臣》	著作	布拉格	1994
12	《严嘉乐从中国寄回的信》	译著	布拉格	1994
13	《西藏佛教世界》	译著	布拉格	1994

(三)《萨迦格言》捷译之实践

《萨迦格言》捷译本由高马士与贾娜·斯托罗婆罗瓦共同完成。贾娜为捷克著名女诗人、翻译家，其代表译作为比利时著名诗人、翻译家杰曼·卓根布鲁特（Germain Droogenbroodt）的诗歌《路》(The Road)的捷译本。该诗被誉为"沟通东西方诗歌的桥梁"，被译成18种语言，《路》的捷译本流传广泛，由此可见贾娜诗歌翻译的深厚功底。高马士和贾娜翻译合作较多，除《萨迦格言》以外，他们还共同捷译了白居易诗集《黑潭之龙》。

"《萨迦格言》问世不久，便有了木刻本，后不断翻印。很多印经院都刻印此书，有萨迦版、那塘版、拉萨版、北京嵩祝寺版、德格版、塔尔寺版等流传"（史金波，2008：148）。根据高马士在华访学经历以及捷克科学院东方研究所西藏图书馆馆藏书目来源分析，《萨迦格言》捷译本极有可能以其藏文德格版或北京嵩祝寺版为底本翻译而成。高马士秉持严谨的学术态度，在翻译之前首先对文本进行考察，在翻译过程中忠实于原文内容。《中国来信（1716—1735）》中文译者李梅高度赞扬了其严谨的学术态度和崇高的科学精神，"作为《中国来信》一书的中文译者之一，在翻译过程中，捷克语学者丛林教授和我都深深为高马士作品中随处可见的学术上严谨的作风和为科学研究献身的精神所感动"（严嘉乐，2002：2）。高马士严谨的学术态度是《萨迦格言》捷译本取得成功的前提。同时，其研究者和译者的双重身份以及贾娜诗人和译者的双重身份为理解诗歌主题、解读和翻译文本内容奠定了扎实基础，促进了其译本的广泛传播。两位译者合译的《萨迦格言》捷译本先后两次出版，于1984年首次在布拉格出版，之后于1988年进行再版。此外，高马士和贾娜共同翻译的诗集《黑潭之龙》出版达3次之多。从高马士与贾娜合作翻译《萨迦格言》和《黑潭之龙》并取得良好传播效果分析可知，高马士严谨的学术态度、广博的专业知识以及扎实的语言功底保证了译文对原文的忠实，诗人贾娜对译文诗歌属性的保留做出重要贡献，这成为其捷译本流行的重要原因，由此助推了藏汉典籍在捷克的翻译和传播。

《萨迦格言》的捷译在一定程度上反映出我国藏族典籍在捷克译介的宏观图景，透视出译者高马士个人学术研究轨迹。20世纪五六十年代捷克国内形势和捷中密切文化交往为高马士学习汉藏语言、文学、文化提供良好的社会文化环境，中捷著名汉藏学家的指导与帮助使其受益颇多，高马士学术研究的兴趣以及孜孜以求的探索精神是其翻译《萨迦格言》并取得累累学术成果的根本内因。高马士为推进捷克藏学和汉学研究做出了重要贡献。

四、结语

《萨迦格言》捷译史个案探究揭示了捷克文译本产生之社会背景和译者翻译之起因，丰富了其域外译介史料，为全面反映《萨迦格言》外译的整体互动情况提供了史料支撑。"钩沉史料，加强第一手资料的发掘，尤其是一些能够对现有翻译史叙述进行补充和修正的材料；鼓励考据充分、有不同发现的个案研究，避免泛泛而谈与一些陈旧选题下的重复性论述"（袁丽梅、李帆，2018：51），本文对高马士捷译《萨迦格言》社会背景进行挖掘，即对《萨迦格言》外译的重要补充，冀以个案探究促进整体考察，以此为翻译史书写和研究提供有益启示。

参考文献

[1] Bosson, J. E. *A Treasury of Aphoristic Jewels：The Subhasitaratnanidhi of Sa Skya Pandita in Tibetan and Mongolian*[M]. Bloomington：Indiana University Press，1969.

[2] Pym, A. *Method in Translation History*[M]. 北京：外语教学与研究出版社，2007.

[3] 刘学敏、孟国. 捷克的汉学研究和汉语教学[J]. 世界汉语教学，2001（3）：110—112.

[4] 姚宁. 捷克东方研究所[J]. 国际汉学，2000（2）：449—455.

[5] 徐伟珠. 汉学家普实克造就的布拉格"鲁迅图书馆"[J]. 北京第二

外国语学院学报,2016（4）：32—37+130.

  [6] 奥古斯丁·白利德.普实克的学术活动：1943—1980年[J].李梅,译.国际汉学,2009（1）：28—32.

  [7] 章蟾华.中国人民解放军歌舞团在捷克斯洛伐克[J].世界知识,1954（19）：29—30.

  [8] 马思聪.中国人民喜爱捷克斯洛伐克音乐[J].人民音乐,1960（5）：30—31.

  [9] 高马士. https：//baike.so.com/doc/8267682—8584671.html[OL]. 2016-10-14.

  [10] 史金波、黄润华.中国历代民族古文字文献探幽[M].北京：中华书局,2008.

  [11] 严嘉乐.中国来信（1716—1735）[M].丛林,李梅,译.郑州：大象出版社,2002.

  [12] 马立安·高秋克.捷克和斯洛伐克汉学研究[M].北京：学苑出版社,2009.

  [13] 袁丽梅、李帆.史论结合,创新方法——翻译史期刊论文统计研究[J].上海翻译,2018（5）：47—51.

  （本文原载《民族翻译》2018年第4期,作者赵春龙、李正栓,数据未做更新,内容略有改动。）

第三部分　藏族格言诗译本研究

《萨迦格言》英译译本印象研究

一、引言

在众多藏族格言诗中，以下几部作品更为人熟知，它们是萨班·贡嘎坚赞（1182—1251）的《萨迦格言》、班钦·索南扎巴（1478或1481—1556或1554）的《格丹格言》、孔唐·丹白准美（1762—1823）的《水树格言》以及米旁·朗杰嘉措（亦称"米旁嘉措""久·米庞嘉措"）（1846—1912）的《国王修身论》等。其中，就文学重要性和历史影响而言，首推《萨迦格言》。

《萨迦格言》成书于13世纪中叶，是藏族最早的一部哲理格言诗。它不仅在藏区广泛流传，还受到国内外专家学者的广泛关注，被译成许多语言。其英译本主要有三种（书名英译时被每位译者归化处理，见下面），即美国译者塔尚·塔尔库（Tarthang Tulku）等人翻译的 *Elegant Sayings*（《雅致格言》，亦译《简语箴言》，1977）、美国译者达文波特（John T. Davenport）等人翻译的 *Ordinary Wisdom—Sakya Pandita's Treasury of Good Advice*（《普通智慧——萨迦·班智达劝善文库》，2000）和国内译者李正栓等人翻译的《藏族格言诗英译》（*Tibetan Gnomic Verses Translated into English*，2013）。

"译本印象"是指读者完成对一部作品某一译本的阅读后各种印象的综合概括及在此基础上的诊断性评价。这一概念涵盖范围较广，笔者在此只将"译本印象"的范围缩至藏族格言诗《萨迦格言》三个英译本给读者留下的印象并就译本印象差异产生的原因进行探讨。

二、藏族格言诗是佛教经典世俗化的产物

经典是经久不衰、人们反复阅读并引用、接受过历史考验和选择的著作和论述，具有典范性和权威性。可以说，佛教经典数不胜数，例如《大藏经》。《大藏经》经典化过程相当漫长，即释迦牟尼去世后，弟子们对他的言论进行记述，经多次整理形成这部经典，给人类留下一笔丰厚的思想遗产。其成书过程颇似《论语》和柏拉图记录其老师苏格拉底言论而著述的《对话集》。

"世俗化"与宗教性是一对相对的概念，最早由西方宗教界提出，原指宗教纷争后一些物质上的东西如领土或财产从教会手中流向非宗教界，即物质层面的世俗化，现常指宗教性相对减退，在政治、经济、社会和文化生活中宗教色彩不像以前那么浓重。可以说，世俗化即非神圣化，与经典化一样，也经历了一个长期的发展过程。我们认为，世俗化即让一般人理解，使用平常例子和意象让大众听得懂、看得清，让它更加流行。换言之，世俗化就是让一些高深难懂的道理，通过普通词汇和比喻来讲解，深入一般民众之心，起到教育与启迪的作用，达到对人进行教化的目的。

藏族格言诗便是佛教经典被世俗化的产物。自公元9世纪中叶，吐蕃王朝（7—9世纪）统治集团内部争夺王位，各派混战，民不聊生，生活凄惨，引起反抗，暴动迭起，统治削弱。这迫使统治者从意识形态入手，寻求新的策略，因势利导，以缓和并减少各种矛盾，从而达到巩固统治和安邦图治的目的。他们发现，用一般僧俗能听懂的语言和形式进行宣传教育和引导是良策。藏族格言诗作者们将佛教教义通俗化、大众化和形象化，用于教化民众。这种世俗化的结果就是扩大了佛教经典被接受的范围，从信徒到民众，从接受教育程度高的读者到一般读者。对这种藏族特有的文学作品进行翻译的困难之一就是如何处理诗中语言、意象和用译入语贴切表达深层含义。现以《萨迦格言》中第57节为例，分析其三个英

译本在佛教经典世俗化方面的译本印象。

汉译本：

君王对自己的臣民，

施以仁慈和护佑；

臣民对自己的君王，

也必定尽忠效力。

（次旦多吉，1985：13）

李译本：

The King gives kindness and protection

To his subjects;

The subjects are bound to return

With loyalty and duty.

（李正栓，2013：16）

达译本：

To whatever extent rulers endeavor

To govern their subjects with kindness,

To that extent the citizenry strives

To fulfill their civic duties.

（Davenport，2000：69）

塔译本：

As the master takes care of

And kindly protects his disciples,

So do the disciples

Manage the master's affairs.

（Tulku，1977：68）

上述诗节劝导君王施行仁政，轻徭薄赋，以德治国。这里提倡的"仁慈"源于佛教"慈悲为怀，利益众生"的思想，是佛教慈悲思想在现实层面世俗化的结果。萨班·贡嘎坚赞目睹社会矛盾的尖锐和复杂，提出要用僧俗民众可以理解的文学读本普及符合统治者利益的价值观来化解矛盾，解决危机。上述三个译本对"君王"和"臣民"的不同译法体现了译者对藏族文化的领悟程度。李译本选用了"King"和"subjects"，前者（"King"）强调了君王至高无上的统治地位，用"King"而不用"zanpu"是为了接近译入语读者，后者（"subjects"）客观描述了当时广大藏民与统治者间依附与被依附的人身关系。这两个词的使用恰当地表达了中国文化中的君臣关系。另外，李译本使用了"return"一词，有一语双关之功效，一是讲如果君主广施仁政，臣民会从行动上效忠国王，二是讲臣民从心理上结束离散状态回归到君王的领导之下。塔尔库使用了"master"和"disciples"，强调师傅与弟子关系，宗教意味浓重，与原文所要传达的意思不符。在我们的认知里，这是师生关系，或佛教中的佛与弟子的关系，而不是君王与臣民的关系。达文波特将"臣民"译为"citizenry"，混淆了藏区臣民或民众与西方公民的概念。就翻译的整体效果而言，李译本准确地表达了原文中"如果君王广施仁政会感动臣民而心甘情愿为其效力"的意思。李译本重俗，塔译本与达译本重佛，但他们的翻译却因此而用词不够准确，整体表达力欠佳。

再以第289节的翻译为例，

汉译本：

贪得无厌的人，

财产是他的屠夫；

富人为财丧命，

乞食者反能安宁。

（次旦多吉，1985：62）

李译本：

If one is too greedy,

He will be killed by his property.

The rich die for wealth;

Beggars can live in peace.

（李正栓，2013：78）

达译本：

The wealth one has accumulated to excess,

Becomes one's executioner.

Mostly the rich experience downfall,

While beggars move about happily.

(Davenport, 2000: 190)

塔译本:

When a man becomes too famous for his riches,

He is destroyed by his wealth.

It is common that rich men are assaulted,

But beggars pass through without harm.

(Tulku, 1977: 98)

不难看出，佛教对待物质财富的态度在《萨迦格言》中得到了世俗化。《萨迦格言》清楚明了地表达了对财富的态度，认为过多积累财富而不施舍会给拥有者带来灾祸。对于上述诗节的翻译，三个英译本尽管在句法结构和用词有所差别，但其表达的中心思想是一致的，体现了佛教财富观的世俗化。三位译者也尽量保持了原诗所表达的或佛或俗都应力戒贪着财富的意思。李译和塔译分别用了条件状语从句和时间状语从句，更能表达作者意图。

三、藏族格言诗是以世俗语言宣传佛教经典的文学结晶

藏族格言诗是佛哲生活智慧和君王贤治思想高度融合的文学结晶，具有极高的艺术价值和教育功能，对推动藏族文学的发展起到了重要的作用。《萨迦格言》大胆借鉴了以龙树格言诗为代表的印度格言诗的格律形式，发展并丰富了藏族格言诗的表达形式。它凭借其丰富的内容和说理艺术而广受欢迎并广为传颂，其中的典故和人生哲理大大提升了其故事性和文学价值，为其增添了无穷的艺术魅力。

藏族格言诗深受佛教影响。"大凡各种宗教，在其传播发展过程中往往与文学艺术结下了不解之缘，主要表现为宗教对文学艺术的渗透"（星全

成，2003：1）。佛教对藏族格言诗的深刻影响就是一个生动的例子。佛教于公元前5世纪左右由古印度迦罗卫国的悉达多·乔达摩（Siddhattha Gotama）（约前565—前486）创立，在7世纪中叶松赞干布（581—650）时期正式传入西藏，逐渐演变并形成了藏传佛教，成为统治阶级意识形态的重要组成部分，藏族格言诗，尤其是《萨迦格言》是其中的典型产物和杰出代表。

藏族格言诗充分表达了佛教的经典教义。作为藏族著名学者、佛哲、西藏佛教史上萨迦教派的第四代祖师，萨班·贡嘎坚赞在用文学形式宣传宗教教义这一方面贡献最大。他坚持以佛教教义指导其文学创作，使语言富有思想和文化价值。《萨迦格言》中浅显易懂的诗句和世俗化的语言最终传达的皆为"诸恶莫为、因果无欺、各德行善、慷慨施舍、忍辱无争"等佛教经典思想（索南才让，2013：121）。现以《萨迦格言》中第291节为例，分析其三个英译本在译介佛教经典方面的译本印象。

汉译本：

富裕、智慧和强大，

都与有福之人结伴；

若是没有福德，

这些就是自毁的根源。

（次旦多吉，1985：63）

李译本：

Richness, wisdom and mightiness

All are companions of the blessed.

If one does not have luck and virtue,

All of these are the root of self-destruction.

（李正栓，2013：78）

达译本：

Wealth, wisdom, and power

All aids to those with virtues.

But for anyone lacking virtues,

They all are a cause of ruin.

（Davenport, 2000: 190）

塔译本:

Wealth, wit, and strength will come to you

If you practice virtuous deeds;

But, these actions absent,

Wealth and strength will become your ruin.

（Tulku, 1977: 99）

此诗节中的"有福之人"及"福德"皆属佛教福泽观念在藏族格言诗中的体现。"福泽观通俗地讲，就是前世所积累的善德善行在今生今世得到实现、获得结果，也即通常讲的'恶有恶果，善有善报'"（李加东智，2008: 25）。李译本将"有福之人"译为"the blessed"，指因前世行善积德而在今世受到佛祖庇佑的人，这样的译法忠实贴切，符合佛教生死轮回、因果报应的思想。"the blessed"这个词也容易被西方读者接受，犹太教和基督教都大量使用这个词。达译本中"有福之人"被译作"those with virtues"，译成汉语实际上是"有德之人"，并非"有福之人"。塔译本中使用了动词结构"practice virtuous deeds"，与达译本无本质差别，都在呼应只有今生多行善事才能获得"富裕、智慧和强大"。李译本没有过分强调佛教意味，忠实表达其文学性，受益的读者群体更大。

再以第255节的翻译为例，

汉译本：

众生间的相互关系，

就是前世命中注定，

就像鹫要背雪猪，

獭要供养猫头鹰。

（次旦多吉，1985: 54）

李译本：

The interrelations of all beings

Are predetermined by destiny.

As a vulture must carry the pig on its back,
An otter must provide food for an owl.

（李正栓，2013：69）

达译本：

Any relationship between sentient beings
Takes shape in accord with past karma.
Notice vultures with marmots on their backs
And otters making offerings to owls.

（Davenport，2000：168）

塔译本没有选译此节。

本诗节通过列举鹫背负雪猪和獭供养猫头鹰的例子说明世间万物和众生之间的关系是天注定的，人不可违，以此劝谕民众听天命，广行善，以此生善德构建来世幸福。其语言简明易懂，比喻形象生动，讲述的却是复杂深奥的佛教道理。对于原诗中提及的"命"，李译本选用了"destiny"一词，简洁通俗，易于读者理解，佛界和俗界都懂。达译本则将"命"翻译为"karma"，为藏族佛教用语，意为"业"或"因果报应"，宣传佛教经典之意十分明显，佛界读者懂，俗界读者不一定能懂。两种译法中，李译偏俗，文学性强；达译偏佛，宗教性强。

四、藏族格言诗：佛教经典与世俗语言的高度融合

萨班·贡嘎坚赞创作《萨迦格言》的初衷是"为了通俗的解释佛法深奥的教义理论，让全社会尤其是广大百姓能够容易地认识、懂得和熟悉佛法要义，让百姓尽快地接受、遵循佛法所倡导的基本思想和主张"（李加东智，2008：46）。因此，《萨迦格言》可谓是佛教经典与世俗语言的高度融合。这一特点在施舍观念上得到了高度体现。现分别以第412节与第231节为例，分析其三个英译本在佛俗融合方面的译本印象。

汉译本：

把财产布施给别人，

如果恼怒便要努力修忍；

如果满足就算有了慈悲心，

因此布施是佛法之上法。

（次旦多吉，1985：89）

李译本：

Try to give property to others.

If one feels angry, he should learn restraint.

If one is satisfied, he just has compassion.

Therefore giving is the superior Dharma.

（李正栓，2013：110）

达译本：

Some perfect generosity by giving away their possessions;

Their patience increases if that makes others angry,

And they feel joyous when others are satisfied.

There is the supreme practice of generosity.

（Davenport，2000：262）

塔译本没有选译此节。

布施观是集佛教教义与世俗道德于一体的重要思想。此诗节中的"布施"即施舍，是指"施舍者予以需要者的满足与帮助"（李加东智，2008：25）。《萨迦格言》突出体现了施舍作为主要佛法教义与重要世俗道德观念的高度统一。如诗中所言"布施是佛法之上法"，佛家主张施舍为修法之本，肯定并提倡广大民众的施舍行为。李译本与达译本对于此诗节在理解上有明显分歧。具体而言，李译本中"angry"和"satisfied"的主体是施舍者本身，正确传达了原诗含义；达译本中将此两类情绪归于被施舍者，是对原诗内容的误读，形成误译。此外，两个译本对原诗中"佛法之上法"的翻译也有分歧。李正栓将其直译为"the superior Dharma"，用词简单明了，保证了译本语言的简洁性，是文学性和宗教性的双重表达，佛界一看即懂，俗界也一看就清楚。达文波特却将其译为"the supreme practice of generosity"，强调了佛教修行的过程和实践，这不仅印证了其对藏族格言诗中道德说教成分的过分注重，也影响了其译本语言的简洁性，未能将藏族文化完整地传达给读者。他注重佛界接受，忽略了俗界认可，强调了宗教性，牺牲了文学性。再看一节：

汉译本：

布施能使敌人归顺，

不愿施舍亲友也会远离；

母牛若是乳汁已尽，

牛犊抓来了也要逃开。

（次旦多吉，1985：49—50）

李译本：

If you give alms, even enemies yield to you;

If you do not give alms, even relatives run away.

If a cow has no milk,

It cannot make a calf stay.

（李正栓，2013：62）

达译本：

Even foes gather for charity,

But without it, even friends stay sway.

When the cow's milk has dried up,

Though restrained, the calf tries to flee.

（Davenport, 2000：154）

塔译本：

With gifts, you may gather your enemies about you.

When giving nothing, even your own family will leave.

When the cow's milk becomes dry,

The calf grows meager and wanders in sorrow.

（Tulku, 1977：91）

此诗节通过对比和比喻手法的运用，生动形象地向读者阐释布施的种种益处。三个英译本在"布施"一词的翻译上有所不同。李译本选用动词形式"give alms",其中"alms"即为"施舍物,救济物"之意。这样的译法忠实于原诗,较为完整地向读者传达了"布施"的文化内涵。达译本使用"charity",前边还加了"for",表达敌人因为慈善而"聚集"之意,并不表达"归顺"之意。"聚集"不等于一方"归顺"于另一方。与李译本"even enemies yield to you"相比,"聚集"显然是错误的。塔译本使用"gifts"来代指"布施",也不妥。"gifts"是个普通词,偏俗,可作"礼物"讲而无"施舍"之意,所以词不达意。

五、藏族格言诗英译本印象差异的成因探究

塔尔库译本（1977）、达文波特译本（2000）和李正栓译本（2013）彼此相隔十三年。他们为什么要翻译这部经典？要给读者留下什么印象？不难看出,他们都通过英译《萨迦格言》向读者传递了特色浓郁的藏族文化。然而,三个英译本在佛、俗问题上给读者的译本印象的确不同。究其原因,译者的宗教文化背景、意识形态和翻译理念等因素起到了关键性的作用。

译者的宗教文化背景迥然不同。宗教文化是翻译中涉及的五类文化因素之一,在译者经由翻译进行信息传递的过程中起着基础性的作用。霍克斯翻译的《红楼梦》和杨宪益翻译的《红楼梦》便是例证。藏族格言诗的英译也是如此。塔尔库是一名虔诚的佛教徒。并以传承保护藏文化为己任。达文颇特是一名地道的美国人,不是佛教徒,但对藏传佛教有浓厚的兴趣。达文波特长期受西方基督教文化的浸染,缺乏对东方文化的全面深入的了解,这为其误读东方文化造成译本中一些误译现象提供了解释。李正栓是土生土长的中国人,生活在儒释道并存的文化环境里。他专注于英美诗歌教学、翻译和研究,对邓恩诗歌研究情有独钟。此外,他还英译并出版了毛泽东诗词和乐府诗,积累了一定的诗歌英译经验。这对于他正确理解并忠实英译藏族格言诗都大有裨益。三人在读者中留下的译本印象各异因此得到解释。

三位译者的意识形态背景差别鲜明,它往往能"操纵译者对原著的选

择和翻译策略的运用"（王东风，2003：20）。塔尔库是佛教徒，他英译《萨迦格言》的根本目的就是向英语世界的读者介绍藏传佛教。因此，塔尔库的英译本常给读者留下刻意宣传佛教经典、着重传达道德说教的印象。达文波特出于向西方人介绍藏族宗教与藏族文化的目的而英译《萨迦格言》，努力寻找藏族格言诗与西方文化的共通之处，以求引起英语世界读者的共鸣。由此，达文波特的翻译夹杂着西方意识和西方文化元素，势必影响译本的忠实程度。李正栓作为一名中国共产党员，坚决维护祖国统一，反对任何分裂祖国的言行。在他看来，英译藏族格言诗不应局限于翻译学术研究的范畴，而应将其看作是对外宣传的有效手段，是文学外交和文化外交的一部分，对促进民族团结和国内外社会和谐意义重大，让西方读者了解藏族文学与文化，对粉碎达赖集团分裂祖国的阴谋与言行有积极作用。

三位译者所持的翻译理念相距甚远。塔尔库和达文波特英译《萨迦格言》更多的是出于向英语国家读者宣传藏传佛教的考虑，因此二者在翻译过程中多选取归化的翻译策略，即"采用透明、流畅的风格，以使译语读者对外来文本的陌生感降到最低度"（Cowie M, 1997：44）。这虽有利于西方国家读者的阅读理解，却不利于完整地传达原著的思想内容。李正栓以忠实对等原则为指导，以译文语言简明易懂和朴素忠诚为基础，以异化策略为主、兼用归化策略，以读者读懂藏文化为目的，以诗译诗，真正反映格言诗蕴含的哲理和智慧。其翻译在形式上和内容上是统一的。其英译本把体现藏族格言诗本身的文学价值作为主要宗旨，同时体现原作教化民众之目的。其译本的焦点是格言诗，其目的是传达藏族格言诗的哲理和智慧。他以向国外传播和弘扬中华民族优秀传统文化为己任，并始终坚信，只有让外国友人了解我们的文学和文化，我们才能与西方进行真正有效的沟通。

六、结语

可见，受宗教文化背景、意识形态和翻译理念等因素的影响，塔尔库和达文波特的英译本重视《萨迦格言》这一经典著作的宗教性甚于其文学性,未能完整传达格言诗亦佛亦俗的文化内涵。塔尔库甚至放弃222首,只翻译了符合他目的的234首,漏译率近百分之五十。达文波特对格言诗中典故进行详细注解并强调其教化意义,其目的也不言自明。李正栓视藏族格言诗为集文学性与宗教性于一体的产物,认为其体现了藏族佛哲的思想与智慧。因此,《萨迦格言》李译本较为忠实地诠释了藏族格言诗中佛俗高度融合的思想内核,很好地传播了藏族文学的成就。但不能否认,塔尔库和达文波特在向西方介绍藏族文化方面也做出了贡献。

参考文献

[1]蔡晓菁.《萨迦格言》的结构解读[J].西藏民族学院学报,2009(3):62—66.

[2]次旦多吉.萨迦格言[M].拉萨:西藏人民出版社,1985.

[3]蒋骁华.意识形态对翻译的影响:阐发与新思考[J].中国翻译,2003(5):24—29.

[4]李加东智.萨迦格言伦理思想研究[D].北京:中央民族大学硕士学位论文,2008.

[5]李正栓.藏族格言诗翻译史略[J].燕山大学学报,2013(9):9—12.

[6]李正栓.藏族格言诗英译[M].长春:长春出版社,2013.

[7]李钟霖.藏族格言诗中的伦理观[J].西南民族学院学报,1991(5):58—61.

[8]索南才让、许得存.藏族格言文化鉴赏:评介[EB/OL].[2013-08-07]. http://read.goodweb.cn/news/news_view.asp?newsid=74428.

[9]王东风.一只看不见的手——论意识形态对翻译实践的操纵[J].中国翻译,2003(5):16—23.

[10]星全成、仁青.藏族格言诗宗教思想二题[J].青海师范大学民族师范学院学报,2003(2):1—5.

[11] Cowie M, Shuttleworth M. *Dictionary of Translation Studies*[Z].

Manchester: St. Jerome, 1997.

[12] Davenport, John T. *Ordinary Wisdom: Sakya Pandita's Treasury of Good Advice*[M]. Boston: Wisdom Publications, 2000.

[13] Tulku, Tarthang. *Elegant Sayings*[M]. Berkeley: Dharma Publishing, 1977.

（本文原载《中国翻译》2015年第4期，作者李正栓、解倩，数据未做更新，内容略有改动。）

达文波特英译《萨迦格言》特色研究

一、引言

《萨迦格言》成书于13世纪上半叶，是西藏著名学者萨班·贡嘎坚赞（Gunga Gyaicain）(1182—1251)结合13世纪西藏的社会状况所写的格言诗集。全书共有457首诗，内容涉及生活的方方面面，在西藏地区广泛流传，还被译成八思巴语、蒙古语、汉语、英语、法语、日语、印度语等多种语言。《萨迦格言》现主要有五个英译本：匈牙利译者柯鲁西（Alexander Csoma de Cörösi, 1784—1842）翻译的《萨迦格言》，原文名为 *A Brief Notice of the Subháshita Ratna Nidi of Sakya Pandita*；美国译者薄森（James E. Bosson）翻译的 *A Treasury of Aphoristic Jewels*（《警句格言宝库》）(1969)，美国译者塔尚·塔尔库（Tarthang Tulku）翻译的 *Elegant Sayings—A Precious Treasury of Elegant Sayings*（《雅言——雅言宝库》）(1977)，美国译者达文波特（John T. Davenport）翻译的 *Ordinary Wisdom—Sakya Pandita's Treasury of Good Advice*（《普通智慧——萨迦班·智达劝善宝库》）(2000)和李正栓翻译的 *Tibetan Gnomic Verses Translated into English*（《藏族格言诗英译》）(2013)。作为《萨迦格言》的第一个全译本，达文波特译本（以下简称达译本）值得研究。

二、达文波特及其英译本

2000年，美国波士顿智慧出版社（WISDOM PUBLICATIONS）出版了书名为 ORDINARY WOSDOM—Sakya Pandita's Treasury of Good Advice 的书，英译者为 John T. Davenport with Sallie D. Davenport and Losang Thonden，附注释性评论，这一部分英文名是 A Hive Where Gather Bees of Clear Understanding（《清醒觉悟之蜂巢》），作者是萨迦·堪布·桑杰·丹增（Sakya Khenpo Sangyay Tenzin）。

根据达译本所附内容得知，达文波特是美国人，居西雅图，曾任南亚外国援助顾问，该书出版时任美国鹿苑佛教中心（Deer Park Buddhist Center）副会长一职。本书的合译者之一洛桑·松顿（Losang Thonden）在位于达兰萨拉的西藏作品档案图书馆（Library of Tibetan Works and Archives）工作，是藏文文法专家和藏文教育专家，藏语水平很高，也有一定的英语水平。所以，达译本经历了一个这样的翻译过程，"由约翰·达文波特翻译，萨利·达文波特负责书写英语，并修改译文中的错误，从而增加了译文的流畅性，使其更具有现代风格。洛桑·松顿的加入为完成此次翻译大业提供了可能，他细致耐心地将文学文本转换成西藏口语，使得我们能够更易于理解诗节正文及其评论"（Davenport，2000：15），从而证实了北塔的推测，达文波特版本是由洛桑·松顿用英语解释藏语、达文波特译成英语的。

达文波特意识到《萨迦格言》的诗体特征、诗文内容重复性和专有名词较多的实际情况，因此，在翻译的过程中，达译本遵循了一定的翻译原则。在诗体翻译上，达文波特"尽管努力创造类似于《萨迦格言》的韵律，但仍复制不了这种传统的韵律形式。除非出现由于英藏两种语言句法的差异而使得译文略显笨拙的情况，译者尽量保留了诗行原有的顺序"（Davenport，2000：14）。在内容翻译上，"一些西藏文学的文体，例如评论，运用了重复的写作手法，在句子中通过用数量不等的细节来重复表达同一个思想以凸显文章的主题。译者裁减了评论部分，希望在无冗长乏味句子的情况下，保留下来的重复手法能够有效地传达诗韵，突出原文"（Davenport，2000：14）。在专有名词的翻译中，"由于英语读者读梵语名字比读藏语名字的音译更为流畅，在翻译作品中出现专有名词时，译者尽量选用其梵语名称。只有当梵语中不存在该名字时，才借助于藏语名字的音译名称。在翻译书名时,译者采用了怀利音译系统"(Davenport, 2000:15)。根据翻译目的所遵循的翻译策略,无疑为达译本增添了诸多文本特色。与之前的薄森和塔尔库节译本相比,达译本是一个比较完整、充满详解的版本。

三、达译本主要特征

(一)体例完备,附有评论

达译本体例完备。正文前面部分包括以下内容:目录(Table of Contents)详细列出了译本结构;前言(Foreword by His Holiness Sakya Trizin)简要介绍了《萨迦格言》的文本特色以及达文波特的英译本,并指出《萨迦格言》对加强社区建设的指导意义;译者序(Translator's Preface)介绍了译本翻译背景和翻译策略,表达了对给予帮助的单位和个人的感谢;引言(Introduction)详细介绍了萨迦·班智达的生平和作品、中古印度文学、《萨迦格言》流行情况以及对后世藏蒙文学的影响及《萨迦格言》的英译情况;珍宝良言论释(A Jewel Treasury of Good Advice With Commentary)引出桑杰·丹增对《萨迦格言》的评论《清醒觉悟之蜂巢》(A Hive Where Gather Bees of Clear Understanding)(1972)并附有引言诗颂。

正文分为三个部分,第一部分是题目梵文英文对照(The Correspondence of the Title of the Text with Sanskrit),列出题目梵文英文对照,并附有解释;第二部分为正文内容(The Content of the Text),该部分除了《萨迦格言》的九章正文诗节之外,在还包括了前面的佛祖礼赞(Salutation to the Buddha)和解释题目并编纂评论的诺言,最后还附有成书方式(The Manner in Which the Text Was Composed);第三部分在结语中(The Conclusion: An Expression of Gratitude to the Author)达文波特表达了对作者的感谢,并有桑杰·丹增的结束祈祷词(Concluding Prayer)。

正文后面还附有一些内容,注释(Notes)按照先后顺序对文中涉及的书目、佛教用语、宗教人物等难点列出了详细的注释；术语表（Glossary）按照字母顺序对佛教意象、宗教人物进行了详细解释；参考书目（Bibliography）列出了译本中所涉及的参考书目；主题索引（Subject Index）按照主题词的首字母顺序和诗节进行排序；最后附有智慧出版社及其出版书目简介。除此之外，封底还有佛教人士和藏学家的评论。达译本最为特别的是除去正文部分，各体例部分占据了整本书将近三分之一的内容。与2000年之前出版的所有《萨迦格言》英译本相比，达译本体例相当完备。如塔尔库的《雅言——雅言宝库》为节译本，只选译了234首诗，在正文前只有不到二百字的前言。

1969年，印第安纳大学出版社（Indiana University Press）出版了薄森翻译的《警句格言宝库》，为藏、蒙、英对照本。"薄森的全名是James E. Bosson，是研究蒙古族的专家，精通蒙古语，他可能主要是根据蒙古语本翻译的，他可能也学过一点藏文，参考了藏文的原文"（北塔，2014：63）。然而，薄森译本流传并不广泛。达文波特把薄森译本流传不广的原因归结为没有对诗中的故事进行评注，此外还因它是大学出版社出版的一本专著。所以，达文波特在其译本中增加了大量的评论和故事，特别将桑杰·丹增的《萨迦格言》英文评论附在每个诗节的后面，扩展了诗歌的内容。此外，正文部分添加了47个佛教故事，这在一定程度上增加了译本的趣味性。

（二）注释详尽，不厌其烦

译文注释是译者实现翻译目的不可或缺的一种手段，同时也是一种重要的补偿策略。在翻译的过程中，使用注释法很有必要。《萨迦格言》是一部融哲理、宗教、文学、政治等诸多领域知识于一体的格言诗集，内容广泛、富含哲理，真实体现了13世纪藏地人民的生活精神风貌。在其翻译过程中，既要准确传达诗中丰富内容，保留深邃哲理；又要体现出格言诗的诗体风格。达文波特注意到那个时代以佛教文化为生活指导原则的藏民族和生活在基督教文化氛围中的西方读者的文化差别，在译本中附有详尽的注释。

达译本的译者序和前言部分共有21页，其中附有93例注释；正文中涉及65例注释。此外，术语表从《藏汉大辞典》(*The Great Tibetan-Chinese Dictionary*)、《藏传佛教宁玛派之教义和历史》(*The Nyingma School of Tibetan Buddhism: Its Fundamentals and History*)和《藏英佛教术语词典》(*Tibetan-English Dictionary of Terminology*)中节选了124个佛教词汇，虽然这些词汇列在术语表中，但对译文中的宗教词汇进行了解释，也是一种注解。整本书共附有282条注释或词汇，由此可见达译本注释之详尽。对其进行归纳和总结，不难发现，该特征主要表现在评论与注释并存、注释附加考证两个方面。

现以第282首诗为例，

Do not abuse even humble enemies,

Without assessing their capacity.

Because the little tadibhala bird[142] was mistreated,

The *garuda* destroyed the entire ocean.

(Davenport, 2000: 184)

这首诗前两句写实，后两句通过借用大鹏（garuda）帮助大第巴鸟（tadibhala bird）毁灭整个海洋的典故来证明不做调查就贸然行动所带来的严重后果。诗节后面的评论不仅对该诗节做了进一步的阐释，还通过讲述大第巴鸟的鸟巢和鸟蛋被海浪冲走、大鹏为其主持公道的故事，佐证了前面两句诗。故事中交代了大第巴鸟的一些生活习性，但达文波特为了使读者对其更加了解，又添加了注释，"Gung thang describes this bird as pale grey in color and the size of a pigeon, known in his native Amdo dialect of the late eighteenth century as 'bya dru dru'; Gung thang dkon mchog bstan pa'i sgron me (1984)"（Davenport, 2000: 317），注释中详细介绍了大第巴鸟名称的由来及其体貌特征。除此之外，术语表还对"garuda"进行了解释，"a large mythical divine eagle"（Davenport, 2000: 322），从而使读者对该诗节中的两种鸟类及其文化内涵有了较为深入的了解。

再看第373首诗，

When having delicate discussions,

Speak not to third parties, even if friendly.

Evil friends performing vetāla[150] rituals

Will be the first ones to be devoured.

（Davenport，2000：237）

这首诗通过引用修炼起尸术会首先被吃掉的典故，告诫人们要严守周密的讨论原则。由于后两句诗涉及佛教典故，给西方读者设置了一层文化障碍，评论部分详细解释了较为晦涩难懂的后两句诗，"If one is with an evil friend engaged in the practice of invoking zombies, when the zombie appears, it certainly will not perform the four transcendental actions of celestial beings — pacification, expansion, power, and wrathfulness"（Davenport，2000：237），同时从侧面解释了"vetā la"。在文后的注释中，译者又将"vetā la"注解为"Ro langs, a kind of demon or spirit that occupies dead bodies, a zombie or corpse-raising spirit"（Davenport，2000：317），再次解释了"vetā la"的内涵。

达译本不仅存在评论和注释并存的情况，在部分注释中，还对原诗和评论部分进行了考证。在第316首诗中，译者对原诗的来源持怀疑态度。

"While strength is partial respect to your foes；

Once you have become fully capable

Take whatever approach works best."

Some treatises offer this advice.144

（Davenport，2000：203）

在此，译者怀疑该诗节是由萨班从Masuraksa 所著的 *Nitisastra* 意译过来的，因此在第144例注释中这样写道，"Sakya Pandita seems here to be paraphrasing a verse from the *Nitisastra* by Masuraksa（Suzuki,（1957），vol. 144, no. 5827, folio 187a\3-4）; see also the commentary to verse 185 above"（Davenport，2000：317）。注释中，达文波特不仅对第144例注释进行了考证，并且指出第185首诗的评论部分也存在此类情况。

达文波特对桑杰·丹增的英文评论也进行了考证。第185首诗的评论部分含有4例注释，即第126例、第127例、第128例、第129例注释。其中，桑杰·丹增引用了古代圣贤 Ahtrotala 和 Masuraksa 的诗节，达文波特在第126例注释中注明，"The sage 'Ahtrotala' could not be identified; the translation for this and the following two verses following the version of the *Nitisastra* by Masuraksa founded in Suzuki（1957）"（Davenport，2000：315）。注释不仅指出了第185首诗、第186首诗和第187首诗的出处，还严谨地考证了 Ahtrotala 并不存在这一事实。同时，第127例、第128例、第129例注释再次注明各个对应诗节从 *Nitisastra* 改编或借用的情况。

达译本注释详尽，不仅包含对各个诗节所做的评论，还在书末附有对诗节的注释、考证以及反复参照注释，发挥了注释与前文和正文相呼应的作用，有利于西方读者深入了解藏族文化。然而，由于达译本经常出现评论、注释和术语表中反复解释同一词语的情况，阅读起来十分烦琐，在某种程度上加重了读者的负担，不利于该译本有效传播，从而也违背了译者的初衷，"《萨迦格言》填补了初学者与藏族文学之间的鸿沟，将会吸引对西藏和藏传佛教感兴趣的普通人，也会吸引不具备阅读书架上复杂资料能力的人们"（Davenport，2000：13）。

（三）自由体译诗

在诗歌翻译方面，存在两种译法，即韵体译诗与自由体译诗。"韵体译诗"不仅严格要求诗歌的排列形式，还严格规范词语和韵律的使用；"自由体译诗"主要指译诗采用自由体或散文式的排列形式，音韵散乱、诗行散漫。自由体译诗和韵体译诗有其渊源。"20世纪的英国汉学家亚瑟·威利（Arthur Waley）认为，译诗用韵，不可能不因声损义、有失原诗情趣，因而改以散体或自由体英文翻译中国诗词"（张智中，2013：94）。在汉诗英译过程中，国外译者大多采用自由体译诗的策略，"这主要有两个方面的原因，一是译者对中国古典诗歌的音韵及语言知识缺乏了解，从而导致一定的误解；二是汉语和英语本来就属于不同的语言结构体系，中国古典诗歌的韵律也很难被完全移植到译文中去，原诗的效果也不可能完全再现"（唐根金，2007：18）。当汉语古典诗歌被翻译为英语的自由体诗歌时，汉语诗歌常常会被稀释化。藏语和汉语同属于汉藏语系，两种语言本身在字词组成方面存在很多共性。同样，当藏族格言诗被译为英语等其他语系的语言时，也会面临被稀释化或散文化的问题。

《萨迦格言》运用生活中常见的具体事物为比喻，采用四句七音节的结构形式，节奏鲜明，朗朗上口。"作为诗歌，《萨迦格言》同样具有诗歌应有的美妙音律、神奇比喻、惊人意象和闪光哲理；具有艺术的完整性；表现出诗歌追求灵魂境界、渴望生命神性的创作标准"（林鸣飞，2007：42），达文波特在翻译《萨迦格言》时，力图保存原诗的形式和韵律。在个别诗节中，达文波特较为成功地保留了原诗的形式和韵律，从而保留了诗歌的韵味。例如第4首诗，

  The wise can eradicate faults,
  But the foolish cannot.
  The garuda can kill poisonous snakes,
  But crows cannot.
  （Davenport，2000：30）

藏文如下：

ཤེས་རབ་ལྡན་པས་ཉེས་པ་དག
།མི་བར་རྣམས་ཀྱི་བླུན་པོས་མིན། །
ནམ་མཁའ་ལྡིང་གིས་དུག་ཅན་སྲེག
།གསོད་པར་རྣམས་ཀྱི་ཁ་ཏས་མིན། །

该诗节前两句写实，后两句作喻，通过两组对比，赞美了智者能够消除自身错误的美好品质。达译本保留了原诗的形式，即两句一联，四句为诗，并且采用了abcb的韵律形式。此外，达文波特还采用了一韵到底的格律形式，在第110诗节中，尾韵全部为/z/音，

  Noble people gently care for themselves and others;
  Bad people stubbornly torment themselves and others.
  A fruit-laden tree shelters itself and others;
  A dry, brittle tree incinerates itself and others.
  （Davenport，2000：92）

由此可见，达文波特在努力创造类似原诗的韵律，但仍然复制不了原

诗的韵律形式。因此，达译本只有在极少的诗节中保留了原诗的形式和韵律，在更多的情况下，还是采用自由体译诗的方法，这完全可以理解。在译诗过程中，达文波特尽量使用排比、对比、比喻等修辞手法来增强译文的韵味和美感。例如第99首诗，

> When troops go off to battle, he moves in the rear;
> When they return home, he is in the lead;
> When he sees food and drink, he partakes enthusiastically;
> And when he sees hard work, he avoids it cleverly.

（Davenport，2000：87）

该诗节采用自由体译诗方法，运用四个排比句式列举了四种情况，凸显了愚者贪生怕死、贪图享受的劣性。排比句式的运用增强了诗歌的整齐度，读起来朗朗上口，增加了诗歌的气势，从而通过诗歌形式强化了诗歌内容。

又如，第109首诗运用了对比手法，前两句对比优秀者和粗俗者之间对待错误的不同态度，后两句写孔雀和猫头鹰的区别。尽管该诗节在结构上略显整齐，但并没有严格遵从原诗的韵律，仍然采用了自由体译诗的方法。通过前后对比，使得译文整齐有致，增加了诗形之美；读起来朗朗上口，也增加了韵律之美。

> The excellent observe their own faults,
> While the coarse seek faults in others.
> Peacocks attend to their own form,
> While owls hoot bad omens to others.

（Davenport，2000：91）

藏文如下：

སྐྱེས་མཆོག་རང་གི་སྐྱོན་ལ་བལྟ། །
སྐྱེ་བོ་ངན་པ་གཞན་སྐྱོན་འཚོལ། །
རྨ་བྱ་རང་གི་ལུས་ལ་ལྟོག །
འུག་པ་གཞན་ལ་ངན་ངག་གཏོང་། །

达文波特在《萨迦格言》翻译过程中，力图保留原诗的形式和韵律。

· 127 ·

然而，由于英语和藏语之间的语言差别，达译本只在个别诗节中保留了原诗的韵律和形式，而更多情况下采用了自由体译诗的方法，通过借用修辞手法来靠近原诗言简意赅、朗朗上口等特点。

（四）宗教寓意明显

"《萨迦格言》写成于13世纪上半叶，是藏族最早产生的一部佛哲诗集。它教人规矩，引导人们区分智愚、扬善抑恶、皈依佛法"（李正栓，2013：9）。《萨迦格言》的作者萨班·贡嘎坚赞的身份和地位决定了该书带有明显的宗教色彩。因此，在达文波特译本中必然会带有一定的宗教色彩。译本前言由萨迦·赤增撰写，他在前言中强调了《萨迦格言》在藏族民众心中和藏族文学史上的重要地位，通过分析部分诗节，指出该书对现代西方读者所具有的指导意义。此外，第三部分结语中附有桑杰·丹增的结束祈祷词，这无疑增添了该译本的佛教色彩。

从内容上来说，译本在翻译的过程中尽量保存原有的宗教意象和词汇。正文中插入的47个故事大部分源于记录释迦牟尼出家前轮回转生故事的《本生经》，"佛本生故事多为赞扬佛陀历世行善积德的菩萨行的，是以此去劝化信徒们的宗教宣传，它们都有想要说明的与佛教有关的主题思想"（谢后芳，2007：109）。此外，在故事中还附有源自寂天菩萨的《入菩萨行论》、弥勒佛的《庄严经论》、二成就自在论师的《殊胜赞》以及月称论师的《入中论》等一些佛教书籍中的评论，而这些无疑为译本增加了佛教色彩。

在诗句的翻译过程中，达文波特也尽可能地保留了宗教意象。例如，在第124首诗中，

  Good people give sound advice even if not requested;

  Bad people are misleading even when asked for help.

  Bodhisattavas are compassionate even if abused;

  The Lord of Death kills even when paid tribute.

（Davenport，2000：100）

这首诗通过对比好人与坏人，突出了好人乐于助人的良好品质；通

过比较净饭王子和阎王，指出净饭王子乐于拯救众生。净饭王子本是佛祖释迦牟尼出家前的称呼，在此，达文波特将"净饭王子"译为"Bodhisattavas"，忽略了时间顺序，将其由一个政治概念词汇转换为宗教概念词汇。此外，他将"阎王"译为"the Lord of Death"。在基督教文化氛围里，人们将上帝称为Lord，用以凸显其至高无上的地位。"阎王"一词还可以译为"the king of hell"，突出阎王至高的统治地位。然而，达文波特尽可能地保留了这一宗教意象。即使是非宗教词汇，达文波特也尽可能地将其转换为宗教词汇。例如第457首诗，

  Those who know how to perform worldly tasks well
  Are adept in the ways of sublime Dharma.
  Therefore the practice of the ways of Dharma
  Is the way of life of the bodhisattvas.
（Davenport，2000：292）

"教法"是个多义词，在此并无明显的宗教色彩。达文波特将其译为"the ways of Dharma"，Dharma为梵语，汉译为"达摩"，意义广泛，既可以用来指代万物存在的规律，也可以表示一切事物和现象，但"在许多情况下'达摩'这个词被用来代表现代意义上的'宗教'的概念"（朱明忠，2000：72）。可见，达译本的宗教色彩浓厚。

（五）语言丰富，祈使句较多，"指示"型情态动词活跃

根据"李正栓和达文波特独特用语整体比较表"，达文波特译本中涉及1954个类符（类符指译文中不重复的词语）和5129个形符（形符指出现在文中的所有单词），李正栓译本使用了1635个类符和4473个形符（黄信，2014：119）。由此看出，达文波特译本的词汇量较大，运用了大量的佛教专门术语，从而展现了译者丰富的学识。以第320首诗为例：

  Those worthy of honor along with their retinue
  Gather followers because they are always generous.
  All beings from gods to pretas
  Gladly protect those who give tormas.

（Davenport，2000：205）

在该诗节中，达译本使用了佛教专门术语，即"pretas"（饿死鬼）和"tormas"（多玛）。Pretas意为"饿鬼"，英文词典中的解释为"hungry ghost"，指因前世作恶而注定永久挨饿的饿鬼；tormas意为"食子糕"，在佛教中指信徒用面粉、黏土、金铜等材料混制而成的供品。在此，达文波特没有运用描写神鬼和供品的广泛意义上的词汇，而使用了佛教中的"pretas"和"tormas"专有术语，用在此处比较贴切，这在一定程度上丰富了译本的语言。

《萨迦格言》作为一部佛哲格言诗，其内容必然会带有佛教色彩。达文波特在其译本中充分发挥了译者的主体性，不仅在诗节中尽量使用宗教专有术语，而且在桑杰·丹增英文评论部分使用了大量的祈使句式，力图强化译本的道德说教意味，以第416首诗为例，

> There is immense suffering at being separated
> From the happiness one has long enjoyed.
> Those who insist their body is permanent
> Are devastated when, powerlessly, they must die.

这首诗通过对比指出幸福和人生的无常，宣扬了佛教的无常思想。为了解释这首诗，达译本借用萨迦·班智达的话语，"Death is a certainty and one goes on along. Translator, bear in mind impermanence"（Davenport，2000：264），从而进一步阐释了"人生无常"的佛教思想。最后，通过运用祈使句呼吁译者要铭记这一思想。这种祈使句在达译本中比比皆是。

此外，达译本通过大量使用"指示"型情感动词来强化译本的说教意味，如第399首诗，

> Extending devotion to other teachers
> While the protector of beings, the Buddha, lives.
> Is like digging a brackish well near a river
> Of water with the eight good qualities.

（Davenport，2000：253）

该首诗批判了世人不知礼佛的现象。在最后附有这样的评论，"Those

who disregard the Buddha — teacher of the perfect path — and rely on bad friends are deficient in merit and karma, human beings in name only. One must strive to be genuinely human by correctly knowing what to follow and what to avoid"（Davenport，2000：255）。评论部分与诗节内容一致，通过"指示"型情感动词（must，should 之类）告诫人们正确理解信仰什么和避免什么，才能成为真正的人，由此大大增强了诗节的道德说教意味。这种"指示"型或"建议"型情态动词在达译本中随处可见。

四、结语

达译本是首个体例完整、内容全面的英译本，其独特的译本特征为藏族格言诗的翻译提供了一定的借鉴，同时译本中出现的不足也成为后来译者的参考。达文波特以自由体译诗，没有采用原诗的形式和韵律，但保留了诗歌的韵味；丰富的宗教术语和大量祈使句式的运用，添加了译本的宗教和地域色彩，强化了道德说教意味；详尽的注释妨碍了读者的流畅阅读，但在一定程度上向英语世界读者传递了藏族格言诗文化，为外域读者打开了了解西藏文化的一扇窗。总之，达译本对于推动汉藏文化在西方的传播、特别是提升中国文化软实力及其在国际上的影响力起到了一定作用。

参考文献

[1] 北塔. 间接忠实：少数民族典籍翻译的一颗硕果[J]. 燕山大学学报（哲学社会科学版），2014（1）：62—66.

[2] 黄信. 民族典籍外译比较研究——以藏族《萨迦格言》英译本为例[J]. 外国语文，2014（1）：118—122.

[3] 李正栓. 藏族格言诗翻译史略[J]. 燕山大学学报（哲学社会科学版），2013（3）：9—12.

[4] 林鸣飞. 浅谈《萨迦格言》诗与哲学的统一性[J]. 西藏研究，2007（3）：42—47.

[5]唐根金.20世纪美国诗歌大观[M].上海：上海大学出版社，2007.

[6]谢后芳.佛经故事在藏族文学作品中的演变[J].中央民族大学学报（哲学社会科学版），2007（4）：108—117.

[7]张智中.汉诗英译：诗体乎？散体乎？[J].复旦外国语言文学论丛，2013（秋季号）：94—98.

[8]朱明忠.达摩——印度文化的核心概念[J].南亚研究，2000（1）：71—76.

[9] Davenport, J. T. 2000. *Ordinary Wisdom*：*Sakya Pandita's Treasury of Good Advice*[M]. Boston：Wisdom Publications.

（本文原载《外语与外语教学》2015年第6期，作者李正栓、赵春龙，数据未做更新，内容略有改动。）

藏族文学典籍《萨迦格言》德译本特征及译介影响

一、引言

藏族格言诗是藏文学的重要组成部分，具有宝贵的思想价值、文学价值、语言学价值和史料价值，其普遍意义诚如冯至在《论歌德》中所言，"诗歌里对世界和生命的体悟既是诗人的，又是人类的"（冯至，1986：2）。藏族格言诗重要经典之一《萨迦格言》自13世纪问世以来，被翻译成十余种文字。其在海内外的四十余个译本具有深远的历史影响和强烈的现实意义。译介和研习这些藏文经典是对人类"共有文化"（common culture）资源的开发，对中华民族多元一体文化的传承和传播以及人类学、知识社会学的发展具有积极的促进作用。

国内学界对其汉、英译介研究关注较多，其他语种的译介处于研究边缘。在十几种英汉以外的译本中，德译者最多，历时最久，版本最丰富[①]。德国藏学萌芽创立期（19世纪下半叶），《萨迦格言》德语节译本陆续问世："如1860年在爱沙尼亚出版的译本（12首，作者待考）；安东·施福纳（Anton Schiefner）译本（1863—1865，33首）；乔治·胡特（Georg Huth）译本（1893—1896，19首）"（李正栓，2016：14—

[①]《萨迦格言》英文以外有13个译本，其中德译本6个已在文中提及，其他译本包括P.E.Foucaux于1858年出版的法文节译本（134首）；Louis Ligeti, Taneori Dezso于1948年出版的匈牙利文全译本；N.D.Bolsohoeva于1976年出版的俄文全译本；Josef Kolmaš, Jana Štroblorá于19世纪80年代出版的捷克文全译本；桥本光宝于1942年出版的日文节译本（19首）、白馆戒云于1994年出版的日译本（译诗数量待考）、今枝由郎于2002年出版的日文全译本。

21）。新生发展期（20世纪上叶至20世纪中叶），德国藏学界对藏族格言诗的关注有所强化，"1925年坎贝尔（William Lachlan Campbell）出版了全译本的《萨迦格言》（457首）"（Bosson，1969：77）。20世纪末至今，处于繁荣稳定期的德国藏学界开始关注萨班·贡嘎坚赞及其作品。1977年，匈牙利籍蒙古学家卡拉·捷尔吉（Grörgy Kara）用德语摘译了《萨迦格言》的九节（德国国家图书馆，2018：810236583）；2014年，艾莫·赫尔穆特（Eimer Helmut）藏语德语对照的《萨迦格言》全译本问世（德国国家图书馆，2018：1067457941）。

然而，德语译介研究尚属空白。基于此，本文以历史资料为基础，聚焦不同时代的译本特征及译介影响，试图厘清《萨迦格言》在近代德国译介的流变，由点及面地追溯藏族格言诗在中德文化交流中的译介动因及发展趋向，为德译本的深度研究奠定基础。

二、译本特征

国际译学界著名代表人物吉迪恩·托利（Gideon Toury）在论文集《翻译理论探索》（*In Search of a Theory of Translation*）中指出，不该忽视译文文本以及译入语的社会背景、文学思潮、语言环境对翻译造成的影响等问题，因而应更多关注翻译结果，而不仅仅是翻译过程。托利指出："翻译更重要的是一种受历史制约的、面向译入语的活动，而不是纯粹的语言转换"（谢天振，1997：7）。因此，分析翻译活动时应格外关注译入语一方的参数，如上文提到的社会背景、文学思潮、语言环境等。国际著名翻译理论家、美国得克萨斯大学教授安德雷·利夫威尔（Andre Lefervere）主张严格区分翻译研究领域里的译事研究和译作研究。前者的代表人物是尤金·奈达，利夫威尔强调后者。他主张研究者们去考量译作对文化的影响抑或交融的作用（罗选民，1997：92）。基于以上观点，为了厘清藏族格言诗的译介路线以及不同译本在德语世界的翻译观形成的过程中在多大程度上起过什么样的作用，很有必要探讨《萨迦格言》各个时期德译本的特征。本节从翻译历程、翻译目的、传播路径、翻译现象四个维度探讨藏族格言诗德译本的特征，以期总结哪些因素在多大程度上影响翻译结果。

（一）翻译历程

德国文学界对藏文学的译介始于18世纪初，至今已有二百年。就目前《萨迦格言》的六个译本来看，德国是萨迦班智达作品译介的重要国家之一。译本的翻译历程涉及藏族格言诗翻译的发轫如何，发展怎样及与时代背景的联系情况。伊塔马尔·艾文·左哈尔（Itamar Even-Zohar）的"多元文化理论"提出许多发人深思的问题，其中有些问题对探讨译本的翻译历程颇具启发意义，如某些文化被广泛翻译的原因，广为翻译的文学作品的类型，作品在源语体系中的地位与译作在译入语体系中的地位的差别，特定背景下翻译的惯例，译者在翻译活动中对原作品的定位及其在译入语体系的形象表达（Even-Zolar, 1979: 287—305）。笔者认为某种文化在其他国竞相传译大抵有以下几种情形：该文化具有无穷魅力，在世界范围内广泛流传，吸引其他国争相译介；该文化在其他国别处于陌生化的边缘地位，出于了解和推介的必要而翻译；第三种是译入语体系中社会科学发展的某一特殊时期在特定文学思潮的推动下需要大量译入某种文化。藏族格言诗在德国的翻译历程显然属于后两种情况。随着德国藏学的兴起，藏文学的翻译开始起步并不断发展。19纪下半叶涌现出的三个节译本正是藏文学在德国尚处于边缘地位的背景下产生的。随着德国藏学进入稳定发展期及中德交流的不断深入，高质量的全译本陆续问世，最成功的译者当属坎贝尔和赫尔穆特。就藏族格言诗德译传统而言，在近两个世纪的不同阶段曾经表现出不同的形态，而从其历史路径来看，则是与德国藏学的发展相得益彰，是一个在继承前人的基础上不断发展、扬弃和丰富的过程，从执着于藏民族特色到对教人向善精神的自觉弘扬，均经历了艰难的解读与训诂、融合与超越的过程，而且随着中国对藏文化传承、保护及对外宣传交流的不断深入，这一过程今天仍在不断发展之中。

（二）翻译目的

造成译本差异的因素很多，如文献材料的多寡、对原文的理解、藏学修养的不同和译入语语言的修养，但最根本的原因是翻译目的不同而形成不同的翻译观并选择了不同的翻译策略。翻译在跨文化交流活动中发挥何种作用，与翻译目的密切相关。回首东方与西方文化交流的历程，译者们所坚持的翻译标准和践行的翻译方法，随着翻译目的的不同而不断转变。具体某一文化或某部文学作品的翻译目的是复杂且多元的，但总体上看，如德国文学巨匠歌德所言，可以把翻译目的归为三类："第一类是了解外部世界；第二类是吸收异域文化营养；第三类目的是使原文与译文相互代替"（Berman，1984：95—96）。诚然，前两种翻译普遍存在，第三种翻译当指符合"信达雅"标准的好译本。翻译作为文化交流的中介，势必会受到国际大势比如政治和外交等因素的影响和制约。有些文学作品的翻译，并非完全由于其独一无二的文学价值，而在于它们能服务于译入国政治和社会的现实需要。

德国藏学界翻译藏族格言诗的目的大致可分为三类。第一类，早期传教士传教需要了解外部世界和异域文化，其中就包括藏族文化，施福讷的翻译即基于这一目的；第二类，许多学者在印度学研究和蒙古学研究中接触到藏族文化，被其独特的文化魅力所吸引，尝试译介部分藏文学经典，胡特、坎贝尔和卡拉的翻译目的当属此类；第三类现代藏学家如赫尔穆特从事宗教研究，为介绍藏传佛教，挖掘其教育价值，发挥其劝世和救赎的作用而翻译格言诗。对于德国早期的传教士和后期的藏学家而言，研读藏文学经典毫无疑问地成为他们在藏学研究上有所突破的必由之路。

（三）传播路径

一部译作的优劣通常取决于两个方面，一是译作所采用的原著版本，二是译者所秉承的翻译标准。后者是译本质量及可靠性的技术保障，而前者是先决条件。因而评价格言诗德译概况，必须考察译本的来源及其传播路径问题。就《萨迦格言》而言，不同译本依附于原著的途径有以下三种：第一种是从欧洲译本（英译本或法译本）转译，如18世纪60年代的施福讷节译本；第二种是从蒙文转译，如19世纪70年代的卡拉节译本；第三种是从藏文直接译为德文，如21世纪的赫尔穆特全译本。由于蒙古与西藏深厚的文化渊源，后两种途径可靠性较高。尽管英译本翻译质量较高，但转译者对原作思想内涵和语言风格的把握势必会受到英译本的限制和影响。当然不可否认转译者从事译事的艰难及早期转译本向德国读者介绍藏族格言诗过程中的开创性贡献。

在商业社会，出版社肩负着传承人类文明和传播优秀文化的使命，同时，还要追求商业利益的最大化。决定是否出版某部翻译作品，出版社会重点考量作品是否会畅销，因此会要求译作符合德国读者的品位和阅读习惯。卡拉摘译的《萨迦格言》部分章节收录在他的著作《瑜伽大师萨迦班智达和文殊菩萨之"更深的路"》，在德国柏林 Akademie Verlag 出版社发行。Akademie Verlag 于1946年在德国东柏林成立，隶属于德国柏林科学院。20世纪90年代以来，该公司主要出版哲学、政治学、文化学、文学及艺术史等社会科学类的丛书和杂志，在欧洲出版界声誉良好。卡拉译本于1977年在该公司出版，主要在东欧传播。2014年赫尔穆特编译的德语——藏语双语对照版《萨迦格言》在维也纳大学藏学与佛学所出版（Institute for Tibetology and Buddhist Studies）。该研究所隶属于德语区最古老的大学——维也纳大学，从印度和佛教研究的基础上发展而来，集教学、研究和出版于一身，定期出版和发行有关藏学和佛学研究的学术丛书，赫尔穆特的格言诗译本即是其中之一。该社的出版标准严格，学术性强，在欧洲藏学界颇有影响力，便于格言诗译本的传播。

（四）翻译现象

吉迪恩·托利还指出，不可简单或武断地用（聚焦于源语的）"等值"和（聚焦于目的语的）"接受"这两个极端标准去评判译作，翻译的质量与译者所践行的翻译标准相关，而翻译标准又取决于特定文学和特定文本的不同特点。托利把翻译标准分为三类：第一类，基本标准，涉及对原文版本的选择和对译本语言风格的选择；第二类，意图标准，即译者对"等值"和"接受"的选择；第三类，操作标准，指译者在翻译实践中对具体翻译策略的选择（罗选民，1997：92）。托利的"翻译标准"切中肯綮，对于我们研究译作的翻译现象有很大的参考价值。

1. 节译和全译

产生于西藏文化土壤的格言诗，经译者们巧妙移植，在德国获得新生。但是早期译本东鳞西爪，完整性不足。原作457首，经施福讷、胡特删减压缩、择要撮译，仅得二三十首。译作给人的印象是虎头蛇尾，才进入品读状态，便匆匆终结。造成译本内容不全的原因很多，比如出版物的主题倾向、译者的目的选择及出版社对成书篇幅的限制等。译者首先要考虑西方读者的阅读品味。西方人喜好情节突出、短小精悍的文学作品，不喜面面俱到和恢宏铺陈，而《萨迦格言》洋洋洒洒九章457首，展现了广阔的西藏地域及人文社会的方方面面，节译对迎合西方读者的审美情趣很有必要。其次，译者对原作主题思想和艺术价值的理解及当时的社会道德观念亦影响其对翻译内容的取舍。早期译者生活在19世纪的资本主义社会，大部分人笃信基督教，因此他选择摘译格言诗中有代表性的教人向善及独具藏族文化特色的内容，尽量回避宣传封建思想和佛教思想的内容。

由于萨班·贡嘎坚赞（亦称萨迦班智达）是萨迦派高僧，所以他的作品多被视为藏传佛教的经典。"宗教是人类历史见证的最为强大的意识形态力量"（Eagleton，2000：68）。宗教在西方社会的重要地位势必影响宗教经典的翻译策略。在西方，传教士译经的宗旨是把"上帝之语"译为目的语（方开瑞，2010：21）。然而，德国人对藏传佛教的态度显然无法与基督教相比，因而他们对藏族格言诗采取实用主义的态度，将之作为劝勉、醒世和教化的辅助工具。这种观念使早期的节译本追求语言简练但寓意丰富的效果。此外由于印刷条件、无原版全文等客观因素的制约，使得早期的译者不得不选择高度简化的翻译，然而简译本多不被后世广泛接受。

2. 转译和直译

研读原作品，理解作者的真实意图是翻译藏族格言诗的前提。译诗难点主要在于对诗的理解，正所谓"诗无达诂"。有些诗的真意、侧重点、双关含义、隐喻、典故等，考证至今，未能定论。早期的藏族格言诗翻译普遍经历了从英文、法文甚至蒙文译本转译的翻译过程。依照通见，翻译过程越多，作品离原文距离越远。就翻译质量而言，缺少对出发语藏语的准确把握，反映在译作中的问题就是难免与原著有出入，造成信息流失。虽然坎贝尔深谙藏文，其译本仍被薄森评价为"经常出现逻辑错误"（Bosson，1969：37）。这一点可以理解，因为坎贝尔是个地地道道的第三方译者：他生在苏格兰，英语是其母语，藏语和德语对他而言都是外语，无论理解藏语还是用德语表达都会有局限性。现代的翻译水平远远超过19世纪60年代即施福讷时代的翻译水平。那时藏德辞典等必要的工具书鲜有问世，且词汇质和量的水平都较低，藏德两种语言文化的接触还较罕见。到了20世纪，尤其中华人民共和国成立以后，中德交往增多，每一次接触都增加了藏德翻译的可行性。随着德国藏学的稳定发展，不断削弱藏德文化背景的差异，翻译障碍自然就减少了。正是在这种背景下，赫尔穆特在综合参考多种译本的基础上翻译了《萨迦格言》，其翻译质量能超越前人。

3. 意译和直译

以《萨迦格言》为代表的藏族格言以自然、生动、朴实的笔触描写世间万物、沧桑人生和佛教智慧，在写法上采用四行一段的民歌体，两句为喻，两句指实。格言诗是以语言为媒介的艺术，采用了各种基本的语言技巧——意象、声音模式、结构与思想。这是作者表达其匠心的手段。揭示与再现这些艺术技巧是学习者、评论者和译者的基本任务，更是译者将其译为文学作品必须要洞悉的要素，是在翻译中表现其艺术魅力的前提。翻译这些文哲相融、形质俱佳的藏族文学著作的难度可想而知。本着大胆假设、小心求证的科研精神，基于以上有关翻译背景、译者身份及翻译目的的探讨，可以想见不同的译者都深知重现藏族格言诗的艰难而自觉选择适切的翻译策略，因而意译和直译交叠出现于不同译本。

出于介绍藏族文化和普及藏文学的目的，坎贝尔的重心在于读者的接受，因此为了降低难度，扫清接受者的阅读障碍，提高易读性，他大胆取舍，通过意译化晦涩难懂为明白晓畅，同时也承担着原作可能伤筋动骨的风险。坎贝尔作为第三方译者，藏语和德语都不是他的母语，其理解与表达存在一些问题，在所难免。作为严谨的学者和造诣深厚的专家，赫尔穆特浸淫在欧洲颇为完整的翻译理论氛围中，他寄希望译出贴近原作的译品，为其毕生从事的藏传佛教研究事业增加说服力。为了保持原作独特的西藏风貌和深邃的感召力，他通过直译，试图在"等值"和"等效"上下工夫。有关直译还是意译的选择在译界的争论一直未平息。其实，两者不可分割，在翻译实践中，既无纯粹的直译，也无纯粹的意译，能直译而达意的情况下选择直译，直译不能表达原作之意时则意译。但无论直译还是意译都不能背叛原文要旨。藏族格言诗中具有跨文化普遍性的形象，选择直译而不会造成寓意的丢失；然而更多的情况是，诸多形象具有浓郁的藏民族文化特色，译者不得不苦思寻觅两种文化中相似相通的形象，力求不悖原文。笔者认为，坎贝尔的意译并非无原则的刀砍斧削，赫尔穆特的直译也并非僵化的生搬硬套，当原作中的形象既有差异又难以更换时他们都不约而同地尝试添加修饰、注释或补充。两译者相距近百年，在满足了不同层次、不同品位、不同需求的读者的同时，这两部横跨近一个世纪的译作与译界争论不休的"意译"和"直译"暗暗相契，遥相呼应。

藏族格言诗作者以独特的叙述方法和匠心独运的素材编排，洞察大千世界，参悟人生苦厄。翻译中的许多微小的处理和安排都有"失之毫厘谬以千里"的危险。翻译这种文本应以最小的变动求得最大的"等值"和"等效"。当然，这些译作与原作不可能完全对等，但作为独立于原作之外的文本形式和文化身份，其本身所具有的价值亦毋庸置疑。《萨迦格言》这样的藏族格言诗经典衍生出多种风格迥异的译本恰恰昭示了近两百年来德国译坛富于创新和尝试精神的发展历程，殊为幸事。

三、译介影响

藏族格言诗德语译介属于人类文化发展史之一脉，始于稚嫩的萌芽，经过漫长的生长历程之后，逐渐成长为参天大树。现代翻译学界日益重视搜集和探寻译者发表的与其译作相关的序言、附言等副文本，以期发现某一特定时期的翻译活动对译入语国家的语言文字及文学文体的影响，这标志着译者不仅仅是拘泥于原作的精通翻译技巧的匠人，更是具有独立人格和创作自由的开拓者。后人对前人的尝试和探索不可求全责备，重新梳理

《萨迦格言》在德国的译介轨迹，我们可以肯定地说：施福讷、胡特、坎贝尔、卡拉、赫尔穆特等都是杰出的翻译家，他们的译作是藏族格言诗翻译史上的里程碑，具有深远的社会影响。

（一）反映藏族文学文化在国外颇受欢迎

为客观全面地评价藏族格言诗德译本的社会影响，有必要回顾《萨迦格言》在德国及欧洲其他国家被译介的历史，做一些纵向和横向的比较。《萨迦格言》在欧洲的翻译可以追溯到1833年译完、1855年出版的乔玛的英译本，该译本首次翻译了457首中的234首。同时代的福克斯于1859年从乔玛英译本转译134首。1863年，安东·施福讷的德译本问世，仅选译了33首。1926年，坎贝尔的德译本（藏译德）是欧洲最早的全译本，比薄森的完整英译（藏译英和蒙译英）本早了近半个世纪，比达文波特的英译本（藏译英）和今之由郎的日译本（英译日，参考藏语本）早了近七十年。此外，不同时期的译者们对原著作了不同程度的评介，使读者了解了格言诗的作者、创作背景、主旨思想及艺术手法。这对于西方读者深入了解和认识藏族文学及其反映出来的社会文化大有裨益。从上述译作和译事的简单回顾和比较，我们可以清晰地看到藏族格言诗的翻译规模、翻译质量、文本体例、出版方式等方方面面不断提升，这也是藏文化逐步被世界了解和接受的缩影，尤其自中华人民共和国成立以后，党和国家非常重视藏文化的保护和传承，使得对外交流日益充分，增进了民族间的了解，增加了翻译的可能性。

（二）体现中国与世界的文化交融和文明互鉴

翻译在中外文化交流的过程中发挥着桥梁和纽带的作用。一方面德国读者通过译作了解中国文学和中国社会，另一方面译作对于德国文化吸收异域文化起到重要作用。藏族格言诗作为藏族文学经典本身具有教化醒世的功能，能够给异国文化提供新的养分。品读这些优美的诗篇，异国读者在藏族古老文明的馨香中体会人类共通的精神家园和共同的诗心。正是由于翻译对民族文学间的相互交融起着重要作用，译者对另一民族文学作品的翻译不能仅仅局限于两种语言的转化，而应拓宽到探索民族间相同或相异现象之中的深层意蕴和对另一文化现实图景的理解和阐释。译介研究因此具有了文学研究的性质，中国藏族格言诗的世界意义也更为彰显了。

（三）彰显世界多元文化的繁荣共生

中西文化的相似性，所谓"同心同理"，构成了翻译成为可能的哲学基础。文化差异使得翻译成为必要，同时也是翻译的难点所在。译者对待异域文化的态度不同，是包容和欣赏抑或是鄙视和排斥，直接影响着他的翻译实践。译者的多元文化观正日益成为译界的理性诉求。比较文学专家顾力教授指出："文化的进化性、传播性、协同性等使文化永远处于动态之中"（顾力，1999：142）。梳理格言诗在德国的译介轨迹，本质上就是对世界文化相互作用的历史的研究，彰显世界文化可以共融共生。藏族格言诗的译介促进了各国各民族文化的相互理解和共存、共荣，体现了世界的多元，这对于促进世界文化间的平等交流和构建共有精神家园具有积极意义。

（四）助力中国文学的国际传播和向世界文学的生成

译者在民族间文化交流中承担着中介的作用。由于纷繁复杂的主客观因素，他们对于原作的理解难免存在错讹的部分，并把这种"错讹"在译入语世界传播。正是基于这样一种文化自觉精神，我们重现文化交流的历史轨迹，以期厘清藏族格言诗译介路线，为进一步推进藏文化传播提供镜鉴，这正是我们构建格言诗翻译史的初衷所在。每个个体都属于一定的时代，很难摆脱因袭的传统观点。我们置身的文化和意识气氛，总会使我们趋同于某些艺术传统，而难以发掘具体作品独特的艺术魅力。因而，在新时代，我们把自己的视野拓展得越宽阔，我们就会从藏族格言诗中获取更大的教益和乐趣。我们必须以达观的态度挖掘我们的研究潜力。另外，我们也不盲从"后现代"的观点，为了标新立异，千方百计翻新理论，如康奈尔大学教授（Jonathan Culler）在《为"过度诠释"一辩》中所说："正如大多数智识活动一样，诠释只有走向极端才有趣"（艾柯等，1997：

135)。我们认为,这种把阐释视为"智识活动"的视角难以探索艺术的真实。

人类的经验具有互通性和延续性,今人的思维从某种程度上会受到前人经验的影响。具有近二百年历史的藏族格言诗德译对当代的藏文化传播有以下三个方面的借鉴意义。第一,德译本删繁就简的限度。德译藏族格言诗与时代愈早文字愈简的翻译通例相符。初期节译本的出现受制于多种主、客观因素,如早期的德译者有让国人了解和接受来自中国雪域高原的格言诗的主观意愿。第二,原作基本价值传递的情况。翻译最起码的标准是"信",即客观传递思想意义。随着藏学研究在德国的深入,人们不再满足于简译、摘译、节译,而要求了解原汁原味的语言风貌和艺术形式。从译介轨迹来看,这个过程仅靠个人很难完成,需要制度保障和团队力量。比如通过大量推介藏文学作品,让读者深入了解格言诗,使之具备必要的鉴赏水平,进而倒推译者萌发审慎传递的意识;通过交流学习提高译者的藏学素养和语言能力;通过团队的力量从事翻译活动,倡导与母语是藏语的学者合译;最好从原著直接翻译,拒绝转译等。虽然"诗无达诂",但不等于说不可捉摸,研究者们总可以以作品本身为依据,探索其犹如钻石般熠熠生辉的魅力。要做到这一点,直接进入作品原文是最佳途径。中德学者、译家合作翻译是最佳的选择,因为藏族学者有着得天独厚的文化心理背景,与几百年前的藏族格言诗作者有着一种天然的思想和感情上的渊源关系,他们的理解和阐释无疑会更贴近作者的原意。第三,读者因素,即根据不同的目标读者采取不同的翻译策略。译者必须考虑西方读者笃信基督教的态度,早期传教人员翻译藏族格言诗,更注重其世俗性和人文性;面向普通读者宜用口语化、形象化的语言;面对藏学研究者应注意保持其藏文化特色。

四、结语

藏文学在德国的译介发轫于早期传教士传教的需要,早期译介者们对格言诗鲜有关注,随着藏学在德国的兴起,出于了解藏文化和宗教研究的需要，日趋完善的格言诗译本陆续问世，反映了德国译者对文学帮助人们了解一个民族的重要性的认知。德国译者对藏族格言诗的态度以致用为上，即发挥其醒世和劝勉的作用，强调文学潜移默化地促进民心向上向善的功能与作用，即促进民心相通。当然，宗教在译入语国家的地位影响宗教经典的翻译。《萨迦格言》是文学化的宗教经典，也是宗教哲理和社会治理思想的文学化，对《萨迦格言》的译介与接受反映了基督教社会对藏传佛教的接受。由于语言障碍及文化差异，格言诗的译介难免存在一些错讹，可以理解，更应当纠偏，但态度要宽容，不可苛求与责难。我们认为，随着中德交流的不断深入，新时代召唤中德学者、译家的合璧之作。这对《萨迦格言》其他语种的译介，具有普遍的指导意义。虽然有些译作年代久远，相关文献匮乏难觅，但古今对比，钩沉梳乱，不难发现，藏族格言诗在德国译介的流变，不仅体现了中华文化与世界文化的交融互鉴，印证了党和国家民族政策的优越性，也为德译本的深度研究和中国文学的国际传播提供了参考。中央第七次全国西藏工作座谈会（2020）的召开为我们今后藏歌格言诗译介与研究指明了新的方向。我们坚信，中华灿烂文明之一的藏族优秀文学作品对外译介与传播前途将更加光明。

参考文献

[1]艾珂等.诠释与过度诠释[M].上海：三联书店，1997.

[2]德国国家图书馆：图书馆藏书目录[EB/OL].（2018-1-18）.http：//d-nb.info/810236583/；1067457941.

[3]方开瑞.宗教典籍汉译对于小说的借镜作用[J].中国翻译，2010（1）：21—26+95.

[4]冯至.歌德的《西东合集》[M].上海：上海文艺出版社，1986.

[5]顾力.聆听东方的声音——孟昭毅的《东方文化文学因缘》评议[J].中国比较文学，1999（1）：141—144.

[6]李正栓.《萨迦格言》英译简史及英译特色研究[J].民族翻译，2016（4）：14—21.

[7]罗选民.多元文化语境中的文学翻译：现状与前瞻——访安德

雷.利夫威尔教授[J]. 中国比较文学, 1997（1）: 91 — 104.

[8]谢天振. 启迪与冲击——论翻译研究的最新进展与比较文学的学科困惑[J]. 中国比较文学, 1997（1）.

[9] Berman. Antoine, *L'epreuve de l'etranger—Culture et traduction dans l'Allemmagne romantique*[M]. Gallimard, 1984.

[10] Bosson, J. E. *A Treasury of Aphoristic Jewels: The Subhasitaratnanidhi of SaSkya Pandita in Tibetan and Mongolian*[M]. Bloomington: Indiana University Press, 1969.

[11] Eagleton, Terry. *The Idea of Culture*[M]. Malden: Vlackwell Publishing, 2000.

[12] Itamer Even-Zohar. Polysystem Theory[J]. *Poetics Today*, 1979（1）.

（本文原载《外语学刊》2021年第4期，作者王磊、李正栓，数据未做更新，内容略有改动。）

第四部分 藏族格言诗翻译原则与策略研究

目的论视阈下的《萨迦格言》英译研究

一、引言

藏族格言诗被誉为藏族文化的瑰宝,智慧的宝库。"其内容涉及藏族社会的哲学思潮、道德规范、社会风情、时代特点、施政方针、待人接物、文化传统等,是藏族社会的一个缩影,也是藏族文化宝库中的珍贵遗产之一,更是藏族文学园地里的一支奇花异葩"(李正栓,2013:13)。萨班·贡嘎坚赞的《萨迦格言》是格言诗中最为著名的作品之一,创作于13世纪上半叶,共九章,456首,它引导读者明辨是非,惩恶扬善,区分智愚,在人们的日常生活中发挥着积极的作用。《萨迦格言》流传甚广,被翻译成不同的语种。目前,国外和国内已有四个《萨迦格言》英译版本,国外曾出版过三个英译本,分别由薄森(1969)、塔库尔(1977)和达文波特(2000)所译;在国内只有长春出版社出版的李正栓英译本。至于为什么会出现不同的译本,翻译目的论认为,翻译是一种复杂的实践活动,涉及原作者、译者、委托者、译文的读者等多个主体,这使得翻译活动受到各种主观或客观因素的制约,翻译是一种有目的、有意图的行为,不同的目的决定了不同的翻译策略,不同的翻译策略又导致不同的翻译结果。本文拟对达文波特和李正栓的英译本进行对比分析,以期找出《萨迦格言》英译的趋势和特点,以此为基础丰富藏族文学的翻译理论及翻译理论体系。

二、目的论理论阐述

德国功能翻译理论认为,任何翻译都是有目的的行为,在整个翻译过程中,翻译目的决定着翻译行为,包括对翻译方法和策略的选择。它突破了传统的翻译"等值观",强调译文应通过分析原文并以预期功能为目的,选择最佳的翻译方法。1971年,德国学者凯瑟琳娜·赖斯(Katharina Reiss, 1923—?)在《翻译批评的可能性与限制》一书中提出了翻译批评的一个新视角,即从原文和译文的功能关系来评价译文,这形成了功能派理论的雏形。1984年,赖斯的学生汉斯·弗米尔(Hans J. Vermeer, 1930—2010)在《普通翻译理论基础》一书中阐述了目的论的基本原则,他认为,任何翻译行为及翻译本身都是一种有目的的人类行为,因此任何翻译行为都是由翻译目的决定的,译者的目的决定了翻译方法及策略,"每个文本由既定目的产生,又必须为此目的服务"(Vermeer, 1989: 20)。目的性原则要求译者在整个翻译过程中的参照系不应是对等翻译理论所强调的原文和功能,而应是译文在译语文化环境中所要达到的一种或几种交际功能,即应以实现译文在译语文化中的预期功能为首要原则(陈小慰,2000:10)。在弗米尔的目的论理论中,决定翻译目的的最重要因素是受众,即译文预期的接受者,因此翻译就意味着要"在目标背景中为目标语境内的目标目的和目标接受者制作一种文本"(范祥涛、刘全福,2005:26)。这说明源语文本并非处于权威的中心地位,为了实现其预期功能,译者可以选择某些信息并采用特定的翻译策略。翻译目的论理论扩大了可译的范围,增加了翻译策略的多样性,对文学翻译具有很强的指导意义。

三、《萨迦格言》两种英译本比较

(一) 翻译目的和预期读者

汉斯·弗米尔指出:翻译是在"译文情景中为某一目的及目的受众而

产生的语篇"（Vermeer, 1987: 29）。因此，在比较达文波特译本和李正栓的译本时，必须从翻译目的出发，对他们各自的翻译目的和译文的预期接受者进行比较分析。

达文波特是一名美国人，他有两位合译者，一位是 Sallie Davenport，另一位是洛桑·松顿（Losang Thonden）。洛桑·松顿是藏文作品图书馆和档案馆的常驻学者，他的藏文和英文水平都很不错，在翻译过程中，他用英文向达文波特解释原文，而正是由于达文波特更重视他对原文的解释而不是翻译，才使达文波特译本与后来在中国出现的汉语译文出现了很大的差别。但是靠口头转述而成的"译文"是不可靠的。

达文波特英译本的书名为 ORDINARY WISDOM——Sakya Pandita's Treasury of Good Advice（《普通智慧——萨迦班智达劝善文库》），出版社为 WISDOM PUBLICATIONS · BOSTON（波士顿智慧出版社），该出版社是非营利性出版机构，主要致力于传播佛学作品来使世人受益。根据功能翻译理论，在实际确定翻译目的的过程中，发挥作用的常常是发起人或其代理，有时甚至还可能是译者本人（Nord, 2001: 30—31）。达文波特译本的发起者为波士顿智慧出版社，这决定了其译文的交际目的为：让西方读者学习、了解藏族文化。达文波特在译者前言中提到，"这本书应该会吸引一些想要学习西藏文化的普通人，而这些人还没准备好去阅读书架上那些可供选择的更加复杂的材料"（Davenport, 2000: 13）。由此看出，达文波特译本的读者对象为想要了解藏族文学作品的英语读者，同时为想要学习西藏文化的人提供了入门材料。因此，这本书的内容很详尽，简介部分长达17页，详细地介绍了萨迦班智达的生平和作品等，同时在达文波特译本中，译者的主体性较强，除了对萨迦格言诗的翻译外，还对每一句诗作了详细的评论。另外，在书的末尾，译者还编入了注释、术语表、参考文献、主题索引，这对藏族文化的学习者来说无疑是大有裨益的。

李正栓虽然不是藏族人，但他早就发现了藏族格言诗的价值。李正栓的《藏族格言诗英译》经历了这样一个过程：藏语—汉语—英语，由于既懂民族语言又懂外语的人很少，这个过程在民族典籍英译过程中是不可避免的。在这个过程中,汉语就成了一个"过滤器",每一次过滤会漏掉一些好的东西,但译者也会进行补偿,以达到原文和译文的相对平衡状态(李正栓,2013:6)。李正栓意识到了这一点,因此他在翻译过程中尽最大可能地在内容和形式上贴近汉语译本,以免造成损失。李正栓对汉语译本的选择也是经过深思熟虑的,他选择了多人认可的、比较忠实于藏文原文的次旦多吉等人的译本。

李正栓的《藏族格言诗英译》于2013年由长春出版社出版,其中收录了萨迦格言、格丹格言、水的格言和树的格言。他在前言中这样说道:"藏族格言诗的翻译对我们传承和发扬伟大的民族文化遗产,构建中华民族共有精神家园,进一步沟通各民族与藏族人民和世界人民的思想感情,促进不同文明之间的沟通、对话、理解、尊重和合作,从而消除语言隔阂,增强民族团结等方面所起的作用具有深刻的历史意义和现实意义"(李正栓,2013:19)。由此看出,李正栓译本的目的是:传承和发扬中国传统文化遗产,加强文化之间的沟通、理解、尊重和合作。在这一点上,翻译的发起者和译者之间是一致的。在序言中有这样一段话:"那些对于东方、佛教、诗歌和诗学以及哲学和生存感兴趣的人将会在本书中找到巨大的价值和吸引力"(李正栓,2013:12)。可见,李正栓译本的预期读者为对东方文化和藏族格言诗感兴趣的国内外读者。本书在编排上相对简单,并没有对藏文原文作者的生平作过多的介绍,而是用简洁的文字对《萨迦格言》及其汉译和英译情况进行了介绍,并分析了国内民族典籍英译的现状,希望更多的学者致力于民族典籍外译,从而实现传播民族文化的目标。

(二)不同翻译目的影响下的不同翻译策略

根据翻译目的论,由于翻译目的不同,达文波特和李正栓在翻译策略上的选择自然会有所差异,以下从句法、词语、原文文化现象的翻译和整体风格这四个方面来探讨不同的翻译目的对翻译策略的影响。

1. 句法的翻译

在句法的翻译上,两个译本在句子结构、长度和整体形式等方面都有很大的差异。达文波特译本句式复杂多变，没有规律，比较而言，李正栓译本更注重保留原文的形式，多采用整齐对称的平行结构。如第13节：

学者无论处于什么困境，

也不会去走庸人的道路；

燕子无论渴到什么程度，

也不会去喝地上的脏水。（李正栓，2013：5）

达译本：

Howsoever the wise become destitute,

They do not take the path of fools.

Even if thirsty, birds who crave for rain

Will not drink water fallen to the ground.

李译本：

Whatever difficulties a scholar faces,

He will not take the fools' road.

However thirsty a swallow feels,

It will not drink dirty water on the ground.

比较第91节的翻译：

在坏人聚集的地方，

贤者得不到尊敬；

在毒蛇盘踞的洞穴，

松明也放不出光芒。（李正栓，2013：25）

达译本：

How can those with special qualities

Be respected in a group of bad people?

Even lamplight does not shine forth

In places where poisonous snakes live.

李译本：

In places where bad people flock,

The sage cannot gain esteem and respect;

In caves where poisonous snakes lurk,

The pine torch cannot glow and gleam.

达文波特译本和李正栓译本之所以会出现这些不同，其原因和他们的翻译目的紧密相连。达文波特翻译藏族格言诗的目的是让西方读者有机会接触到中国文化，因此他采取了"归化"的翻译策略，传达了原文的内容，在形式上却做了很大的改动。李正栓作为一名民族典籍译者，旨在传播藏族文化，保持民族文化的丰富性和多样性，他采取了"异化"的翻译策略，在内容和形式上都贴近源语，力图使中国文化以其本来的面目走向世界。

2. 词语的翻译

在词语的翻译上，达文波特译本和李正栓译本也有很大的差别。如在第1节诗中：

学者要掌握知识宝库，

必须汇集珍贵的格言；（李正栓，2013：2）

达译本：

The wise who nourish a treasury of good qualities

Gather to themselves precious good advice.

李译本：

If a scholar wants to master knowledge,

He must collect all precious maxims.

在用词上，有几个词语的翻译出现了较大的不同，达文波特译本将"知识"译为"good qualities"，李正栓译本则译为"knowledge"。达文波特认为，印度——西藏佛教文化中的"知识"不仅仅是指学习某个特定的学科，而是通过学习和思考逐渐熟悉知识并使其内化，从而逐渐获得"好的品质"，如慷慨、耐心等。可见，一方面由于洛桑·松顿这位藏族文法专家的帮助，另一方面达文波特更重视佛教教义和文化传达，因此他在用词上更注重挖掘佛教文化背景下一些词汇的内涵意义。李正栓不是藏族人，也没有藏族文法家的帮助，所以只能以汉语译本作为参考，在个别词语上的一般化处理不仅不会影响其对藏族哲理智慧的传播，而且有利于读者的接受。对于本书核心词"格言"的翻译，两个译本也有所不同，达文波特译本将其译为"good advice"（劝善），李正栓译本则用了"maxim"。达文波特把"格言"译为"good advice"，在词义和表达效果上都不太准确，因为格言并不仅仅指劝人行善，而且这个词组不如单词简洁明了。李正栓译本运用了"maxim"这个词，既简洁准确，又能如实传达出原文的意思，达到传播藏族文化的目的。

另外，在词语的选择方面，达文波特译本运用了很多大词和复杂的词汇，李正栓译本用词则简单易懂，如第50节中，"兽王狮子再饥饿，也绝不吃肮脏食物"，达文波特译本将"吃"译为"consume"，李正栓译本则直接译为"eat"；第105节中，"卑劣的人总是嘲弄贤者，高尚的人却从不如此；"对于"嘲弄"一词，达文波特译本将其译为"disparage"，李正栓译本运用了一个简单的词组"make fun of"。

译者的翻译目的决定了其在词语选用上的不同，达文波特及波士顿智慧出版社将该书定位为佛学著作，重视该书中的佛学意味，因此达文波特译本选用很多"大词"，以此来凸显佛教书目的庄重和深奥。李正栓把注意力放在藏族格言诗中所蕴含的深刻哲理和处世态度上，旨在通过该书的翻译把藏族文化的深邃智慧展现给更多的中西方读者，因此他尽可能把深邃的智慧哲理用简单易懂的词汇阐释出来，从而有助于读者的理解。

3. 原文文化现象的翻译

在《萨迦格言》中，出现了很多汉语文化、藏族文化或佛教文化中所特有的文化现象或专有名词，在翻译这些词语时，有时需要变通处理或泛化或加注解释。不同的翻译目的决定不同的翻译手段，在处理这些特有的文化现象时，达文波特译本和李正栓译本采取了不同的翻译方法。下面试举几例进行分析：

例一

宝贝供在经幢上，

自然会造福迎祥。（李正栓，2013：10）

达文波特译本将"经幢"译为"the victory banner's tip"，李正栓译本将其译为"the sutra pagoda"。幢，原指中国古代仪仗中的旌幡，佛教传入后，起先将佛经或佛像书写在丝织的幢幡上，后来为保持经久不毁而刻在石柱上，因刻的主要是《陀罗尼经》，因此称为经幢。达文波特仍然采用其古意并运用归化的语言，将"经幢"译为"the victory banner"，让译入语读者联想到"古代胜利的旌幡"，从而有助于读者的理解。李正栓译本运用"the sutra pagoda"，"sutra"指"佛经、经典"，"pagoda"指"宝塔"，"the sutra pagoda"意为现代的经幢建筑，李正栓采用直译的方法，如实地向西方读者再现了藏族佛教中的文化要素。

例二

神仙发怒时也会护佑众生，

阎王高兴时也会索人性命。（李正栓，2013：32）

"神仙"和"阎王"是中国文化中的特有词汇，前者指神话中能力非凡、长生不老的人物，后者指民间传说中的阴间主宰，掌管着人的生死和轮回。达文波特译本将"神仙"译为"the gods"，指西方文化中的神，将"阎王"译为"the Lord of Death"，意为死神，其显然采用了归化的翻译策略，考虑到译入语读者的文化背景而抹杀了源语文化的差异。李正栓译本将"神仙"译为"immortals"，指神话中长生不老的人，忠实地传达了源语的文化内涵；在翻译"阎王"一词时，李正栓译本采用了归化、异化相结合的翻译策略，将其译为"the king of hell"，一方面传达了原文的意思，指"阴间的主宰"，另一方面运用了"hell"这一词，和西方文化中的"地狱"联系到一起，从而使读者理解原文的含义。

在处理藏族格言诗中涉及的佛教专有名词和文化现象时，两译本也采取了不同的方法。达文波特译本注重传播佛学和该书中的佛教意味，因此采用了很多佛教术语，对印度神话人物的处理也较为详细，翻译时运用了很多古印度语；李正栓译本重视的不是该书的佛学内容，而把焦点放在格言诗蕴含的丰富智慧和处世哲学上，因此在翻译这些宗教文化中的人物时采取了变通处理，避开了那些晦涩的专业词汇，而采取音译或泛化，使读者阅读起来更加容易。如达文波特译本将"大鹏"（4节）译为"garuda"，指印度神话中鹰头人身的金翅鸟，李正栓译本译为"roc"，意为巨鸟、大鹏；达文波特译本将"月神"（241节）译为"Siva"，该词为梵语，指的是印度教中三大主神之一，李正栓译本译为"Luna"，指月亮女神。

4. 整体风格的选择

由于达文波特译本和李正栓译本在句法和词语的翻译上采取了不同的方法，两个译本在整体风格上出现了较大的不同。从整体风格来看，达文波特译本中的段式五花八门，句式复杂多变，词汇生僻难懂，这使译文读起来有一定的难度，并且丧失了源语文本的对称结构，如：

恶人侥幸得来的享受，

还以为是自己努力所得；

老狗舔食自己颚的鲜血，

还以为在饱尝骨头的美味。（李正栓，2013：44）

Conceited people think the benefits of karma

Are due to their own efforts.

Thinking blood from its own punctured palate

To be the bone's marrow, the dog keeps gnawing.（第158节）

比较而言，李正栓译本在风格上更加平实自然，简洁干净，不拖泥带水，在结构上整齐对称，尽量贴近原文，在内容上通俗易懂，其译文追求押韵但拒绝凑韵损意，正如汪榕培教授所说，"其译文文字流畅，忠实原文，准确可信"（李正栓，2013：封底）。如：

学者即使遭到欺骗，

也不会上当受蒙蔽；

蚂蚁虽然没有眼睛，

却比有眼虫走得快。（李正栓，2013：5）

Even if a scholar is cheated,

He will not be deluded.

Even if an ant has no eyes,

It runs faster than insects with eyes.（第14节）

通过以上分析可以发现，达文波特译本和李正栓译本存在一定的差异，这主要是由翻译发起人、译文的受众者不同等因素造成的，而这些因素影响了二者的翻译目的。达文波特译本偏向意译的翻译方法，注重原文的内容而对形式有所忽视，而且他重视佛教文化的传播，其译本保留了大量的佛教专门用语，但句式上多变，词汇也生僻复杂。李正栓译本更偏向直译的翻译方法，尽量忠实原文的内容及形式，但其译本不拘于某种翻译策略和方法，他对中国的特有文化采取了异化策略和直译方法，对佛教文化中一些晦涩的专有名词又采取了变通的手法，其译本以整齐对称的句式、简洁准确的语言和平实自然的风格见长。

四、结语

功能学派的"翻译目的论"突破了传统的"等值观"和"二元"视角，不再以是直译还是意译来对译本进行优劣比较，而是以译者交际目的和译文预期功能的实现来作为译文优劣的评判标准。

将《萨迦格言》的两个英译本置于翻译目的论的理论框架之下，就会发现两个译本有着不同的翻译目的，不同的受众者，不同的翻译发起人等，这使得他们在翻译策略的选择上出现较大的不同，进而产生不同风格的译本。从翻译目的论的视角来看，两译本均实现了各自的翻译目的，在翻译发起人、译文作者、译文受众及原文作者间达到了权利的平衡，再现了藏族格言诗宝贵的文化艺术价值，促进了中西文化的交流；但就整体的翻译效果来看，达文波特译本参差不齐，衍译过多，对句式和词汇的选用影响了整体的阅读效果；李正栓译本忠实地传达了原文的内容并兼顾原诗形式，行文干净利落，看起来赏心悦目，读起来朗朗上口。

参考文献

[1] 陈小慰. 翻译功能理论的启示[J]. 中国翻译, 2000 (4)：9—12.

[2] 范祥涛、刘全福. 论翻译选择的目的性[J]. 中国翻译, 2002 (6)：25—28.

[3] 李正栓. 藏族格言诗英译[M]. 长春：长春出版社，2013.

[4] Davenport, J. T. *Ordinary Wisdom*[M]. Boston：Wisdom publications, 2000.

[5] Nord, C. *Translating as a Purposeful Activity*[M]. Shanghai：Shanghai

Foreign Language Education Press, 2001.

[6] Vermeer, H. J. What does it Mean to Translation? [J]. *Indian Journal of Applied Linguistics*, 1987, 13（2）.

[7] Vermeer, H J. Skopos and commission in translation action[A]. Andrew C. *Readings in Translation*[C]. Helsinki：Oy Finn Lectura Ab, 1989.

（本文原载《社会科学论坛》2014年第6期，作者李正栓、刘姣，数据未做更新，内容略有改动。）

典籍英译应追求忠实对等
——以《水树格言》英译为例

一、引言

中国典籍，是中华各族人民在劳动和生活中对自然和社会进行思考的经验汇聚和智慧结晶，凝结着中国文化的精髓。"文化典籍翻译主要是指中国历代文学、哲学、史学、艺术等领域的经典之作的对外翻译（包括中国人和外国人的译作）及其翻译研究（包括文本批评和理论问题研究）"（王宏印，2003：48）。中国文学典籍"无疑是中国典籍的重要组成部分，也是几百年来我国典籍外译的主要类型之一"（文军，2012：88）。典籍英译是将中国典籍翻译成英语，对中华文化的传播具有重要的现实意义。其中，少数民族典籍翻译与汉民族典籍翻译的地位同等重要，因为它关涉国家的安全和民族的利益。

藏族格言诗，被誉为藏族文化的瑰宝，是"藏族文学园地里的一支奇花异葩，是藏族先哲运用佛教思想教化人们的经典。这些作品语言浅显，道理深刻，对人们日常生活有很大的指导意义"（李正栓，2013：10）。藏族格言诗的翻译对传承和弘扬伟大的民族文化遗产、构建中华民族共有的精神家园，进一步沟通各民族和世界人民的思想感情，促进不同文明之间的沟通、对话、理解、尊重和合作，从而消除语言隔阂，增强民族团结等都有深刻的历史意义和现实意义。其中，孔唐·丹白准美（1762—1823）的《水树格言》共分为两大部分，一部分以"水"做比喻，另一部分以"树"做比喻。其中,《水的格言》一共有139首,《树的格言》一共有100首(李正栓,2013:19)。

本文以《水树格言》的英译本为例,分别从理解对等、风格对等、用韵对等以及文化迁移对等四个方面,探讨"忠实对等"翻译原则的运用及效果,并尝试探寻典籍英译应追求的最佳原则。

二、忠实对等翻译原则简述

译者就像一个仆人,既要伺候好原文作者,又要伺候好译文读者,这个"一仆二主"的活不好干。什么样的译者算是好译者?什么样的译文算是好译文?用什么样的翻译标准来衡量?应追求什么样的翻译原则?翻译理论家们给出的答案可谓见仁见智。

严复曾感叹:"译事三难:信达雅。""信达雅"即忠实于原文,笔译流畅,文字雅典。后来学者对这一标准加以发展,注入新的内容。刘重德提出"信达切"原则,即保全原文意义,译文通顺易懂;切合原文风格。许渊冲则提出"信达优",即忠实于原文内容,有通顺的译文形式,并发挥译语的优势。诸如此类的还有蔡思果提出的"信达贴"、裘克安主张的"信达似"。除这些"三字经"之外,林语堂在《论翻译》一文中提出"忠实、通顺、美"的三大翻译标准,傅雷则提出翻译应"神似";钱钟书则倡导翻译应追求"化境"……不管是哪种观点,都从不同侧面直指翻译的科学性(即注重"忠实")和艺术性(即实现"对等")。奈达的"动态对等"和"功能对等"将"对等"的概念极大地发挥出来。"对等"的概念和"忠实"一样,在翻译理论的发展过程中扮演着尤为重要的角色(周亮亮,2010:75)。总的来说,译者应以原文本为出发点,充分考虑并尊重原文作者和读者,使译文忠实于原文,并在此基础上创造性地实现文本的动态对等,通过忠实的对等翻译,帮助读者了解最接近原作的深层含义,感受最接近原作的艺术风采。

在典籍英译过程中,尤其是像藏族格言诗之类的诗歌翻译应尽量追求"忠实对等",以保全原作的风姿。忠实与对等是一个互相联系、互相依存的统一体。忠实是对等的前提，如果译文不忠实于原文，对原文进行肆意发挥、超越、曲解，甚至减少原文要传达的信息，或改变原作的风格，那么这样的译文就无法让读者"对等"地理解原作要传达的意思，更无从领略原作的风采。不忠实的翻译剥夺了两种文化和语言的对等，客观制造了不平等。另外，对等是建立在忠实基础之上的，不能刻意追求绝对对等的译文。相反地，要尊重语言、文化差异之所在，忠实地用目的语再现原作，让文化差异存在，才是真正意义上的对等。在翻译过程中，除了像奈达所说的要讲究对字义、语义、话语结构做适当调整以达到功能上的对等外，"对原文的理解、对风格的再现、对音韵的追求、对文化的迁移也都应讲究一个对等"（李正栓，2004：36）。

三、《水树格言》英译中的理解对等

中国典籍在时间上距今久远；在空间上彼时之中国与此时之中国大不相同；在语言上，古代语言与现代语言更是相去甚远。可以说，典籍英译的过程是一次穿越之旅，译者需跨过时间、空间，冲破语言文化的障碍，与原作者进行一场思想的沟通，再穿越回来与译文读者交流。典籍之中晦涩难懂的字词句不胜枚举，如果不以对等的理解为前提，那么翻译出来的译文就会"失之毫厘，谬之千里"。

比如，《道德经·第五章》有一句："天地不仁，以万物为刍狗；圣人不仁，以百姓为刍狗。"这句话的意思是"天地不会因仁慈而有所偏爱，对万物一视同仁；圣人也不会因仁慈而有所偏爱，对百姓一视同仁"，体现的是道家"清静无为"的思想。威利（Waley）将这句话翻译为"Heaven and Earth are ruthless; To them the Ten Thousand Things are but as straw dogs. The Sage too is ruthless; To him the people are but as straw dogs"（Waley, 1998：56）。他将"不仁"理解为"不仁不义"，因此选用了"ruthless, 残忍的，残酷的"。这样一来，他向国外读者传达的意思就变成了"天地很残忍，把万物当成草狗看待；圣人也很残忍，把百姓当成草狗看待。这样的译文不仅没有达到忠实于原文，而且还会误导读者"（王欣，2013：

95）。

可见，如果对源语的理解不对等，不透彻，或有偏差，译出的内容也会与原文相左，就更别提忠实对等了。"正确理解，才能正确翻译"（江枫，2001：23）。典籍英译需要译者首先准确地理解原文原意。唯其如此，才能谈得上忠实对等地表达。"译诗者的理解是他用外语表达的基础，只有他自己把握住原诗的精神实质才有可能把它'生动逼真'地再现出来"（汪榕培，1997：72）。对等的理解，是指与作者最接近的理解，而不是绝对的对等，是尽可能地还原作者创作本意，达到"对等"地再现原文的目的。

只有理解对等，才能忠实传递原意，以《水树格言》第14首为例。

中文为：

船上旗飘大海美，

月旁无云天空美，

人成学者导师美，

英雄领兵军队美。

英译为：

The sea is splendid for the flags waving on ships;

The sky is glorious when no clouds bar the moon;

The tutor is proud of his students as scholars;

The troop is fortunate for being led by a hero.

中文出现了四个"美"。同一个字，却表达着不同的意思。译文对每个"美"字根据内容和意境分别做出了准确的理解和解读，并选择了不同的词语译出句子的内涵。

第一句"船上旗飘大海美"，这里的"美"是说大海因为船舰往来，旗帜猎猎招展，画面蔚为壮观，很美，译文故而选取了"splendid"一词，并加上介词"for"，表现出大海美的原因。第二句"月旁无云天空美"，这里的"美"是说天空在皓月当空之时呈现出"万里无云万里天"的美景，译文选用"glorious"，非常贴切，该词除了美丽、壮丽，还有辉煌灿烂的意思，正好应了"月旁无云"的景。第三句"人成学者导师美"，这个"美"字很显然不是指导师的外形或容貌美，而是一种情绪，深入地理解就是导师看到自己的学生学有所成而备感骄傲，译成"is proud of"，直抵此"美"的根源，是经过一番推敲和思考的。第四句"英雄领兵军队美"，这个"美"作何解？俗话说"不怕神一样的对手，就怕猪一样的队友，不怕猪一样的队友，就怕猪一样的领头"，为什么怕？怕的是愚蠢的领头人会把军队引向失败和灭亡。而英雄出战为将率兵，军队会"美"，因为他们庆幸自己所在的队伍不会"将尿尿一窝"，英雄会将他们引向胜利和荣誉。这里的"美"译为"fortunate"，将军队士兵感到幸运的情感状态如实地传递出来，从而准确而忠实地传达了原文内在的含义。可见，译者的理解是最接近原文的理解。

在典籍英译中，我们尤其需要译者具有与作者最接近的理解，即基本对等的理解。对等的理解是翻译活动的基础，也是"忠实"的前提。只有正确理解原文作者想表达的意思，才能使目标读者最大限度地理解原文的内容，从而欣赏源语言的内涵和文化。

四、《水树格言》英译中的风格对等

风格是文学艺术作品的一个重要表现。没有风格，一部作品便失去了自己的个性。我们不否认在翻译过程中会存在艺术再构思和再创作的成分，译者可以形成自己的风格，但这种风格应受原作风格的制约，因为翻译不是按译者自己意愿进行夸张性创作。如果译者在翻译时不重视再现原作的风格，而随意翻译，就会造成多方面的损失。

奈达认为，相对内容来说，尽管风格居第二位，但并不是不重要，人们不能把诗歌译为散文，更不能译为别的，应该尽量再现原文的风格，力求做到功能上的对等。在典籍英译的过程中，译者应尽力追求译语风格与源语风格的对等，尽量不损失原作的风格，可以适当发挥，但不能过分超越原作的风格。翻译时应争取保持原作的风格，尽量移植原作的风格。这样做，一是为了尊重读者，二是为了帮助读者了解原作品的真实风貌。译者的创造个性不能不受原作风格的限制，否则就成了用另一种语言对原作进行的改编。"若能实现原文与译文之间的风格对等，那就是好的翻译"

（李正栓，2004：37）。

　　就《水树格言》来说，影响风格对等的重要因素之一就是诗歌的形式。译文应坚持保持原文诗行的数量，而且每行译文的长短也应非常接近原文，有时还要争取用浅显易懂的词语简洁明了地表达原文八九个字所涵盖的意思，而不能狗尾续貂地添加一些阐述性词语，从而举重若轻地再现原文的风格。以《树的格言》第68首为例：

中文为：

即使生气勃勃大树，

洪水也会连根拔出；

贤人即使本领高强，

坏人也会毁其声誉。

英译为：

Even if a tree is full of vitality,

It can be uprooted by floods.

Even if a saint has great ability,

He can be defamed by villains.

　　一目了然的是，译文与原文首先做到了形式上的对等。原诗为四行，译文也是四行，原诗每行字数相等，译文每行用词和长短也大致对等。原诗写实的前两句和作喻的后两句都使用了"即使……也……"的句式，译文也用了"even if……"的表达相呼应。另外，两个主句都采用了"can be+过去分词+by+名词"的形式，这让译文读起来非常有气势，有着中文两个排比句所传达的同样效果。

　　再分析其中的用词，"生气勃勃"选用"full of vitality"，"本领高强"被译为"has great ability"，"连根拔出"对应"be uprooted"，"毁其声誉"采用"be defamed"，都非常忠实原文的意思，接近原文的风格。

　　此外，第1行译文的"vitality"和第3行译文的"ability"押韵；第2行译文的"floods"和第4行译文的"villains"都采用名词的复数形式，看起来很对等，读之两相呼应。另外，译文中的"even if"和"can be"往还重复，似在反复咏叹，在艺术上不乏音韵之美。

总的来说，该译文无论是形式、选词，还是用韵，都尽量保持或接近原文风格，做到了行数对等、意思明了、音韵和谐，可谓音形义三美具备，贴切融合。黄国文阅读本书后认为："《藏族格言诗英译》是一本可读性强、译文流畅、语言通俗易懂、文字与风格忠实对等的译作。"（李正栓，2013：封底）

五、《水树格言》英译力求用韵对等

中国典籍文学形式极为丰富，很多是诗歌体，都讲究押韵。因此，在典籍英译的过程中，追求用韵对等就成了理所当然的事情。押韵是中国古诗词最鲜明最基本的特点，保留原诗作的韵律，才能给目标读者以美的感受，达到传神怡情的效果。对等的用韵，忠实地把原诗中的韵律尽可能地转化为目标语言的韵律，是实现对等的必经之路。

许渊冲认为，"译诗如不传达原诗的音美，就不可能产生和原诗相似的效果，恰恰相反，用韵的音美有时反而有助于传达原诗的意美。这就是说，用韵固然可能因声损义，不用韵则一定因声损义，用韵损义的程度反比不用韵小"（汪榕培，1997：246）。丰华瞻指出，"翻译诗歌时，如果译出来的诗没有音韵之美，是一大缺点。一般地说，这种诗不大为人们所喜爱"（汪榕培，1997：233）。关于用韵，他还指出，"就译诗而言，不能只要求忠实于意义，如果译出的诗不能传达出原诗的韵味，并没有感染力，那就不是成功的译作……无论汉诗或英诗，音韵美很重要"（汪榕培，1997：231）。

我们认为，只要原诗用了韵，译诗的人没有权利剥夺原诗作者的音韵安排，包括格律及行内韵等。"把诗译成散文是不可取的。译诗和原诗要尽可能地在音韵安排方面形成基本对等"（李正栓，2004：38）。《树的格言》第1首就充分体现了用韵对等。

中文为：

宝贵之心只要根部坚牢，
福智资粮就会枝繁叶茂；

今生来世定会妙果累累，
谨向佛陀大树敬礼问好。

英译为：

If the deep part of the valuable heart is stable,

Fortune and wisdom will flourish without fail,

Present and future will gain plenty of fruit,

So the Buddha tree is revered with good will.

这首诗的汉译本采用了绝句最典型的韵法，即第1、第2、第4行的"牢""茂"和"好"押韵。英译文也步其韵法，第1行中的"stable"与第2行的"without fail"和第4行的"with good will"是押韵的。此外，每行的长短也大致相等，比较符合原文的节奏模式，与原文在形式上的对仗可谓严丝合缝。这样的译文能让读者了解原诗的基本形式，为读者保留了原诗的形美和音美，读起来朗朗上口。

但是，如果译者强求用韵对等，禁不住"韵味"的诱惑，往往会出现凑韵的情况，导致因声损义、用韵损义。在翻译中，单是准确忠实地传情达意就已非常不易，还要在此基础上处理好"韵事"就更是难上加难了。用韵对等往往取决于译者本身的文学素养、才学水平，还有灵光一现的发挥状态。我们对待这个问题向来非常谨慎，曾表明对押韵的态度，"在翻译中能押韵时要押韵，不能押韵时不强求"（李正栓，2013：20）。但这并不是说要轻易放弃对音韵之美的追求，而是应该力求用韵的对等。再以《水树格言》中《树的格言》第3首为例加以说明。

中文为：

如果依靠如意宝树，
一切愿望都会满足；
如果依靠高明大师，
修成善业得到幸福。

英译为：

If one relies on precious trees,

All wishes will be fulfilled with ease.

If one trusts masters wise and sane,
Goodness and happiness he can obtain.

汉译本依然是第1、第2、第4行押韵，即"树""足"和"福"押尾韵。译文虽然无法做到与原诗的用韵完全对等，但依然没有放弃押韵的努力，最后做到了第1行和第2行押韵，即"trees"和"ease"押尾韵，第3行的"sane"和第4行的"obtain"押韵。该诗译文还有几处用了行内韵。比如，在第2行"All wishes will be fulfilled with ease"中，"wishes""will"和"with"就形成了3个头韵/w/。另外，其中的"all""will"和"fulfilled"又都有/l/的发音。第4行的"Goodness and happiness he can obtain"将原诗"修成善业得到幸福"中的"善业"和"幸福"提取出来，并列译为"Goodness"和"happiness"，两个后缀"ness"连绵发音/nis/，再加上尾韵/ein/，犹如点滴清音，营造一种祥和意境，与原文的诗意、诗境相辅相合。

力求用韵对等，不是强求绝对的用韵对等，乃至因韵害义，而是尽最大可能利用音韵之美和格律之美为译文增添韵味，让读者体会到和原文一样的音美、形美和意美。

六、《水树格言》英译中的文化迁移对等

一个民族的典籍作品是其文化的重要载体，是一个民族区别于其他民族的文化特征。翻译是两种语言沟通的桥梁，而语言又是文化的载体。在典籍翻译中，译者也必然是在介绍和传播典籍所体现的文化。恐怕没有一个国家或民族愿意让自己的文化被同化。

霍米巴巴的文化翻译理论反对按照目标语言文化的规范理解原作，而是主张将各种异质文化混杂在一起，使一种文化的成分传入另一种文化中去，从而建立一个"第三空间"，既忠实原作内容，又能奇妙地传递原作的风格和神韵，最终维护民族文化身份特征，建构全球文化多样性。这对中国典籍英译有很强的指导意义。典籍翻译的译者应该是原作的研究者，译作应该是其学术研究成果的体现，否则容易产生表面文字忠实、深层文

化内涵缺失的伪译作。

我们认为，译者是文化沟通的桥梁。既然是沟通，就应当是对等交流，而不是一种文化被另一种文化淹没。换言之，文化应尽可能保持各自独特风格，以达到互通有无、互相借鉴的目的。"翻译家或工作者的任务不是消灭文化差异。"（李正栓，2004：39）

"中国文化典籍是中国传统文化全面、集中的体现，因而典籍翻译应兼顾文本与文化，尤其是传统文化词的译介是典籍翻译成功的关键之一。"（朱义华、王宏，2005：128）译者在对外介绍中国文学与文化时，尤其是处理含有文化色彩的语句时，应牢记自己肩负的职责与义务，不能一味逢迎译语文化而任意改变源语文化。在翻译时，译者既不能完全归化，丧失原作的风格与情调；也不能完全异化，最好是保留原作中的文化，尽量使读者理解，才能真正达到翻译的目的。这不仅有利于不同文化之间的平等交流，更符合各文化间相互尊重、求同存异的"文化和谐观"。

在《水树格言》的英译过程中，我们一直牢记要忠实对等地迁移源语中的文化的原则。下面就该译本对有关宗教的文化词的翻译进行阐述，且看《水的格言》第81首。

中文为：

沿着梵天之河闲逛，

来到上帝仙界边疆；

为了洗刷二障污点，

度入佛法正途之上。

英译为：

One strolls along the Brahma River,

And comes to the fairy-land border;

To wash off the stains of Two Hindrances

Buddhism salvages him to correct road.

藏语格言诗深受藏传佛教影响，因而有不少具有宗教意向的文化负载词，"如何把这些词恰当地翻译成英语，向国外读者传播藏族文化，是最大的困难和障碍之一"（贾晓英、崔佳灿，2015：1）。

这首诗的每一行都出现了宗教文化负载词，比如，"梵天之河""上帝仙界""二障"和"佛法正途"。该译文对这类文化负载词进行翻译的原则是：以异化为主，但也体现着归化的"身影"，归化和异化相互渗透，相互补充，在翻译中都有所体现。不完全异化，是因为完全异化会使读者不知所云。比如，第2行的"上帝"肯定有别于西方的"上帝"（God），对于这样的词，译者既要明确中西宗教的差异，也要找到中西宗教的共性。奈达认为，"世界的语言和文化，相似之处占90%，不同之处只有10%"（徐丹，1998：2）。在翻译中，我们没有理由不用两种文化里相似或者相近的词语来获取表达上的对等。因此，该译文采用了归化的策略，但又避免"归化过当"，没有使用"God"，而选用了东西方读者都熟知的"fairy-land"，不仅最大限度地避免了误解，还使译语读者对外来文本的陌生感降到最低。

另外，格言诗作为诗歌的一种，没有进行长篇释义的空间，不能把文本处理得非常冗长，因此对这类文化负载词也不能完全归化。该译文多采用异化的翻译策略，保留了藏传佛教的文化特点，翻译方法上倾向于直译。比如，"梵天之河（Brahma River）""二障（Two Hindrances）"和第4行的"佛法（Buddhism）"。这在一定程度上保留了原文的异质性，能够把藏族文化信息以其最本真的面目呈现给生活在英语文化环境中的读者，有利于不同文化之间的相互交流和渗透。

文化词的翻译是归化好还是异化好？为了再现原文中一些民族文化色彩比较强的形象，译者或出于表达的需要，或为了易于译语受众理解和接受，常常会对原文中一些个性较强的形象做些改造。即尝试以较为中性的译语直接移植原文形象。从翻译的功能看，能起到丰富译语的作用；从翻译的效果看，也会因原文形象的新奇给读者带来一份阅读的欣喜。因此"在涉及原文民族文化形象时，译者应努力保留这种形象，再三权衡，力戒随意性，避免过度归化"（陆刚，2010：124）。

在《水树格言》英译中，类似的例子还有很多，比如《水的格言》第135首。

中文为：

四喜的先天之福上升；
四空的聪明才智横生；
四河的清水川流不息；
南海的马口烈火熊熊。

英译为：

The predestined fortunes of Four Joys rise;
The wisdom of the Four Emptinesses flourish;
The water of Four Rivers flow constantly;
The blazes of South Sea burn fiercely.

这一例子中的"四喜""四空""四河"和"南海"都是与藏传佛教相关的词语，为了保持译文与原文意义和文化上的对等，译文对这些负载词都采用异化的翻译策略，分别直译为"Four Joys""Four Emptinesses""Four Rivers"和"South Sea"。虽然这样的处理会让西方读者觉得陌生，但不至于让译文晦涩难懂，还能在一定程度上激发读者的好奇心，在网络发达如斯的今天，外国读者只要有心了解，搜索一下，就能进一步了解这些负载词要传达的藏族文化内涵。

总的来说，该英译文本做到了在不影响译者理解原文的前提下，坚持"异化为主，归化为辅"的翻译策略，"尽量用地道的英语传递原汁原味的藏族文化，让英语读者通过阅读有异国情调的译文而了解那个未知的世界，增加因心理与文化张力而产生的阅读兴趣"（李正栓，2004：39），这样既避免了由于过多解释性翻译而影响整体阅读美感，又照顾到英语读者的文化理解需求，使读者对藏传佛教的文化特色有更深刻的了解，实现了文化上忠实对等的传递。

典籍英译作为文化交流的翻译绝非易事。它不仅仅是语言的简单转换，也不是简单的直译与意译技巧问题，也不是简单的异化与归化策略问题，更难的是如何使源语文化与译语文化通过各自具有鲜明特色的语言实现真正的沟通，并且还要尽量避免因词语使用问题而引起的文化冲突。文化对等迁移问题应引起典籍英译者的高度重视。无论用什么翻译技巧和策略，都应以最佳地表达和对等地传递源语文化为己任、为目标。

七、结语

《水树格言》英译是其在世界上的"首个英译本",是遵循"忠实对等"的翻译原则而译出的。典籍英译要让目的语读者或受众能够像原语读者那样理解和欣赏中国丰富深厚的传统文化内涵,并从原文和译文的妙笔中得到乐趣。这也是典籍英译的难点所在。在典籍英译的过程中,译者要积极地采取相关的翻译策略和技巧,尽力追求译文与原文忠实对等,做到理解、风格、用韵和文化迁移多方面的忠实对等。这样才能既将其中的语义信息准确传达给译语读者,又能成功再现原作的风格和文化精髓,使目标读者像原语读者那样理解和欣赏中国文化典籍,为传播中华优秀灿烂的民族文化做出贡献。

参考文献

[1]贾晓英、崔佳灿.藏族格言诗中文化负载词翻译研究[J].石家庄铁道大学学报,2015(1):59—60.

[2]江枫."新世纪的新译论"点评[J].中国翻译,2001(3):21—26.

[3]李正栓.忠实对等:汉诗英译的一条重要原则[J].外语与外语教学,2004(8):36—40.

[4]李正栓.藏族格言诗翻译史略[J].燕山大学学报,2013(3):9—12.

[5]李正栓.藏族格言诗英译[M].长春:长春出版社,2013.

[6]陆刚.巴斯奈特理论与翻译中文化等值的不确定性[J].扬州大学学报,2010(4):122—127.

[7]威利.《道德经》汉英对照[M].北京:外语教学与研究出版社,1998.

[8]王宏印.探索典籍翻译及其翻译理论的教学与研究规律[J].中国翻译,2003(3):48—49.

[9]王欣.汉语典籍英译发展综述[J].辽宁教育行政学院学报,2013(3):93—96.

[10]汪榕培.比较与翻译[M].上海：上海外语教育出版社，1997.

[11]汪榕培、李正栓.《典籍英译研究》(第一辑)[C].保定：河北大学出版社，2005.

[12]文军.论《中国文学典籍英译词典》的编纂[J].外语教学，2012(6)：88—92.

[13]徐丹.文化融合中的语言翻译问题[J].中国翻译，1998(3)：2—5.

[14]朱义华、王宏.典籍英译传统文化词的传译难点与策略[A].汪榕培、李正栓.《典籍英译研究》(第一辑)[C].保定：河北大学出版社，2005：123—129.

[15]周亮亮，彭辰宁.文学翻译中的忠实与对等[J].河海大学学报，2010(1)：74—77.

（本文原载《西安外国语大学学报》2016年第1期，作者李正栓、叶红婷，数据未做更新，内容略有改动。）

《格丹格言》英译的语义传递与风格再现

一、引言

藏族格言诗语言浅显，道理深刻，对人们日常生活有很大的指导意义，成为文学与哲理高度结合的作品，《格丹格言》是其重要代表作之一。《格丹格言》的作者是佛界名哲班钦·索南扎巴（1478或1481—1556或1554）。"《格丹格言》共125首，对现实生活中的一些现象进行哲理性总结，主要教人分辨智者和愚者，多角度论述，多方面举例，反复论证智者和愚者的区别，很有说服力，被称作警世格言或醒世格言"（李正栓，2013：18）。《格丹格言》英译在世界文学中属于首次，是一次有益的探索。

翻译应当忠实于原文。所谓忠实表达原文的意义，应指忠实地表达原文的字面意义、形象意义和隐含意义三个方面，即语义传递上的忠实。此外，译文还要传其神，即与原作实现风格对等。

我们通过细读与分析《格丹格言》的英译文本，探讨译者在两种语言转换的过程中要解决的两大重要问题：（1）如何最大限度地、间接地贴近原文，从词汇、句法和修辞方面忠实地传递语义；（2）如何再现原作的形式之美、音韵之美和文化内涵，实现风格再现。

二、语义传递与风格再现

纽马克（Peter Newmark）在大量翻译实践和教学实践的指引下，于1981年出版了其第一部著作《翻译问题探讨》，并在其中提出了"语义翻译（Semantic translation）"和"交际翻译（communicative translation）"的概念。语义翻译"试图在译语的语义和句法结构允许的范围内传达原文的确切上下文意义"，交际翻译"试图使其读者的阅读效果尽量等同于原文读者所获得的效果"（仲伟合，1998：71）。语义翻译更多是从作者语言层次来考虑，服务对象是原语作者，其翻译的目的是最大限度地表现原语作者的思维方式和独特的文体风格，全面、深刻地再现原文的各种含义。而交际翻译则更多是从读者层次来考虑，其服务对象是译语的读者，强调的是再现原文的要旨，重视翻译可能带来的社会价值。

尤金·奈达（Eugene Nida）提出"动态对等翻译（dynamic equivalent translation）"，指的是"最贴近原语信息的自然对等（the closest natural equivalent in the largest language）"（谭载喜，1999：76）。具体来说，就是在词汇、语法、语义等语言学的层面上不拘泥于原文的形式，只求保存原文的内容，用译文中最贴近、最自然的对等语言将这个内容表达出来，以求等效。他对翻译作了如下定义："翻译就是在接受语中寻找与原语信息最贴近、自然的对等语言，首先是意义上的对等，其次是风格上的对等。"（谭载喜，1999：95）

与前述两位翻译理论大家的理念有异曲同工之妙的是，汪榕培提出了"传神达意"的翻译追求。汪榕培"传神达意"的翻译思想最早见于《比较与翻译》（上海外语教育出版社，1997）一书。汪榕培、王宏在《中国典籍英译》中进一步阐释："典籍英译总的标准应该是'传神达意'，更具体地说是'传神地达意'……首先，'达意'是典籍英译的出发点，译者在自己的译文中必须准确地体现自己对原文文本的理解和阐释。其次，单纯'达意'还不够，必须是'传神地达意'"（汪榕培、王宏：2009：33）。翻译是一个文字转换的过程，转换的目的是"达意"，在"达意"的基础上做到"传神"就进入了一个更高的层次，也可以说，从"达意"到"传神"是翻译从低级到高级的一个发展过程。"达意"是忠实于原作的思想内容，"传神"则是要求忠实于原作的风格（郝景春，2012：129）。

不管是纽马克提出的"语义翻译和交际翻译"，还是奈达提出的"动态对等翻译",还是汪榕培倡导的"传神达意",他们的翻译主张所见略同地传递了翻译的原则,即翻译最首要的在于用一种语言文字准确而完整地传达另一种语言的意义,另外,还要致力于再现原作的文体风格,这两点都是极其重要的。

三、《格丹格言》英译的语义传递

"翻译是用一种语言表达另一种语言的意义,它是语际间语言单位所含信息量的等值转换,以求最大限度地表达原文所含的信息"(吴友富,1998:24)。把这句话凝练一下,可以概括为:翻译就是"达意",也就是一个语义传递的过程。

汪榕培把"达意"作为翻译的出发点,并把它分为两个层次:"字词达意"和"比喻达意"。他引用《现代汉语词典》对"达意"的解释:"(用语言文字)表达思想"(李瑞凌,2012:33),认为不仅要理解字词的字面意义,而且要理解它们的比喻意义。"字词的字面意义的理解对于译诗的达意起着决定性的作用,修辞格的合理使用,对于达意也有着重要的作用。"(李瑞凌,2012:34)

(一)关于选词用词

词是能够独立运用的最小的语言单位。我们理解语言的意义,学习语法的规律,都是以词为单位。要忠实地传递语义,就需要严谨地选词用词。李正栓和周英莉在《解读陶诗英译 探索风格再现》一文中指出,要"达意",就需要忠实再现原作的词汇标记。一方面译者要把握原诗词汇、题材和样式的整体适应性,另一方面又要洞悉原作所使用的富含联想意义、文化意义及感情色彩的词汇(李正栓、周英莉,2005:138)。

《藏族格言诗英译》一书的核心词是"格言",这里谈谈对"格言"一词的翻译。曾有四名国外译者陆续对最早的藏族格言诗《萨迦格言》进行了英译,英译书名分别为:(1)克兹马·克鲁西删节本,1855年和1856年之间在 *Journal of the Asiatic Society of Bengal* 第24卷和25卷上刊出，书名 *A Brief Notice of the Subháshita Ratna Nidhi of Saskya Pandita*，只译出234首，分为9章，全部藏英对照；（2）詹姆斯·E.薄森（James E. Bosson）于1969年由印第安纳大学出版社出版了《警句宝库》（*A Treasury of Aphoristic Jewels*）；（3）塔尚·塔尔库（Tarthang Tulku）于1977年由Dharma Publishing 出版了 *Elegant Sayings*，被译成《雅致格言》，亦译《简语箴言》，译成《雅言》更合适；（4）达文波特（John T. Davenport）于2000年由波士顿的Wisdom Publications 出版了《普通智慧——萨迦·班智达劝善文库》（*ORDINARY WOSDOM—Sakya Pandita's Treasury of Good Advice*）。

对比后三位译者英译"格言"选用的三个词，"Elegant Sayings"更多地偏向于"语录、谚语"，而"good advice"意为"劝善之言"，但格言并不仅仅是劝人行善，"aphoristic"虽有"格言、警句"的意思，但略显生僻。总的说来，这三个词都不太准确。李译本翻译的英文书名为 *Tibetan Gnomic Verses Translated into English*，内文也选用对应的"gnomes"作为"格言"的英译，意思准确，能如实传达出原文的意思，达到传播藏族文化的目的。

但是，藏族格言诗作为僧俗必读的警世恒言，其英译不应人为地拔高难度，疏离读者，或故弄玄虚，让受众觉得高深莫测。李译本旨在把藏族文化的深邃智慧忠实地展现给更多的中西方读者，因此在英译过程中尽可能用简单易懂的词语，不美饰，不丑化。下面以《格丹格言》英译中的第5首为例：

中文为：
智者只有智者识面识心，
能够看到他的学问精深。
请看世上稀有无价之宝，
到了船师手中方为珍品。

英译为：
The wise know wise in mind as well as in eye,
And knows his knowledge is as wide as the sky.

Pray mark the gem that cannot be measured,

When in boatmen's hands they can be treasured.

其中"识面识心"用"know sb in mind"和"know sb in eye"的短语形式表现，简单自然。此外，用"as well as"连接，就好像一根扁担挑起了左边的"in mind"和右边的"in eye"，给人以平衡感。第二行译文中的"学问精深"选用了短语形式"knowledge is as wide as the sky"，表达知识像天空一样博大精深，把一个平淡的陈述句处理成意象高远的比喻句，无须琢磨就能理解。其中"as wide as"与"as well as"呼应，让人觉得结构整饬。另外，"sky"与"eye"刚好押韵，读之美感自生。第三行将名词结构的"无价之宝"翻译成谓语形式"cannot be measured"与第四行的"can be treasured"一个肯定一个否定，形成对仗，且最后两个单词极其押韵，读起来非常有气势。整体感觉犹如二人拉锯，一推一拉，又似双方辩论，一正一反。

总体来说，《格丹格言》英译相当平实，没有让人需查词典的大词，风格自然、简洁、熨帖，读起来朗朗上口，理解起来，字字入心。正如汪榕培教授对该译文版本作出的评价："其译文文字流畅，忠实原文，准确可信"（李正栓，2013：封底）。

（二）关于句法补偿

中英文表达有如此大的差异，其中一个重要的原因在于句法不同。典籍中的诗歌形式更是以简约和凝练的句法见长，且充满弹性和张力。很多时候句子没有主语，还有的时候句子连动词也省略，没有谓语，却也能传情达意或意境自现，比如，陶渊明《归田园居》中的"暧暧远人村，依依墟里烟"，如果按字面来传递语义，恐怕译文就会"信"有余而"达"不足，译者自己也会觉得句不成句，译语读者则如同云山雾罩，不知所云。

"尽管由于语言、文化等方面的差异，诗歌翻译的时候必然会失去某些原有的特点，但是完全可以通过补偿的方式使其获得新的生命"（汪榕培，2007：34）。汪榕培意识到翻译中因语言和文化的差异而引起"失"，但他更强调"得"，"得"的方式是"补偿"翻译。

《格丹格言》第27首就有一个非常典型的无主句,中文为:

智者因为言必有信,
所以大家对他放心。
立志救护被烧小孩,
熊熊烈火也要冲进。

英译为:

On the promises the wise delivered,
Of his words people rested assured.
Once he resolved to save the burning child,
He would rush into the fire however wild.

"立志救护被烧小孩,熊熊烈火也要冲进"一句并没有指明主语是谁。但结合上下文,不难得出指的是"言必有信"的智者。此外,第四行"熊熊烈火也要冲进"在句法上不仅省略了主语,还存在浓缩关联词、动宾倒装或宾语前置的语法现象。经过分析,第四句应理解为"不管烈火熊熊,他也要冲进烈火之中"。译文在第三四行用代词"he"补足了隐含的主语,避免出现错误的英语句法,不让读者产生误解。第四行的译文不仅补充了主语,将倒装的"熊熊烈火也要冲进"还原成地道的英语表述"rush into the fire",还补充省略的关联词however做状语,这样就有了合乎句法结构、适合目的语读者阅读习惯的译文。

在中英句法差异很大的情况下,译者需要在准确、全面、透彻理解原文的基础上,运用转换、增译、减译、意译、阐释等方法进行补偿处理,补入省略或残缺的句法成分,以补足明面上没有而实际隐含的语义,将原文内容恰当、充分而自然地传达给译文读者,保证充分的语义交际,取得译语读者的理解与认同。

(三)关于修辞处理

藏族格言诗的一个突出特点就是酷爱比喻。每首四行,一般而言,前两行是泛泛而论,对现实生活中的某些现象进行哲理性总结,表达作者本意和思想,后两行则是例证,借用广泛流传的民间故事、寓言和神话,作为前两行的譬喻，以使前两行提出的哲理更加具体化、形象化和生活化。在《格丹格言》中，还体现出具象和抽象结合的特点。"藏族格言诗的基本结构模式就是比喻。总之，作者从来不会只讲道理，不打比方"（北塔，2014：65）。兹举《格丹格言》第4首为例：

中文为：

所以智愚二者之别，

如同大山之于微尘，

如同大海之于小池，

如同天空之于掌心。

英译为：

The fools are to the wise men,

As the dust is to the mountain,

As the pool is to the ocean,

As the palm is to the heaven.

译文采用了英文中对应的表示比拟的特殊句型：A is to B as X is to Y，意为"A之于B 如同 X之于Y"。还有一个句型A is to B what X is to Y，用法相似，as 和 what 用作连接词，引导从句，主句在前，可以换用。这两个句型也可以从句置前，主句置后，但结构需调整为：As is X to Y, so A is to B/ What is X to Y, that A is to B；或 As is X to Y, so is A to B/ What is X to Y, that is A to B。

该译文选用了最简单明了的比拟句型和最平常易懂的词语，不但符合原文的意义，形式对仗工整，还做到了押尾韵，整体极其贴近原文简洁、利落的风格。

四、《格丹格言》英译的风格再现

风格是不同作家、艺术家所追求的艺术特色和创作个性，体现在文艺作品内容和形式的各种要素之中，比如文体形式、音韵节奏、风骨情调等。没有风格，一部作品便失去了自己的个性。如果译者在翻译时不重视再现原作的风格，而随意翻译，就会造成多方面的损失。

有人认为风格是模糊性很强的行文气质，而诗歌的风格尤其虚无缥缈，具有不可传递性。周煦良就认为："在通常情形下，它（指风格）好像只是在无形中使译者受到感染，而且译者也是在无形中用这种风格通过他的译文去感染读者，所以既然是这样的情形，我看，就让风格自己去照顾自己好了，翻译工作者大可不必为它多伤脑筋"（楼燕斐，2009：79）。

然而，我们认为，虽然不同的民族有不同的语言特点、生活环境、文化传统和思维方式，但人类情感有其相通之处，人类语言的表达功能也有共性，正是这些构成了风格可译的基础。大量优秀的译作也充分证明，原作的风格是译者可知的，也是可译的。下面就以《格丹格言》英译为例，从再现原作的形式之美、音乐之美和文化内涵三个方面，探讨如何实现风格再现。

（一）再现原作的形式之美

对于格言诗的翻译来说，一个重要的命题就是做到形神兼备，这是完美而理想的翻译艺术境界。"诗歌的外在形式——诗节、分行、节奏、韵律、意象等以及诗歌的内在意蕴——诗篇的背景、内涵、语气乃至关联和衔接等都应传神，给人以生动逼真的印象"（汪榕培，2007：34）。对此，刘重德也主张"所谓忠于原作，我的看法是，一应忠实表达原诗的内容（思想感情、意境和形象），二应忠实采取原诗的形式或与之接近的形式（以格律诗体译格律诗，以自由诗体译自由诗）。只有符合这两条要求的译诗，才算是理想的译诗"（刘重德，1996：4）。

就《格丹格言》的英译来说，要做到形神兼备，译文就应保持原文诗行的数量，而且每行译文的长短应尽量接近原文，还要争取用浅显易懂的词语简洁明了地表达原文八九个字所涵盖的意思，因为格言诗没有长篇释义的空间。以《格丹格言》第3首为例：

中文为：
不论今生或者来世，
智者都能得到善果。

愚者今生或者来世，

总是逐次遭到毁灭。

英译为：

No matter in this life or after,

The wise can attain good result.

No matter in this life or after,

Fools always suffer from disaster.

关于再现原作的形式之美，我们赞同江枫的观点："首先是力求形似。形似，而后神似，得形，方可传神……诗之成为诗，并不在于它说了些什么，而是在于它是怎样说的，译诗，就不仅要译出它说了些什么，更重要的是应该译出它是怎样说的"（江枫，2009：126）。

该译文与原文形式对等，都是四行，且每行用词和长短也大致对等。原诗前两句用的是"不论……都……"的句式，用于对照的后两句也含有"不管……总……"的意味，因此译文相应地用了"No matter……"的表达，实现句式上的对等。另外，译文将"遭到毁灭"灵活变通地意译为"suffer from disaster（遭遇灾祸）"，意思与原文贴近，又兼顾到了押韵，有着原文两个对照句所传达的效果。

相比之下，就整体的翻译效果来看，达文波特的《萨迦格言》译文注重原文的内容而忽视其形式，基本上没有韵律可言。这主要表现为：句式复杂多变，选词生僻晦涩，长短参差不齐，丧失了原作对称的句式结构。此外，译文加入了大量评注，而且评注内容渗透的说教性比诗歌本身还强。这或许是因为达文波特的目的在于让西方读者更好地理解中国藏族文化，因此采取了"归化"的翻译策略，在形式上做了很大的改动。就李译本而言，李译本旨在传播藏族文化，使中国文化以其本来面目走向世界，因此多采取"异化"的翻译策略，"在内容上尽可能地贴近源语，更注重保留原文的形式，多采用整齐对称的句式结构，尽力追求押韵，但拒绝凑韵损意，在整体风格上更加平实自然，简洁干净"（李正栓、刘姣，2014：103）。

(二)再现原作的音韵之美

押韵是诗歌文体最鲜明的特色之一,再现原作的音韵之美,才能让目标读者产生同样的美感。关于用韵,汪榕培指出,"就译诗而言,不能只要求忠实于意义,如果译出的诗不能传达出原诗的韵味,并没有感染力,那就不是成功的译作……无论汉诗或英诗,音韵美很重要"(汪榕培,1997:169)。吕俊则表达得更直截了当:"诗歌是意韵相谐,相得益彰的,我们译诗如果抛弃了韵,严格地说就是抛弃了诗"(吕俊,1996:11)。

《格丹格言》作为格言诗,在英译的过程中追求对等的用韵是理所当然的事情。"只要原诗用了韵,译者没有权利剥夺原诗作者的音韵安排,包括格律及行内韵等。把诗译成散文是不可取的。译诗和原诗要尽可能地在音韵安排方面形成基本对等"(李正栓,2004:138)。《格丹格言》第14首英译就充分再现了原作的音韵之美。

中文为:

愚者对大师轻蔑不恭,

自己也因而掉进黑洞。

六面童子杀罗汉阿爸,

自己也因而罪孽无穷。

英译为:

Fools scorn masters with no reverence,

Thus falling into a black hole as a consequence.

The six-faced child killed the arhat his father,

Thus falling into endless sins in continuance.

原汉译本的韵法是第1、第2、第4行押韵,是典型的绝句押韵法,即"恭""洞"和"穷"押/ong/的韵。英译文也步其韵法,即第1、第2、第4行中的最后一个词都押/əns/的韵,每行的长短也大致相等。此外,第1、第2、第4行都是一个介词+押韵词的形式,即"with no reverence""as a consequence"和"in continuance",与原文的节奏形式基本一致。另外,第2行与第4行都用"Thus falling into……"与原文的"自己也因而……"

相呼应。目的语读者读之，就能了解原诗的基本形式，感受到原诗的音韵美。

纵览《格丹格言》英译本，不难看出译文对再现原作音韵之美非常谨慎。李正栓曾在《藏族格言诗英译》的前言表明对押韵的态度，"在翻译中能押韵时要押韵，不能押韵时不强求"。因为如果译者禁不住"韵味"的诱惑，强求用韵对等，往往会出现凑韵的情况，导致用韵损义。但这并不是说要轻易放弃押韵，而是应该力求再现用韵。再以《格丹格言》第72首为例加以说明。

中文为：
愚者对敌十分胆怯，
对内却是非常肆虐。
请看恶犬对人摇尾，
同类相斗血流头破。

英译为：
To the enemy fools show their timidity,
But to their people show their impudicity.
Evil dogs wag their tails to human masters,
But fight fiercely with their own brothers.

虽然这里的汉译本并没有押韵，但从全书整体来看，一般都会押韵，可能译者当时没有灵光一现的状态。但译文并没有因此放弃押韵的努力，依然做到第1行的"timidity"和第2行的"impudicity"押韵。第4行尤其可见译者为押韵做出的努力，将"同类相斗"处理成"with their own brothers"，生动地体现了"同类"之意，说是为了凑韵也好，说是灵感突现也好，总之最后的"brothers"刚好与第3行的"masters"押韵，不能不说这是对原文风格缺损的一种补偿，一种超越。

（三）再现原作的文化内涵

《格丹格言》的作者班钦·索南扎巴是当时佛界的名哲，学识渊博，精通佛法经典，经常借用广泛流传的藏族民间故事和神话传说，论证智者和愚者的区别，这就使得《格丹格言》具有一个鲜明的风格特色，即大量使用文化负载词。如何翻译这些文化负载词，保存并再现原作的文化内涵，向国外读者传播藏族文化，就成了一个关键的问题。

译者在对外介绍中国文学与文化时，尤其是处理含有文化色彩的语句时，应牢记自己肩负的职责与义务。在翻译时，译者既不能完全归化，因为完全意义上的归化会丧失原作的风格与情调，但也不能完全异化，最好是保留原作中的文化，尽量使读者理解，利于不同文化的平等交流和相互尊重。下面就《格丹格言》英译第66首中宗教文化词汇的翻译进行阐述。

中文为：

愚者抛弃祖先良规，

只能得来痛苦伤悲。

请看朗达玛王灭法，

造下罪孽丢了王位。

英译为：

If the forebears' good rules they throw,

The fools can only get pain and sorrow.

The king Gldarma tore the Dharma down,

So he committed a sin and lost his crown.

朗达玛，原名达玛，是吐蕃末代赞普，公元838—842年在位。朗达玛在位期间对佛教采取禁绝措施，史称"朗达玛灭法"，亦称"朗达玛灭佛"。佛教徒视其为牛魔王再世，因此在他的名字达玛前面加一个"朗"字（"朗"意为牛）。842年，朗达玛被刺杀，吐蕃分裂。还有个与此相关的传说。很早很早以前，一些佛教徒在山坡上建造佛塔。一头老牛日复一日地为佛塔驮运石块，佛塔竣工时，人们都认为自己贡献的力量最多，所积的福泽最大，没人注意到拴在墙角已奄奄一息的老牛。这头老牛愤愤不平，立下恶誓："我今世为牛，被佛教徒如此折磨，若转世拥有生杀予夺的权力，一定要把佛教毁灭。"后来那头老牛终于转世成藏王赞普，于是就有了朗达玛灭佛。

该译文对这类文化负载词的翻译原则是：以异化为主，但也体现归化的"身影"，归化和异化相互渗透，相互补充。如果只用人名"Gldarma"进行异化处理，从语义传递上来说也未尝不可，但完全异化会使读者不知所云。如果在这个人名前加上"the king"，进行简短的文化注解，既补充了具体身份，又照顾了字面的意义，读者就会一目了然。至于后面的"灭法"，涉及历史事件和传说，很难在短短的诗句中描述清楚。该译文用借代的手法，用表示佛教中达摩（指佛的教法、佛法、一切事物和现象）和印度教法则的"Dharma"一词指代佛法，用"tear the Dharma down（扯掉/驳斥/破除 Dharma）"这个具体动作喻指灭法事件，可以说是归化和异化最佳关联性的体现。

就文化词翻译的归化和异化策略而言，为了再现原文中一些民族文化色彩比较强的形象所表达的意思，译者或出于表达的需要，或为了易于译语受众理解和接受，常常会对原文中一些个性较强的形象做些改造。即尽量尝试较为中性的译语直接移植原文形象，从翻译的功能看，能起到丰富译语的作用，从翻译的效果看，也会因原文形象的新奇给读者带来一份阅读的欣喜。因此"在涉及原文民族文化形象时，译者应努力保留这种形象，再三权衡，力戒随意性，避免过度归化"（陆刚，2010：124）。

在《格丹格言》英译中，类似的例子还有第80首。

中文为：

愚者虽然满面笑容，

却是为送别人不幸。

请看阎王露出笑脸，

就是准备夺人性命。

英译为：

Fools are all smiles though,

They take others into woe.

When Yama shows his smiling face,

He will take people to Death's place.

"阎王"指民间传说中的阴间主宰，他掌管着人的生死和轮回。达文波特在《萨迦格言》中将"阎王"译为"the Lord of Death"，意为死神，采用了归化的翻译策略，但源语的文化特色尽失。该译文则采用了归化结合异化的翻译策略，将"阎王"翻译成"Yama"，为了前后呼应，也是为了押韵的需要，在下一句把"夺人性命"变通地翻译成"take people to Death's place"，意为把人带到死神所在的地方。这在一定程度上再现了藏传佛教的文化特点，保留了原文的异质性，将藏族文化本真的面目呈现给译语读者。另外，译文用"Death's place"这个词组，把西方文化中的"死神"联系到一起，使译语读者易于理解原文的含义。总之，无论用什么翻译技巧和策略，都应以最佳地表达和对等地传递源语文化为目标。

五、结语

《格丹格言》英译是其在世界上的"首个英译本"，追求忠实地传递语义，兼顾风格再现，同时也反映出风格并非不可译，而是可以有效再现，实现"传神地达意"。译者只有以精益求精的态度，以全面深入地理解和分析原作为基础，灵活变通地使用直译和意译的翻译方法、归化和异化的翻译策略，最大程度地保证词语、句法、修辞、形式、音韵和文化内涵等各个语言层次贴近原文，才能既将其中的语义信息准确传达给译语读者，又能成功再现原作的风格和文化精髓，使目标读者像原语读者那样理解和欣赏中国文化。

参考文献

[1]北塔.间接忠实：少数民族典籍翻译的一颗硕果——评李正栓新著《藏族格言诗英译》[J].燕山大学学报（哲学社会科学版），2014（1）：62—66.

[2]郝景春."传神达意"翻译理论探析[J].西藏民族学院学报，2012（3）：128—132.

[3]江枫.江枫论文学翻译自选集[M].武汉：武汉大学出版社，2009.

[4]李瑞凌.汪榕培"传神达意"翻译标准考辨[J].天津外国语大学学报，2012（3）：32—36.

[5]李正栓.忠实对等：汉诗英译的一条重要原则[J].外语与外语教学，2004（8）：36—40.

[6]李正栓.藏族格言诗英译[M].长春：长春出版社，2013.

[7]李正栓、刘姣.目的论视阈下的《萨迦格言》英译研究[J].社会科学论坛，2014（6）：98—103.

[8]李正栓、周英莉.解读陶诗英译　探索风格再现[A].汪榕培、李正栓.《典籍英译研究》（第一辑）[C].保定：河北大学出版社，2005：138—146.

[9]刘重德.阅读汪、任译注《诗经》后记[J].外语与外语教学，1996（5）：1—5.

[10]楼燕斐.浅谈翻译中的风格再现——《文学批评无用论》原文与译文对比研究[J].广东工业大学学报，2009（4）：79—82.

[11]陆刚.巴斯奈特理论与翻译中文化等值的不确定性[J].扬州大学学报，2010（4）：122—127.

[12]吕俊.含英咀华　译苑奇葩——学习汪榕培、任秀桦两先生英译《诗经》[J].外语与外语教学，1996（5）：6—11.

[13]谭载喜.新编奈达论翻译[M].北京：中国对外翻译出版公司，1999.

[14]汪榕培.比较与翻译[M].上海：上海外语教育出版社，1997：169.

[15]汪榕培.《诗经》的英译——写在"大中华文库"版《诗经》即将出版之际[J].中国翻译，2007（6）：33—35.

[16]汪榕培、王宏.中国典籍英译[M].上海：上海外语教育出版社，2009.

[17]吴友富.国俗语义研究[M].上海：上海外语教育出版社，1998：24.

[18]仲伟合.访英国著名翻译理论家皮特·纽马克[J].语言与翻译，1998（2）：71—73.

（本文原载《沧州师范学院学报》2015年第2期，作者叶红婷、李正栓，数据未做更新，内容略有改动。）

米庞嘉措《国王修身论》翻译研究

一、引言

《国王修身论》的作者是久·米庞嘉措（1846—1912），亦称大米庞、米庞嘉措、米旁·朗杰嘉措、米庞·降央嘉措、居米旁·降央南杰嘉措，是清代著名的藏族学者、诗人、宁玛派的一代大师，于清宣宗道光二十六年（1846）出生在今四川省甘孜藏族自治州德格县。他天资聪颖，勤奋好学，六岁便能熟记藏传佛教三律仪的胜义，八岁精通汉地和印度的天文历算知识，十岁便词不穷竭、下笔成章，十二岁出家，在宁玛派的莫霍尔寺修习，十八岁到藏区各地游学。后师从著名佛学家绛央·钦则旺波（1820—1892）学习。

米庞嘉措潜心修学，孜孜不倦，学习不论派系。对于各派有学识的高僧学者，他都不畏艰险，登门求教，因博物通达、学识渊博、对显密教法和五明之学十分精通，获得"班智达"的称号（即大学者）。他不仅深谙佛学，还精通工艺学、医药学和星象历算学、逻辑学、声量学、文学等。

米庞嘉措不仅学富五车、才识过人，他对待民众也十分和蔼可亲，经常和民众住在一起，热心帮助民众解决问题。民间传说他精通医术，经常为民众治病疗伤，且医术高超，有妙手回春之术。他救死扶伤，乐善好施，扶危济困，颇受民众尊重和敬仰。

民国元年（1912）四月二十九日，六十六岁的他在德格县嘎莫达仓寺安然圆寂。米庞嘉措一生心系苍生，刻苦治学，赢得后人无限敬仰。

二、米庞嘉措作品的主要思想和内容

米庞嘉措学识渊博，一生著述颇丰，共有三十二部佛学、历算、医药、工艺、天文学、声韵学、逻辑学、文学等方面著作传世。

米庞嘉措的文章内容广博，思想深厚，文笔优美，论述清晰，论据充分，再复杂难懂的经义和名理经过他的阐释都会变得通俗易懂。

《国王修身论》是米庞嘉措的代表作，成书于清同治四年（1865），与《萨迦格言》《格丹格言》和《水树格言》并称为藏族四部格言诗名著，在藏族文学史上具有重要的地位。出版本书汉译本的西藏人民出版社如此评价这部诗集："《国王修身论》是继《萨迦格言》《格丹格言》和《水树格言》之后，又一部在藏族群众中广为流传的格言诗集"（米庞嘉措，1987：出版说明）。这部作品的创作与米庞嘉措所处的环境和生活的时代密切相关。他的出生地——甘孜藏族自治州德格县是川藏茶马古道的交通枢纽，也是藏区三大文化中心之一，藏传佛教各教派如宁玛派、格鲁派、萨迦派、噶举派等都汇集于此。而且，"德格印经院是藏区三大印经院之一，专门刊刻藏传佛教经书、各教派重要著述、历法和医学等千余种典籍，是康藏文化的宝库"（蔡晓菁，2008：12）。处在这样的环境中，勤奋好学的米庞嘉措饱读经书，汲取各派之经典，吸纳国内外学者关于国王的各种著述之精华，著成《国王修身论》。《国王修身论》成书时，清政府的腐败无能和英国帝国主义的侵略使西藏处于黑暗之中，人民苦不堪言，米庞嘉措通过撰写《国王修身论》来表达民众对英明君主的期待和以佛法济世的愿望，并希望以饱含智慧的格言来安抚民心："佛祖佛徒一切学者，所讲一串宝贵格言，国王应该挂在项下，天天诵读牢记心坎"（第1078首）；"浑浊之世非常黑暗，但是佛法似月高悬，促我产生著书之心，及时论述利于实践"（第1079首）；"月亮放射万道柔光，不刺眼睛无限慈祥，这些格言充满关怀，能使众生心情舒畅"（第1083首）。

《国王修身论》是藏族格言诗中的一篇长篇巨著，全书共有21章，1102节，5000余行，内容广大渊博，语言质朴浑厚，涉及统治者的道德规范、施政方针、待人接物、处事原则、用人之道、是非标准、修身之法等。全书主要分三个方面，系统地阐述了国王应该如何治理国家、如何修身养性、如何传播佛教教义。每章标题如下：第一章，小心谨慎从事；第二章，考察英明人主；第三章，注意一切行动；第四章，注意一切言论；第五章，关于用人之道；第六章，《真言授记》所言；第七章，《正法念处经》所言；第八章，《金光明金》所言；第九章，精进坚定不移；第十章，性情柔和温顺；第十一章，平等对待众人；第十二章，具有慈悲心肠；第十三章，自己保护自己；第十四章，保护百姓安康；第十五章，凡事与人商议；第十六章，遵守十善佛法；第十七章，按照法规办事；第十八章，运用妙计取胜；第十九章，心中牢记佛法；第二十章，正确对待财富；第二十一章，重视修身之道。全书虽内容繁多，但主题鲜明、脉络清晰，是统治者如何治国修身的金玉良言。

《国王修身论》作为藏族四部格言诗名著之一，具有很高的文学价值。与其他格言诗相比，《国王修身论》"在主题上更为清晰，层次分明，集中阐述了统治阶级应如何修身治国；在论述上更为详细，条理清晰，擘肌分理，论据充分，论证严密；在语言上更为通俗易懂，简约自然，说理性强；在创作风格上有新的突破，不死守七字为一句，四句为一首的旧样式，其形式为内容服务，为格言诗的创作拓宽了路子"（李钟霖，1993：62）。

《国王修身论》既有不朽的文学价值，又极具史学、社会学研究价值，它是时代的产物，也是时代的印记。当时的西藏处在帝国主义侵略威胁之下，清政府软弱无能，人民苦不堪言，身处这样的浊世，米庞嘉措创作的《国王修身论》一方面反映了贫苦大众的生活状态，表达了贫苦百姓的愿望，阐述了"民为贵""民为邦本"的进步思想（米庞嘉措，1987：1），另一方面，揭露了统治者的残暴行为，就统治者应该如何治国、如何修身、如何传播佛教教义等提出建议，值得后人学习和借鉴。

作为一部文学经典，《国王修身论》不仅展示了藏族人民深邃的哲理思想和智慧，而且反映出当时藏族社会所特有的文化特征、生活状态和历史风貌。

三、《国王修身论》的汉译和英译情况

《国王修身论》仅有的汉译本为耿予方所译，于1987年由西藏人民出版社出版。

耿予方，1929年出生于山东省昌乐县，中央民族大学藏学系教授。在1949—1954年，曾先后在华东大学社四部和文学系、山东大学中文系、中央民族学院藏语文专业就读学习。他多年从事藏文的学习和研究，从1954年起，他一直在中央民族学院从事藏语文教学和研究工作，先后开设汉藏翻译理论和实践、民族理论及政策、藏族民间文学研究、藏族文学史等课程。他的专著有《藏族当代文学》，译著有《国王修身论》《格丹格言·水树格言》，与人合著《藏族文学史》《藏族民歌选》《藏族民间故事选》《喜马拉雅之歌》《佛经故事选》《阿古登巴故事集》等，参与《中国大百科全书·中国文学卷》《中国曲艺音乐集成·四川卷》《中国歌谣集成·西藏卷》的编辑和撰稿工作；发表学术论文五十余篇，藏族诗歌译文、小说、戏剧、散文等一百余篇。他潜心钻研，取得了丰硕的学术成果，同时也获得很多奖项和荣誉。1985年，在第二届少数民族文学创作评奖中荣获优秀翻译奖；1989年，他参与编写的《藏族文学史》获得北京市哲学社会科学和政策研究优秀成果一等奖及全国高等学校优秀教材奖。

耿予方多年从事藏语文的教学和研究，去西藏采风、与藏民一起生活的经历使他对藏族的民歌、寓言、诗歌和文化风俗有全面而深入的了解，这些都为他的藏译汉翻译实践活动奠定了坚实的基础。

藏族格言诗语言简练，形式工整，对仗严密，讲究押韵，这要求译者在汉译过程中不仅要准确传达原文的内容，还要兼顾格言诗的形式，力求在语法、对仗、逻辑、修辞、押韵等方面都紧扣原文。

耿予方精通藏文，他对藏族文学的研究、对汉藏翻译理论的学习和大量的藏族诗歌翻译实践活动，使他的《国王修身论》汉译简洁自然、忠实可靠，其译文再现了藏族格言诗的特点，语言简洁流畅、干净利落，可以称得上一个极为成功的译本，以第一章前两首为例：

1
具有广博智慧才华，
还须坚定不移奉法，
爱护臣民平等看待，
福德才能集聚扩大。

2
如同太阳大山海洋，
凡是值得赞美国王，
不管住在哪个地区，
众生生活都有保障。

耿予方汉译的押韵方式基本上都是1121，形式整齐美观、句子长短一致，押韵自然，读起来朗朗上口。无论从视觉上还是从听觉上讲，都是一种享受。

目前，《国王修身论》在国内外尚无英译本出版。本书选择耿予方汉译本为参照并进行英译，已经完成并经英国教授审读，正在出版过程中，故下文引用无注明出处。作为国内外的首次英译，希望本书对广大英语读者了解藏族格言诗、近代藏族社会文化以及藏族人民的智慧有一定的帮助。

四、《国王修身论》英译的价值与意义

对《国王修身论》的首次英译具有鲜明的时代价值、现实意义和学术价值。

《国王修身论》的英译顺应了时代的发展潮流，具有鲜明的时代价值。随着全球化趋势的加强，世界各国之间的交流日益频繁，各国之间的文化相互交融，文化的多样性已成为一种显著的时代特征。2001年11月2日，联合国教科文组织大会通过了《世界维护文化多样性宣言》，指出："文化在不同的时代和不同的地方具有各种不同的表现形式。这种多样性的具体表现是构成人类的各群体和各社会的特性所具有的独特性和多样化。文

化多样性是交流、革新和创作的源泉，对人类来讲就像生物多样性对维持生物平衡那样必不可少。从这个意义上讲，文化多样性是人类的共同遗产，应当从当代人和子孙后代的利益考虑予以承认和肯定。"中国作为一个拥有五千年历史文化的大国，积极主动地向世界展示中国多元的传统文化，已经成为一种必然（梁文霞、张晓芸，2010：196）。因此，将代表中国多元文化特色的藏族格言诗译为世界上应用最为广泛的英语文本，有助于让更多的人了解藏族文化、了解中国传统文化的多样性，这对弘扬中华文化、构建中华民族共有精神家园具有重大意义。在藏族四部格言诗名著《萨迦格言》《格丹格言》《水树格言》和《国王修身论》中，只有《国王修身论》尚无英译本，《国王修身论》的英译填补了这项空白，使中国藏族格言诗更完整、更全面地走向世界。

《国王修身论》的英译具有重要的现实意义。对藏族格言诗的代表作之一《国王修身论》进行英译，向英语世界传播，对增加外界对藏族人民思想情感、生活状态和文化习俗的了解等具有积极的作用，对传承和弘扬民族文化遗产、促进不同文化间的交流与对话，从而消除语言隔阂、增强世界各民族间的相互了解具有深刻的现实意义。王宁博士认为，"在当今这个全球化的时代，当'欧洲中心主义'的思维模式破产，文化本身已出现某种难以摆脱的危机时，西方的一些有识之士开始逐步认识到另一种文化（东方文化）的价值和精深内涵，因而弘扬东方文化并使之与西方文化得以进行平等的对话已成为翻译工作者义不容辞的责任……因此，把东方文化翻译介绍给世界，将是一件更有意义的工作"（王宁，2000：12—13）。从这个角度上讲，对藏族格言诗的英译在某种程度上也是一种文学外交和文化外交。

《国王修身论》的英译具有深刻的学术价值。对藏族格言诗的翻译，能够丰富和完善藏族文学的翻译理论及翻译理论体系，进一步促进藏族文学翻译和典籍英译事业的发展。对藏族格言诗进行英译，在实践的基础上探索和总结藏族典籍英译的规律和方法，寻求藏族典籍英译和典籍英译学之间的共性与联系，可为典籍英译注入新鲜活力，助推我国典籍英译研究趋于成熟与完善。

五、《国王修身论》英译原则与特色

典籍英译是一项复杂的工作,民族文学作品的英译则更为艰巨。要实现中华民族文化"走出去",一方面要尽可能保留原有的文化面貌与特征,保留文化的"原汁原味",另一方面要考虑西方读者的文化背景、接受心理,使译文能够被西方读者理解和接受。藏族格言诗独特的民歌体形式要求译者在翻译时不仅要准确地传达诗的内容,还要统筹全局,兼顾诗的形式、音韵、风格等。基于以上考虑,在翻译《国王修身论》时,我们遵循了如下几个原则:

尽力做到忠实对等。所谓"忠实"就是要"忠实"于汉语原文,在内容、形式和风格上尽可能地贴近汉语译本,从而实现最大限度地间接忠实于藏文原文。比如,第一章第3首:

不懂就学取舍有方,
认真执行法律规章,
国王贤明百姓安乐,
国王暴虐百姓遭殃。

我们英译如下:

Learn new things and choose wisely;
Implement laws and regulations earnestly.
A wise king brings people ease and peace;
A brutal king brings people woe and misery.

在内容上,英译忠实于原文,但不拘泥于具体文字,不能字对字地硬译,汉语词序在英语里有变化,但意思没变,功能对等。形式也对等,一、二行用祈使句,三、四行结构对等。韵脚安排也照样挪移。原文押韵是1121,英语韵脚是aaba。这样,英语读者读着顺畅,不失原诗风格。格言诗的核心智慧也在形式整齐、通俗易懂的英语里得到完美传递。

所谓"对等",是在英语读者可以理解的基础上,尽可能地采取直译,选择与原文相对应的词语或句子结构来进行翻译,从而最大限度地再现原文的艺术风貌。例如第二章第11首:

天天闲坐不去学习，
百年也难有所收益，
若想到达学者圣境，
只有自觉刻苦努力。

我们英译如下：

If a man sits idly every day and refuses to study,

He will have gained nothing even a century later.

If he wants to attain a place scholarly and holy,

He must consciously work harder and harder.

虽然语言习惯不同，原作第一行没有"如果"二字，但其本意是假设，所以英译文里用了 if，这就是意合语言转化为形合语言的例证。其余部分两种语言次序基本对等，但不违背英语句法的基本原则。英文采用 abab 韵式，相对原文有一定的变化。

然而，忠实对等绝不意味着忽视译文的通顺，在翻译过程中，既要确保译文尽可能地忠实于原作，又要采取灵活的方式来保证译文的流畅自然和可读性。正如汪榕培先生所说："我们遵循的原则是以流畅的当代英语表达原作的精神实质，再现原作的艺术风采。在英语读者可能接受的基础上，能够直译就直译，也就是用原文的对应词语或对应结构来翻译。在可能出现词不达意或可能引起误解的时候，就采取灵活多变的处理方式"（汪榕培，1997：36）。基于此，我们对第二章第16节如此处理，原文如下：

没有智慧本领的人，
人数虽多难胜敌人，
就像狮子大象一样，
终被一只小兔降服。

我们英译如下：

Without wisdom and skill, a man can never

Defeat enemies no matter how many there are.

A lion and an elephant, mighty as they are,

Were defeated by a hare much smaller.

原诗第一行中的"人"是主语,"没有智慧本领的"是定语,但若译成"A man without wisdom and skill"就不够简练,主语和谓语相隔太远,所以我们略做调整,把Without wisdom and skill放在句首,当作状语,相当于一个用If引导的从句,减轻了a man的负担,使a man能紧密地和can never defeat结合在一起,突出了主语和谓语,使第一行和第二行关系更加紧密,并且英文里第一行使用了跨行句式,与第二行一气呵成,灵活但忠实于原作。

在翻译藏族格言诗时应当以诗译诗。能押韵则押韵,不能押韵之处不可强求,不能因韵损意。例如第三章的第3节,我们虽然可以押韵,押韵后倒不自然,于是我们放弃了押韵。原文是:

不常露面人们尊重,

露面过多显得普通。

国王以及王宫之事,

莫要让人知道内情。

译文如下:

A man who seldom shows up wins much esteem;

A man showing up too often may seem ordinary.

Things about the king and the palace

Should not be known by the ordinary people.

esteem和seem是很容易凑韵的,但是英国教授审读后认为押韵倒不自然,所以我们改成如上此译。追求流畅自然,也是一个原则。如果为了押韵而频繁地调整词序,就破坏了语言的自然流畅,得不偿失。

通过这次合作,对译者由谁来担当,我们有了更清醒的认识,逐渐坚定了一种想法:汉诗英译若由外国译者主译,有时容易理解出错。若由中国译者主译,表达上有时不地道或不流畅,或过时,或用错。所以,我们坚持,中外译者合作是很有必要的,也是译文质量的保证。

我们认为,只要能准确地传达原文的内容并对原文的形式有所兼顾,译文读起来流畅自然,朗朗上口,便称得上是成功的译作。在翻译《国王修身论》时，在传递原诗意义的基础上，我们尽力保留原诗的声音形象，再现原诗平行的句子结构，力求在内容上贴近原文，在形式上再现格言诗的风貌，在语言上简单易懂、干净利落。

在对藏族文化、佛教典故的处理上，我们认为不应拘泥于一种翻译方法，而应采取灵活的翻译策略。在翻译《国王修身论》的过程中，对一些藏族特有的文化现象或人名、地名等，我们以直译为主，但有时也灵活变通地或意译，或音译，或具体化，或泛化处理，或减省，或补偿等，以序歌第1节为例，原文如下：

佛陀乃是殊胜导师，

佛经指出解脱路径，

佛僧堪称大地美饰，

谨向佛法僧三宝致敬。

我们英译如下：

Buddha is the superior supervisor;

Dharma reveals means of salvation in the Sutra;

Monks can be called the earth's decoration.

We salute sincerely these three treasures.

英译中几乎都是直译，连句法结构都对等，例如，第一行的is替代原文第一行的"乃是"，第二行的reveals替代原文第二行的"指出"，第三行的can be called替代原文第三行的"堪称"。另外，原文第四行中三个佛教词汇"佛法僧"被我们乌有化了，但读者的理解不会受到影响。如果把"佛法僧"三个字译出来，译成Buddha，Dharma，Monks，会大大增加这一行的长度，读起来费劲不流畅。英译中增加了一个单词，即these，用these代替了前三行的第一个单词，即第四行提到的"三宝"。

不论采取哪种翻译方法，其宗旨都是要尽力保留原文的文化意蕴，忠实地传达原文的文化内涵，同时力求译文通俗易懂、自然流畅，能够被英语读者接受和理解。

六、结语

米庞嘉措运用大量的笔墨宣扬"爱民"和"民为贵"的治国理念。这种"爱民亲民"的治理思想与中国传统治理思想一致，如儒家所推崇的"仁者爱人"、实施仁政和德政的治国方法；孟子提出的"民为贵，社稷次之，君为轻"的君民共存之道；老子"圣人无常心，以百姓心为心"的以德爱民的治国理念等。当代中国的治国理政方针仍然传承着这一传统。"一切为了群众，一切依靠群众，从群众中来，到群众中去"的群众路线便是这一传统的高度总结。

另外，米庞嘉措就统治阶层如何修身养性提出许多建议，如努力培养良好的品质和防止腐败等，意志坚定、言出必行、勤俭廉政、平易近人、胸怀宽广、温和谦逊这些中华民族的传统美德和品质，不仅仅是古代统治阶层的修身之道，是当代社会每个人所要学习的必修课。

《国王修身论》作为一部藏族经典名作，有很高的文学价值，它所呈现的藏族文化风貌、伦理智慧、道德观念、是非标准等都给予读者深刻的启迪，书中所阐述的治国修身的积极理念对当代社会仍有借鉴价值，值得后人思考和学习。所以，对这部诗集进行研究、翻译并以双语本或多语本形式出版，扩大读者面，使更多人受益有着多重的意义。

参考文献

[1] 蔡晓菁. 藏族格言诗哲理新探[D]. 北京：中央民族大学硕士学位论文，2008.

[2] 李钟霖. 藏族格言诗文化审视[J]. 青海民族研究（社会科学版），1993（3）：57—65.

[3] 梁文霞、张晓芸. 少数民族典籍英译现状研究及对策——以藏族格言诗英译为例[J]. 前沿，2010（12）：195—97.

[4] 米庞嘉措. 耿予方译. 国王修身论[M]. 西藏：西藏人民出版社，1987.

[5] 王宁. 全球化时代的文化研究和翻译研究[J]. 中国翻译，2000（1）：

10—14.

[6] 汪榕培.比较与翻译[M].上海：上海外语教育出版社，1997.

（本文原载《语言教育》2015年第2期，作者李正栓、刘姣，数据未做更新，内容略有改动。）

《国王修身论》中的伦理与英译追求

一、引言

伦理思想是藏族传统文化的一项重要内容。"在远古时期,藏族先民就已经在社会的生产和生活实践活动中逐渐产生、形成了原始而朴素的伦理道德意识"(余仕麟,2015:1)。在历史变迁和时代发展的进程中,藏民族的伦理道德观念逐渐积淀,日趋完善,底蕴深厚,别具一格。这些思想观念既反映了当地的社会习俗风貌,又体现了汉藏两个民族文化的深度交融。19世纪末,德格地区刚刚结束了近四十年的内乱,但清政府统治腐败无能,西方侵略者虎视眈眈,米庞嘉措应约论述如何治国理政,撰写成《国王修身论》(亦译《论王道》)一书,"为德格土司梳理了在世风日下的浑浊年代,维护和构建良好社会秩序所需要的管理知识和治理手段"(杨毛措,2017:116)。此书也可称作"论统治者修养"。米庞嘉措"青年时代适逢'瞻对事件'"(道吉才让,2014:13),多年颠沛流离、居无定所的生活让他饱览世间百态,体察民间疾苦,给他的创作提供了丰富的素材。《国王修身论》一千余首格言诗不仅"全面系统地阐述了国王应该如何治理国家、如何修身养性"(李正栓、刘姣,2015:13),更向读者展示了内涵丰富的伦理观念和人生智慧。本文从政治、社会等视角剖析该书所蕴含的伦理思想,并进一步从翻译的角度阐述如何忠实传递这些思想,以期在民族典籍英译的原则和意义方面提供一种新思路。

二、政治伦理方面的内容

藏族格言诗中有许多治国安邦的名言警句,《国王修身论》尤为如此。作为对少年土司的指导,该书从不同角度论述了施政工作的具体原则,展现了藏族先哲的智慧。就伦理而言,其内容可大致分为以民为本、施行仁政,选贤任能、公正执法,团结和睦、众志成城三个方面。

以民为本、施行仁政这一伦理原则贯穿于整个中国历史,古有"为政以德,譬如北辰"[9],"政之所兴,在顺民心"[5],今有"把以人民为中心的发展思想落实到各项决策部署和实际工作之中"[17]。西藏自13世纪中叶正式归入元朝版图以来,一直处于中央政权的管辖之下。自元代起,"西藏地方政府在向中央王朝的朝贡中往往遵循上下级隶属关系的儒家伦理观"(刘俊哲,2015:240—241),在这种观念影响下,藏族也逐渐形成君王仁慈爱民的伦理思想。米庞嘉措以格言诗这种僧俗各界都喜欢听并能听懂的形式告诉统治者应当牢记以民为本、施行仁政这一治理观念,如:

国王具有慈悲心肠,
爱民若像自己儿郎,
百姓就会不惜一切,
竞相保护自己国王。

(久·米庞嘉措,1987:129)

自古以来,民为贵的思想根深蒂固。常言道:"水能载舟,亦能覆舟"。民是国之根本。统治者要爱护人民百姓,使其安居乐业,才能赢得人民的尊重爱戴,才能维护社会的稳定团结,才能实现国家的兴旺发达。所以,统治者要热爱人民,关心人民,教育人民,不断进行伦理引导,不断树立信仰。

此外,政治伦理思想还体现在选贤任能、公正执法上。"法治"与"德治"都是维护国家秩序、促进社会发展的手段。法律作为"惩恶"的工具,要合理运用,才能发挥其应有的作用。早在西汉初期,著名大儒贾谊就曾指出用贤任能、禁邪除恶的重要意义,"故圣王在上,则使盈境内兴贤良,以禁邪恶"[7]。米庞嘉措深谙人才和法规对社会治理的重要意义，在书中提出统治者要任人唯贤，执法要严明，为社会的正常运转提供有力保障和支持，如：

精通法典决不偏袒，

处事公正考虑周全，

是非清楚赏罚分明，

最好让其担任法官。

（久·米庞嘉措，1987：41—42）

这首诗不仅体现了唯才是举的选官思想，更体现了公平公正的重要意义。道德如春风化雨，润物无声，而法律则确立秩序，铁面无情。运用好法律这个工具需要执法人刚正不阿，不偏不倚。

团结和睦、众志成城是《国王修身论》政治伦理的又一体现。藏民族大多世世代代一起生产和生活，社会联系牢固，形成了共同的民族情感。同时，在自然条件恶劣、生产力低下的情况下，人们必须紧密团结，互相帮助，儒家"大一统"思想也深入藏族人民心中。现以第十四章一诗为例：

匹马单枪事情难办，

团结一致事情好办，

一切英明治国之主，

可将二者比较一番。

（久·米庞嘉措，1987：172—173）

藏民族团结思想的形成有其特定的历史背景。"吐蕃王朝最后一位赞普达玛被弑后，王室内部分裂"（星全成、仁青，2003：16），各种势力的相互攻伐导致藏族社会长达数年动荡不安。元代以来，在中央的统一管理下，较为安定的社会环境让藏区人民切实体会到团结一致的重要意义。

三、社会伦理方面的内容

"马克思主义认为，人与人的社会伦理关系是人类社会三种最基本关系之一（另两种是物质生产和需要）"（班班多吉、史达，2004：88）。

通过长年对各种社会现象的观察和研究，米庞嘉措在《国王修身论》中展现了他颇具洞察力的社会伦理思想，为社会的健康发展提供有益指导。"格言诗藏语里叫'勒谐'，意为'善言'"（李钟霖，1991：58）。字里行间，我们可以感受到"善"在藏族伦理思想中的重要性。善与真和美共存才能构建和谐社会。唯有人与人之间关系融洽，彼此善待，社会才能和谐，才能进步。这些观点来源于百姓生活，又反馈到实践中，指导着人们的日常行为，主要体现在以下三个方面：追求自由、提倡平等；尊敬长辈、孝敬父母；慷慨大方、扶危济困。

追求自由、提倡平等的思想体现了米庞嘉措初步的民主自由观。由于社会平等体现在税款征收、法律执行、政策实施等各个方面，因而在这本书中，对社会平等自由的诉求俯拾即是。百姓安居乐业并幸福生活是社会治理的最高追求，所以统治者要给予民众自由生活的权利。如：

自己管辖土地之上，
包括一切家畜牛羊，
使之自由自在生活，
国王经常寻求妙方。

（久·米庞嘉措，1987：171）

米庞嘉措对自由平等的向往和追求看似简单朴素，却体现了他对当时统治阶级限制民众自由的不满与反抗。虽然部分内容基于佛理，但是却展现了民本主义思想和社会法制意识的雏形。

尊敬长辈、孝敬父母也是该书社会伦理思想的体现。百善孝为先，中华民族的传统美德历史悠久。长辈有教导之恩，父母有养育之情，只有知恩图报之人才会得到他人的尊重和信任。如：

对于长辈阿爸阿妈，
应该诚心诚意尊敬，
一切装束言语行为，
都要和上等人相同。

（久·米庞嘉措，1987：168）

孝道为儒家文化所提倡，在汉朝选官的察举制中，最重要的科目之一就是孝廉科。该制度选拔了一大批德才兼备的优秀人才，足见"孝"在中华传统伦理文化中的重要地位和推动社会发展的积极作用。

慷慨大方，扶危济困，反对贪得无厌，主张知足常乐。贪欲是万恶之始，奉献是快乐之源。如果利欲熏心，很有可能会做出损人利己之事，影响社会安定；而富有同情心、乐于助人不仅是个人高尚品德的体现，更是美好幸福生活的前提。如该书一诗：

不要贪恋任何财宝，

尽量布施尽量供养，

对于一切贫困众生，

布施应该慷慨大方，

（久·米庞嘉措，1987：233）

米庞嘉措将佛教文化中的施舍观与社会伦理中的金钱观相结合，向统治者献策，为穷苦百姓发声。全社会都以乐善好施为荣，互帮互助，才能形成良好风尚，才能扬廉洁正气，促和谐之风。

四、其他伦理内容

早在秦汉前后，就有多次汉地人口流入藏地的情况。公元641年（唐贞观十五年），文成公主入藏，带进"书典三百有六卷，术数书三百卷"。（转引自黄奋生，1989：69—70）金城公主入藏后，"又派专使来唐请求汉族的文化遗产《毛诗》《春秋》《礼记》等书"（黄奋生，1989：127）。汉藏民族的长期往来不仅使这两个民族间人口流动性增强，还使两种文化相互影响，走向融合。在《国王修身论》中，类似"穷则独善其身，达则兼济天下"（孟轲，2007：180）的儒家个人修养之说也有很多。

从个人发展的角度看，首先要将尊崇贤哲、笃志博学的思想运用到学习文化知识当中。人的全面发展离不开学习，藏民族自古以来崇尚智慧，鼓励孜孜不倦地学习，注重文化素质的提升。米庞嘉措也认识到广博学习的重要性，如：

各种处世艺术窍门，

尤其国王修身经论，
还有五明文化宝库，
都要认真学习掌握。

（久·米庞嘉措，1987：17）

统治者只有通过不断的学习，完善知识储备，才能提升修养，受到众人爱戴。掌握科学文化知识，锐意进取，运用所学造福人民，才能让百姓生活幸福美满，推动社会的发展进步。学识渊博的人还能为大众的生活提供指导，久而久之，便可形成尊崇贤哲、励志尚学的民族心理和社会风气。

在藏民族中，注重道德、提升修养与学习知识同等重要，也可以说，知识就是道德，或知识必须与道德相结合，思想道德素质与科学文化素质都要提升，德才兼备方可成为栋梁之材。如果一个人缺乏道德修养，那么再多的学识和智慧也不能发挥其价值，更无法服务社会。

凡是聪明智慧国王，
总是提倡德行高尚，
就像太阳金光四射，
照得大地特别漂亮。

（久·米庞嘉措，1987：4）

"为人之道，侧重于个人的内在修养，是个人内心信念的道德化"（蔡晓菁，2011：60）。知识可以医愚，道德则能修心，只有将二者紧密结合，同步提升，才能实现人的不断发展，推动社会的持续进步。

此外，米庞嘉措曾研习大小五明，精通新旧密法以及藏传佛教其他派别的见解和修法，因而《国王修身论》还体现了佛教思想在文学作品中的影响。作为社会演进的产物，藏传佛教在形成和发展过程中始终与藏族文化紧密相连，米庞嘉措采用格言诗这一文学形式，将佛教文化与世俗伦理有机结合，从不同视角展现了藏族社会的精神文化风貌和藏族人民的思想道德观念。

五、如何英译

"《国王修身论》英译是一项复杂且艰巨的任务"（李正栓、李子馨，2019：2）。李正栓、刘姣以耿予方的汉译本（西藏人民出版社1987年出版）为底本，将该书译为英文，历时几年，以英汉藏三语种的形式呈现，于2017年出版，填补了该书英译本的空白，也推动了藏族优秀传统文化在国外的传播，有利于推动中国文化"走出去"和我国文学翻译对外话语体系的建立。

"伦理道德是人类的智慧生存方式之一"（高兆明，2005：28），藏族格言诗是含有深刻教育意义的箴言警句，蕴含丰富的人生哲思和伦理智慧。在英译过程中，不但要考虑字词间的转换，还要还原诗歌的伦理道德观念和思想文化内涵，在文学、社会学乃至哲学层面上都要尽力做到忠实对等。

首先，要做到"接力翻译"的间接忠实。从语言转换角度看，有时民族典籍翻译可称作"接力翻译"，因为英译者不依靠第一语言，而是靠第二语言进行翻译。正因为是从第二语言过滤后译成英语，英译者首先要保证对第二语言文本忠实以免更加远离第一语言文本，这是间接忠实。就《国王修身论》英译而言，它不是从藏语译成英语，而是依靠从藏语翻译而来的汉语文本进行英译的。这是典型的"接力翻译"，也是民族典籍英译常有的现象。随着"一带一路"倡议的深入推进，中国与沿线各国的往来不再局限于贸易、金融、基础设施建设等领域，作为"一带一路"的重要目标，实现民心相通离不开文学作品的翻译和传播。中国有五十六个民族，少数民族典籍更是浩如烟海，将异彩纷呈的少数民族文化译成英文，是从"翻译世界"向"翻译中国"的转变，更是讲好中国故事、构建中国国际话语体系的需要。然而，既精通少数民族语言和外语，又具有一定的文学素养、从事翻译工作的人少之又少。由此看来，在多语种、跨文化的背景下，"接力翻译"对少数民族典籍英译不可避免并依然重要。

本着忠实于耿予方汉译本的原则，英译者经常使用异化策略，采用直译的翻译技巧，以期最大限度地保留原诗的伦理思想和文化内涵。例如：

格言满足不了学者，
学问满足不了贤者，
江河满足不了大海，
欲望满足不了小孩。

Maxims cannot satisfy scholars;

Learning cannot satisfy philosophers;

Rivers cannot satisfy seas and oceans;

Desires cannot satisfy children.

（Mipham Gyatso, 2017: 17）

汉语译文连用四个"满足不了"，英语译文连用四个"cannot satisfy"。英译者严格按照汉语译文的表达，进行接力翻译，对其进行相同的英译，这就是语言转换上忠实对等的体现。

其次，译文模仿原文风格。作为交流的工具，译文语言的可读性很关键。可读性强就会吸引读者。译文风格能帮助作者与读者进行沟通。因此，英译者力求再现原作风格，如行文句法和词法等。下边一诗结构简单，语言精练流畅。英译译文力争再现这种简朴美：

一向谦逊学者求教，
二把贤君良友依靠。
三住吉祥如意之地，
自己方能愉快欢笑。

First, pray modest scholars for learning;

Second, rely on friends and a wise king;

Third, live in places auspicious and good.

Then you can smile in a pleasant mood.

（Mipham Gyatso, 2017: 20）

前三句，英译者均采用"副词+祈使句"的形式简洁表达原文之义，且第三句未用定语从句修饰"places"，而是用后置定语"auspicious and good"。第四句未用动词英译"愉快"，而是用伴随状语表达。译文语言力争干净利落，不拖泥带水，以简约美吸引读者。

再次，时刻铭记用韵原则，把握好用韵的尺度。翻译格言诗这种音乐性很强的诗歌体裁作品，除语言简洁之外，还要力争传递声音美并力争忠实还原汉语文本的韵脚，能押韵时一定押韵，不能押韵时不强求，不可因韵害义。例如：

龙宫人间以及天堂，
所有智慧之莲开放，
国王学者犹如太阳，
天地三界大放金光。

In the dragon's palace, on earth and in heaven,
All lotuses of wisdom are in full bloom.
The king and scholars are like the sun,
Giving golden rays in these three realms.

（Mipham Gyatso, 2017: 22）

汉语"堂""放""阳""光"均押"ang"韵，而译为英语，很难做到押同一个韵脚，如要"硬押"，势必会影响句义的准确传达，因而译者没有押韵，先确保忠实传递原文内容。

最后，关注文化负载词的翻译。文化负载词是理解的难点，更是表达的重点和难点。译者多用直译，同时采用灵活多样的翻译方法，力求准确传递藏族传统文化和伦理哲思，并使其为英语读者所接受。此外，译者保留了汉语译本中的注释，英译并附在每章之后，具体解释那些概括性词汇、具有浓厚藏族文化特色的术语、藏区神话传说等内容。如汉语及英译：

众生也有五蕴之情[②]，
这里只把两点讲清。
一是人生皆有四苦[③]，
二是人身五素组成[④]，
保护身体各有高招，
国王应把二术记清。

All beings have the Five Skandhas[②].

Only two points are explained here.

Firstly human life has four sufferings③,

Secondly a body is composed of five elements④,

There are various tactics to protect the body;

The king should remember these two points clearly.

（Mipham Gyatso，2017：22）

"五蕴""四苦""五素"都是具有文化内涵的概括性词汇，译文"Five Skandhas""four sufferings""five elements"也采用概括性的方式进行翻译，并采用注释的方式在章节末尾具体解释其文化内涵和伦理思想。

对任何文本进行英译，策略、技巧和方法都很多，但无论翻译理论如何发展和变化，对原作进行对等理解和恰如其分地表达是第一要务。对跨民族跨文化作品进行翻译，最重要的是正确表达文化负载词。对任何作品进行翻译，最好能再现原作风格。

六、结语

"社会需要伦理智慧的构建和完善，以保障其有序发展；个人需要伦理智慧以便在复杂的道德冲突中作出正确判断和明智选择，使自己成为真正自觉、自由的道德主体"（庞学铨，2005：224）。藏族格言诗《国王修身论》不仅是为统治者进行治理提供的妙药良方，更展现了藏族优秀的传统文化颇为深邃的伦理思想。许多藏地先哲受儒家文化影响的思想都能在这本书中寻到踪迹。米庞嘉措视野开阔，在政治治理方面主张以民为本、施行仁政，选贤任能、公正执法，团结和睦、众志成城，在社会层面提倡追求自由、提倡平等，尊敬长辈、孝敬父母，慷慨大方、扶危济困，从个人成长角度建议尊崇贤哲、笃志博学，注重道德、提升修养。这些思想与我们今天所提倡的"富强、民主、文明、和谐，自由、平等、公正、法治，爱国、敬业、诚信、友善"的社会主义核心价值观高度重合，展现了藏族人民的智慧和汉藏两种文化水乳交融。

在英译方面，首先要遵循忠实对等的翻译原则，以"中介译者"的汉语译本为蓝本，还原原作的思想文化内涵。同时，要注重语言的流畅性和押韵的选择。最后，要灵活处理文化负载词，用注释的方式充分展现原作的伦理文化内涵。从《国王修身论》等藏族格言诗的英译来看，少数民族典籍翻译可以尝试"接力翻译"的方式，以在"一带一路"倡议背景下，讲好中国故事，推动中国国际话语体系和中国对外文学话语体系的构建。

参考文献

[1] 班班多吉、史达.《礼仪问答写卷》中伦理道德观初探[J]. 西藏研究，2004（3）：88—93.

[2] 蔡晓菁. 藏族格言诗中的和谐社会思想[J]. 福建省社会主义学院学报，2011（4）：59—62.

[3] 费孝通. 中华民族多元一体格局（修订本）[M]. 北京：中央民族大学出版社，1999.

[4] 高兆明. 伦理学理论与方法[M]. 北京：人民出版社，2005.

[5] 管仲. 管子[M]. 吴文涛、张善良编著. 北京：北京燕山出版社，1995.

[6] 黄奋生. 藏族史略[M]. 北京：民族出版社，1989.

[7] 贾谊. 贾谊集·贾太傅新书[M].（明）何孟春订注. 长沙：岳麓书社，2010.

[8] 久·米庞嘉措. 国王修身论[M]. 耿予方译. 拉萨：西藏人民出版社，1987.

[9] 孔丘. 论语[M]. 北京：北京出版社，2008.

[10] 李正栓、李子馨.《国王修身论》翻译与传播史研究[J]. 外语教学，2019（2）：94—98.

[11] 李正栓、刘姣. 米庞嘉措《国王修身论》翻译研究[J]. 语言教育，2015（2）：12—17.

[12] 李钟霖. 藏族格言诗中的伦理观[J]. 西南民族学院学报（哲学社会科学版），1991（5）：58—61.

[13] 刘俊哲. 儒学向藏区的传播与影响研究. 载儒藏论坛[M]. 成都：四

川大学出版社，2015.

[14]孟轲著.孟子[M].崔钟雷主编.哈尔滨：哈尔滨出版社，2007.

[15]庞学铨.哲学导论[M].杭州：浙江大学出版社，2005.

[16]吴兢.贞观政要[M].长沙：岳麓书社，1991.

[17]习近平.习近平谈治国理政（第二卷）[M].北京：外文出版社，2017.

[18]星全成、仁青.再论藏族格言诗中的伦理思想[J].青海民族学院学报（社会科学版），2003（3）：15—19.

[19]杨毛措.康区宁玛派著名学者——居·米旁嘉措[J].四川民族学院学报，2014（6）：12—18.

[20]杨毛措.居米旁大师的王权学说——《国王修身论》释读[J].中国藏学，2017（3）：114—124.

[21]余仕麟.藏族伦理思想史略[M].北京：民族出版社，2015.

[22]Mipham Gyatso. *Moral Cultivation of Kings*[M]. Trans. Li Zhengshuan, Liu Jiao. Kathmandu: Nepal Tianli Publication and Culture Company Pvt. Ltd, 2017.

（本文原载《译苑新谭》2019年第2期，作者李正栓、王心，数据未做更新，内容略有改动。）

第五部分　藏族格言诗翻译与传播研究

《格丹格言》翻译与传播史略

一、引言

藏族文学是中国文学的重要组成部分，其格言诗特色鲜明，为民众喜闻乐见，教育功能强大，在藏族文学和中国文学乃至世界文学中也是独树一帜、地位显赫。

格言诗从形式上讲多为每节四行，每行七个音节，内容大多是通过阐述佛教思想来影响并教育人民，宣传治国理政的主张和各种伦理道德观念。格言诗的突出特点是比喻丰富。作者们细心观察身边环境，选取日常生活中的事物作比，把哲理和客观物象巧妙结合，让物象表达思想，以象达意，使格言词汇更接近人们的认知水平，更能传神地表达作者的意思。格言诗通常反映西藏历史发展某一时期的意识形态、政治思想、伦理观念以及社会生活等方面内容。

二、关于《格丹格言》

《格丹格言》即《智愚辨别论具善格言白莲花束》，成书于16世纪中叶。"格丹"是从藏文音译而来的，意思是"具善"。所以，《格丹格言》意思是"令人受益的格言"，主要教人辨别何为智者，何为愚者，是一部智慧良言"宝库"。

该书作者是佛学泰斗班钦·索南扎巴（1478—1554）。他是西藏有名的高僧，"曾获得'格西'学位和拥座'法台'尊位"，"公元1529年，索南扎巴52岁（也有人说是58岁）时，因僧众拥戴升任为格鲁派创始人宗喀巴·罗桑扎巴的法座继承人'噶丹赤巴'"（李钟霖，1985：78），这与他本人的勤勉努力以及渊博的学识是分不开的，他在格言诗中倾注了心血和智慧。

《格丹格言》共125首。每首四行，每行七字。每首的前两行是作者要表达的基本思想，主要是从日常生活现象中提炼出哲理，后两行借助通俗易懂的寓言故事、典故来给上文打比方，使格言更加生动形象并且语言平易近人。

《格丹格言》主要论述何为智者、何为愚者以及如何辨别二者。索南扎巴在格言中融入了他对人与社会的思考，充满智慧地表达了他对智愚的分辨和对世事的态度，反映了西藏当时的社会生活和思想文化。

"《格丹格言》的创作模仿了《萨迦格言》，有些典故取材于《萨迦格言》，但在写法上与萨迦又不全然相同"（张庆有，1983：79）。《格丹格言》独具特色的地方主要在于写作手法上运用了对比，在一组诗里分别描写智者与愚人，使二者形成鲜明的对比，以突出训诫的主题，情感丰富，使人们印象深刻。此外，索南扎巴善于将藏族民间传说、宗教故事、日常生活中的典故或是自然界事物写进格言诗中，从不同的侧面真实生动地描写智愚形象，比喻恰当且通俗易懂，使普通读者都能领略到格言诗的内涵，极具感染力。诗歌的韵律也是朗朗上口，非常具有可读性。时至今日，《格丹格言》中的精神对社会依然具有指导意义，值得我们深入学习和研究。

三、《格丹格言》的汉译、文本研究与传播

在比较有代表性的几部藏族格言诗中，《格丹格言》翻译起步较晚，译本数量和研究文章也不够丰富。目前，完整的汉译本只有一个。1986年，耿予方翻译的《格丹格言》汉译本由西藏人民出版社出版，与《水树

格言》合集，称作《格丹格言·水树格言》。

学者们对《格丹格言》的评论和研究使其得以在西藏以外地区传播。国内对《格丹格言》的学术研究主要从20世纪七八十年代陆续开展起来。朱刚（1978）从藏族格言诗的形式、内容和比兴三方面进行论述，主要研究对象为影响最大的三部藏族格言诗《萨迦格言》《格丹格言》和《水树格言》；张庆有（1983）概述了格言诗作者索南扎巴的生平并介绍了《格丹格言》的梗概，举例论述了《格丹格言》的主要思想内容和写作方法；李钟霖（1985）介绍了作者索南扎巴的生平，简要分析了格言诗的思想内容并将其概括为16个方面，还分析了《格丹格言》的写作技巧与艺术手法；李钟霖（1990）从名义和文义两方面诠释了《格丹格言》的内容，文中挑选了大量格言中的实例并叙述每首格言诗背后的故事并加以论证；李正栓（2013）对《格丹格言》的内容及其汉译和英译情况进行了简要介绍。

《格丹格言》的汉译者耿予方曾任教于中央民族大学藏学系，是藏学研究专家，长期致力于西藏文化和文学研究，著述颇丰。他为藏族民间文学的整理付出了很多努力。他曾担任藏族文学采风队长，深入西藏进行调查，收集藏族文化珍宝。他对藏族文化和文学研究的重视与中央的精神是一致的。

1980年3月在北京召开的西藏工作座谈会提出"建设团结、富裕、文明的社会主义新西藏"，1984年召开的第二次西藏工作座谈会更加深入地推进西藏各项事业的开展，决定发达省份和中央部委分两批援建43个中小型工程项目，并明确提出要发展和繁荣西藏的文化艺术，要坚持对外开放，对内加强与其他省份、其他民族的沟通。

同是在1984年，国家重大科研项目"民间文学三套集成"正式启动。在西藏地区，学者们深入藏民生活采风，记录民间故事。通过学者们多年的同心协力，这些藏族文学珍宝经过整理由西藏人民出版社出版，开始为人们所熟知。

《格丹格言》的汉译本即在这一时期出版《格丹格言·水树格言》的出版对藏学研究也是一重大贡献。藏族典籍的翻译与传播增进了西藏与国内其他省市、其他民族文化的交流与融合，促进了藏汉交流与发展。语言是交流的工具，格言诗汉译工作就是在为藏汉交流服务，《格丹格言》汉译本的出版也为维护民族团结、消除民族隔阂做出了重要的贡献，促进了民族之间的互相理解，使更多读者充分认识到藏族格言诗里的智慧和哲理。

我们对藏族格言诗的翻译传播史进行研究和梳理也是在向耿予方等辛勤付出的藏学研究前辈们致敬，希望后人能记住这些为保护传承藏族文化、增进藏汉文化交流事业付出一生心血的学者，并且在他们研究成果的基础上进一步挖掘藏族格言诗的魅力。

四、《格丹格言》的英译与传播

2011年，李正栓和韶华完成了《格丹格言》的英译工作，于2013年由长春出版社出版，收录在《藏族格言诗英译》一书中。目前，这是国内外第一个《格丹格言》的英译本，此译本的出现填补了《格丹格言》英译领域的空白。

《藏族格言诗英译》是由李正栓和其他几位译者合作完成的，是国内第一个由汉族学者翻译并面向全世界传播藏族格言诗文化的英译本。书中包括456首《萨迦格言》、125首《格丹格言》。为方便阅读，《水树格言》被分为两部分排版，分别是139首《水的格言》和106首《树的格言》。在这三部格言诗中，《萨迦格言》在国外已有乔玛英语节译本、薄森英语全译本、塔尔库英语节译本、达文颇特英语全译本，在国内仅有李正栓等人全译本；《水树格言》已有一个美国译本（2012）和李正栓英译完整本。而就《格丹格言》来说，李正栓译本是世界上第一个和唯一的英译本。此译本的出现填补了《格丹格言》英译的空白，无论是在学术研究还是在少数民族文学跨文化传播方面都有重要意义。

李正栓对西藏文学产生浓厚兴趣是从阅读西藏格言诗开始的。他在一次偶然的机会中读到藏族格言诗，发现其中蕴藏着深刻的人生智慧与哲理，他被格言诗的魅力深深吸引，也由此提升了对西藏和西藏人民的认识。李正栓发现藏族格言诗在英译领域还存在诸多空白，于是希望把中国宝贵的藏族格言诗文化介绍给英语世界，让更多人感受藏文化特有的魅力，促进中外文化交流。

李正栓长期从事英美诗歌教学和研究，从事英诗汉译和汉诗英译实践。然而他不懂藏语。于是，把对耿予方汉译本的忠实作为对索南扎巴藏文本的间接忠实。因此，他力争紧贴耿予方文本的语言和意象，保留耿予方汉译本风格。北塔曾评价李译本："间接忠实不亚于甚至可能比有些直接翻译更加忠实"（北塔，2014：65）。他还评论说：李坚持以诗译诗，和原诗在形式上保持对等，做到了尊重原作并且语言通俗易懂。

《格丹格言》英译本出版后，学界对其进行评论与研究。叶红婷和李正栓（2015）对《格丹格言》英译本进行探析，并与《萨迦格言》英译本比较，分析译文是否能传达原文文义，认为《格丹格言》英译本保留了原文的美，并且向读者准确传达了藏文化的意蕴。耿利娟和胡新（2015）针对《格丹格言》英译本中一些原文词汇的翻译进行研究，认为李译本用词得体、语义准确并且教育功能凸显；闫曼茹（2016）对《格丹格言》中的智愚观进行了分析解读，并对英译本的译文特色进行探析，闫曼茹和王密卿（2016）进一步深入研读和分析了《格丹格言》英译本，认为译本做到了忠实原文，准确传达了文意。宁小娟的硕士学位论文（2016）对《格丹格言》等几部格言诗英译本进行研究，以德国功能主义翻译目的论为指导，分析翻译实例；李霄宇（2016）以泰特勒的翻译原则为理论指导对《格丹格言》英译本进行了研究。这篇论文弥补了《格丹格言》英译本在这一研究领域的空缺。

藏族格言诗英译领域的成果尚少，《格丹格言》英译本弥补了其英译的空缺。首先，英译本的出现使英语世界读者得以认识藏族格言诗这一中国少数民族独有的文学形式，感受中华典籍的博大精深，更加了解中国。译者的初衷就是把中国优秀的传统文化通过翻译传播介绍给英语世界读者。这是一名翻译工作者义不容辞的责任，每一位从事翻译工作的学者都有义务为中国文化的对外交流尽一份力。其次，英译本的出现可以促进中外文化交流，增进相互理解，让西方更加了解中国，减少偏见和隔阂，维护国家安全稳定，促进国内民族团结。目前，中央对西藏地区的经济社会发展非常重视，在2015年8月召开的第六次西藏工作座谈会上，习近平主席强调坚决维护祖国统一、加强民族团结，坚定不移地开展反分裂斗争。自古以来，西藏就是我国领土不可分割的组成部分，翻译工作者也肩负使命，通过少数民族典籍外译充分宣传西藏文化。在翻译领域，藏族格言诗英译就是宣传中国少数民族传统文化的一条重要途径，通过文化传播促进交流，建立文学外交、翻译外交，增进国际理解和沟通。在学术研究方面，《格丹格言》的英译本也将发挥重要价值，为国内外的藏学和藏族格言诗研究者提供资料，也为翻译研究提供了参考文本。

五、结语

《格丹格言》的翻译与传播为读者了解和学习藏族格言文化开辟了道路。《格丹格言》翻译成果为数不多，汉译本出现时间较晚且译本数量单一，学术研究热度也不及《萨迦格言》与《水树格言》。目前，少数民族文化的保护、继承与传播是一个重要课题，这方面的人才缺口很大，急需引起广大研究人员和翻译工作者的关注。在全球化时代，国家间的文化交流必不可少，藏族格言诗作为少数民族传统文化精华也需要走出国门，其中翻译与传播是关键，在这方面大有可为。我们期待英译研究多样化成果的出现。如果能用现代传播技术推送，阅读人群会更大。若能以藏汉英三种语言推广，会增加语言对比学习的机会。这些都是努力方向。

参考文献

[1]北塔.间接忠实：少数民族典籍翻译的一颗硕果——评李正栓新著《藏族格言诗英译》[J].燕山大学学报（哲学社会科学版），2014（1）：62—66.

[2]耿利娟，胡新.《格丹格言》词语英译研究[J].石家庄学院学报，2015（2）：78—82.

[3]李霄宇.泰特勒翻译三原则视角下的《格丹格言》英译研究[D].河北师范大学硕士学位论文，2016.

[4]李正栓.藏族格言诗翻译史略[J].燕山大学学报（哲学社会科学版），2013（3）：9—12.

[5]李钟霖.索南扎巴和他的《格丹格言》[J].青海民族学院学报，1985（2）：78—87.

[6]李钟霖.智愚辨别论具善格言白莲花束诠释光辉（选登）[J].青海民族学院学报，1990（3）：40—47.

[7]宁小娟.翻译目的论视角下的藏族格言诗英译[D].河北师范大学硕士学位论文，2015.

[8]闫曼茹.《格丹格言》的智愚观及英译特色[J].长江大学学报（社科版），2016（3）：66—69.

[9]闫曼茹、王密卿.《格丹格言》的英译原则探析[J].河北民族师范学院学报，2016（3）：115—121.

[10]叶红婷、李正栓.《格丹格言》英译的语义传递与风格再现[J].沧州师范学院学报，2015（2）：71—77.

[11]臧清华.试述八十年代的西藏民族关系[J].西藏研究，1991（2）：157—162.

[12]张庆有.试论索南扎巴和他的《格丹格言》[J].西藏研究，1983（1）：77—80.

[13]朱刚.试谈藏族古典文学中的格言诗及其比兴[J].青海民族学院，1978（3）：29—34.

（本文原载《民族翻译》2017年第4期，作者李正栓、李子馨，数据未做更新，内容略有改动。）

《水树格言》翻译与传播研究

一、引言

格言诗通常从民间汲取素材,描写对生活的感受和体验,生动形象地书写生活经验,以此来激励和感化读者并教育民众崇善鄙丑。其中,《水树格言》是藏族格言诗的主要代表作之一。"《水树格言》包括两大部分,一部分以'水'做比喻,另一部分以'树'做比喻。水的格言含139首,树的格言含100首"(李正栓,2013:11)。作者孔唐·丹白准美(1762—1863)博学多才,在《水树格言》中,他将佛教哲理与为人处世联系起来,揭露社会黑暗,抒发对劳苦大众的同情,也对君臣关系、社会现状等进行分析,从不同层面对人生问题进行探讨,并以此倡导人们养成良好品质,不断提高自身修养,以德树人。"水"和"树"的比喻生动形象,有着深刻的寓意和思想内涵,在藏族格言诗中独具特色。

藏族格言诗为人们所推崇,流传甚广,翻译工作功不可没。藏族格言诗的翻译与传播使藏族典籍的文化价值被充分挖掘出来,让藏语读者之外的国内外其他读者得以感受藏文化的独特魅力。翻译藏族格言诗是对藏文化的保护和弘扬,是对中国少数民族优秀文化遗产的传承,能使国内外读者进一步了解西藏,加强不同民族间的沟通和交流,从而有利于增强民族团结,维护社会稳定,也体现了党和国家以及民对西藏工作的重视和对藏族同胞的关心。

"藏族格言诗跨文化传播始于20世纪50年代,随着改革开放和中国社会发展及文化传播的需要,格言诗翻译工作在20世纪80年代初陆续发展起来。时至今日，藏族格言诗主要有汉译及英译"（李正栓，2014：82）。《水树格言》的首个汉译本由耿予方翻译，1986年由西藏人民出版社出版，书名为《格丹格言·水树格言》。2013年，长春出版社出版了李正栓和李圣轩的英译本，收入《藏族格言诗英译》中。这一英译本的出版填补了《水树格言》国内英译的空白，在中国少数民族典籍的对外交流与传播中发挥了重要作用。

二、《水树格言》的汉译与传播

《水树格言》在国内的汉译始于1986年，西藏人民出版社出版了耿予方汉译的《水树格言》，这是《水树格言》的首个汉译本。此书出版后，不少学者对此进行评论，汉译本的出版促进了《水树格言》的传播。

耿予方（1929—）是中央民族大学藏学系教授。耿予方精通藏语、藏学和西藏文化，长期从事藏学研究，编写了《藏族当代文学》一书，译作主要有《国王修身论》《格丹格言·水树格言》《松耳石》等，1985年获第二届全国少数民族文学优秀翻译奖。

耿予方汉译本的出版顺应了西藏发展需要，传播了藏族优秀文化遗产，对西藏文化建设起到推动作用，也使国内外对西藏文化有进一步的认识，在维护民族团结和国家安全稳定方面有重大意义。

耿予方译本总体上和藏语原文一样采取每首四句的形式，但在每句几言上各篇目不尽相同。大部分篇目采取了每句八言的形式，另有每句九言或十言不等，甚至同一篇目里各句的字数也有不同。孔唐·丹白准美的藏语原作采取的是每句七言的格式，汉译本和原作的格式不完全相同。藏语和汉语之间的语言差异是造成这种不同的一个重要因素，但如果可以和藏语原文在形式上保持一致，就可以在翻译中做到忠实对等，保留藏族格言诗的风貌。

耿予方的汉译本在国内流传较广，学者们对《水树格言》的各方面研究大多基于耿予方的汉译本进行。对《水树格言》的研究目前主要集中在学术论文中。李建文（1980）介绍了《水树格言》的创作背景，并以多首典型的格言诗为例，分析概括了《水树格言》体现的思想内涵和内容；孔庆祝（1991）举例概述了《水树格言》表达的思想感情和格言论述的几个基本问题，如君臣关系、人生问题、社会现状等；蔡晓菁（2011）分析了包括《水树格言》在内的藏族格言诗中体现的和谐思想和对现今建设社会主义和谐社会的借鉴意义；李正栓（2013）介绍了《萨迦格言》《格丹格言》和《水树格言》三部作品，对三部格言诗的汉译、英译史进行了梳理，并对《萨迦格言》的不同译本进行比较与评析。耿予方的汉译本推动了《水树格言》的研究进程，硕士学位论文也有对《水树格言》展开研究的。蔡晓菁（2009）总结藏族格言诗的产生发展历程，对《水树格言》的文本进行分析和解读。王宣力（2016）梳理了《水树格言》的翻译和研究现状，对文本内思想进行解读，并在学习汉译本和英译本的基础上自己尝试完整地翻译了《水树格言》，全文采用和藏语原文相同的四句一首、每句七言的格式，译文列在其硕士论文的附录中。

耿予方汉译本是国内《水树格言》研究的基础，为《水树格言》的翻译与传播开辟了道路。基于耿予方的《格丹格言·水树格言》进行的翻译与研究工作进一步促进了《水树格言》在国内外的传播，让更多读者能学习藏族格言诗的思想内容，了解藏族文化，在加强藏汉文化交流方面功不可没。

三、《水树格言》的英译与传播

《水树格言》完整的英译目前国内只有一个版本，即李正栓和李圣轩以耿予方的《格丹格言·水树格言》汉译本为底本，翻译了《水树格言》。2011年完成翻译，2013年由长春出版社出版，收入《藏族格言诗英译》。这本书分为四部分：萨迦格言、格丹格言、水的格言和树的格言。书中将《水树格言》分为两部分。基于忠实对等的翻译原则，李正栓的译本旨在最大限度地忠实于汉语译本，并尽可能地保留藏语原文的格言形式，从而更好地向读者传达《水树格言》中的哲理思想，让读者感受藏族格言诗的艺术魅力。

此书出版后，一些学者对此书的英译进行评论。北塔（2014）对李正栓的译本进行了客观评价，认为李译本间接忠实于藏语原文。他将《萨迦格言》的李译本和达文颇特译本进行比较分析，认为李译本在最大程度上忠实于次旦多吉的汉译本，间接忠实于原文，没有影响藏语格言原文的艺术特色，"这种间接忠实保障了译文风格的统一、译者的主体性和能动性"。对于藏族格言和汉语格言中文化背景与文本内涵的细微差异，李译本也进行了妥当的处理，"几乎没有套用词典翻译，更没有把英语中的格言或谚语或警句之类的习语不分青红皂白地移植于译文"（北塔，2014：63）。在用韵方面，译者提倡"能押韵时要押韵，不能押韵时不强求"，有效避免了凑韵导致的含义传达不准，也是"忠实对等"翻译原则的重要体现。

李正栓、叶红婷（2016）从理解对等、风格对等、用韵对等和文化迁移对等四个方面阐述了"忠实对等"的翻译原则，认为典籍英译应遵循这一原则，以让目标读者像原语读者那样理解和欣赏中国文化典籍，以更好地传播中国文化。《水树格言》的李译本充分遵循了"忠实对等"原则，把原文内容和思想感情准确传达给目标读者，让读者在最大程度上像原语读者一样欣赏到原汁原味的藏族格言，感受藏族典籍文化的魅力。单畅、叶红婷（2015：92）对李译本进行分析发现，"诗体译诗，追求形美；讲究韵律，力求音美；语意贴切，忠实原文；文化意象，灵活传递"。此外，硕士学位论文也有对《水树格言》英译展开研究的。李杰聪（2017）利用兴起于20世纪60年代的接受美学理论对《水树格言》的李译本进行深入分析研究，从接受美学的"期待视野""视域融合""召唤结构"这三个概念入手，通过列举译本中的翻译实例对李译本的语言表达、格式韵律、译文中的文化负载词和措辞等展开论述，指出李译本向读者传递了《水树格言》原文的思想内涵，再现了原文的形式美。研究指出，李译文适应读者的审美需求，这样的译本流传更广。

李正栓的《水树格言》英译本作为国内外首个完整的英译本，它的翻译和传播具有重要价值和现实意义。首先，对于目标读者来说，英译本为想要了解藏文化的国内外英语读者打开了一扇大门，消除了语言障碍，让更多人得以认识西藏，学习藏文化，品读藏族格言诗，感受中国少数民族典籍特有的艺术魅力。其次，《水树格言》的英译让中国少数民族典籍走向英语世界，为中国少数民族文学的对外传播搭建起一座文化桥梁，有助于对外文化交流，能有效地促进民心相通，促进不同文明之间的相互借鉴，增强中华文化在世界上的影响力和感召力，从文化层面增进国际社会对我国的了解和认识，对增强民族团结和国家安全稳定都具有重要的现实意义。此外，英译本的出现还具有重要的学术研究价值。一方面为国内外的藏族格言诗研究者提供文本参考和研究资料，也为广大藏学研究者提供了文本资料。国内英译本的出现引起了国际关注，此书将配上藏语，以藏汉英三语读本在三个国家出版。

四、《水树格言》的海外翻译与传播

一直以来，在几部主要的藏族格言诗中，只有《萨迦格言》有三个海外出版的英译本，分别是乔玛英语节译本、塔尔库英译完整本和达文颇特英译完整本。《水树格言》是2017年才发现2012年的美国译本，《格丹格言》至今尚未发现国外英译本。

《水树格言》2012年美国译本是新近发现的，其英文标题是 *The Water and Wood Shastras*。Shastras是印度语，意思是"圣典"。书名译成汉语应当是《水木圣典》，作者是 The Third Gungthang Rinpoche, Venerable Konchok Tenpai Dronme。Konchok Tenpai Dronme即孔唐·丹白准美。译者是 Yeshe Khedrup and Wilson Hurley，似是藏族学者和美国学者合作翻译，出版商是 Karuna Publications（US），出版时间是2012年11月（November 16th, 2012）。

《水树格言》1986年才出现耿予方的汉译本，其英译本分别是2012和2013年出版的。可见，它在国内外的翻译起步都较晚。所以《水树格言》的翻译与传播还需广大格言诗译者和研究者共同努力，让中国少数民族典籍走出去，让世界了解藏文化，为提高国家文化软实力尽一份力。

五、结语

《水树格言》的翻译与传播有如下几个特点。第一，翻译的起步较晚，直至20世纪80年代才出现了首个汉译本；第二，译本数量及类型很少，在国内完整的汉译本有两个，完整的英译本只有一个；第三，对《水树格言》的翻译与传播研究数量较少，研究《水树格言》所依据的原文及译文文本资料也很少，以后的研究还有很大的挖掘空间。《水树格言》译本数量之少对藏族格言诗的传播不利，在某种程度上李正栓的英译本填补了《水树格言》英译的空白，为藏族格言诗的研究提供了有价值的文本参考，促进了藏族格言诗的跨境和跨文化传播。在现今全球化时代的大背景下，促进中国少数民族典籍在世界范围内的传播有利于世界各国人民对中国传统文化有更加全面的了解，消除文化隔阂，感受中国文化的博大精深；更有利于维护民族团结、保障国家安全稳定。这对于少数民族典籍译者提出了更高的要求。可以看到，以《水树格言》为代表的藏族格言诗的翻译与传播仍然有很大的发展空间，少数民族典籍翻译任重而道远，还需广大研究者的共同努力。

参考文献

[1]北塔.间接忠实：少数民族典籍翻译的一颗硕果——评李正栓新著《藏族格言诗英译》[J].燕山大学学报（哲学社会科学版），2014（1）：62—66.

[2]蔡晓菁.藏族格言诗哲理新探[D].中央民族大学硕士学位论文，2009.

[3]蔡晓菁.藏族格言诗中的和谐社会思想[J].福建省社会主义学院学报，2011（4）：5—62.

[4]孔庆祝.浅谈藏族古典文学名著《水树格言》的思想内容[J].西北民族大学学报（哲学社会科学版），1991（2）：85—89.

[5]李建文.《水树格言》浅谈[J].青海民族学院学报，1980（4）：81—90.

[6]李杰聪.接受美学视角下的《水树格言》英译研究[D].河北师范大学硕士学位论文,2017.

[7]李正栓.藏族格言诗翻译史略[J].燕山大学学报(哲学社会科学版),2013(3):9—12.

[8]李正栓、彭丹.藏族格言诗文本及译本研究述评[J].河北学刊,2014(6):80—84.

[9]李正栓、叶红婷.典籍英译应追求忠实对等——以《水树格言》英译为例[J].西安外国语大学学报,2016(1):107—112.

[10]单畅、叶红婷.《水树格言》英译风格探析[J].渤海大学学报(哲学社会科学版),2015(4):92—95.

[11]王小彬.中国共产党西藏政策的历史考察[D].中共中央党校,2003.

[12]王宣力.贡唐·丹贝仲美《水树格言》佛教思想研究[D].西北民族大学硕士学位论文,2016.

(本文原载《译苑新谭》2017年第1期,作者李正栓、李子馨,数据未做更新,内容略有改动。)

《国王修身论》翻译与传播史研究

一、引言

在其悠久的历史中，藏族人民创造出独具特色的民族文化与文学。在藏族文学中，格言诗占据重要地位，承载着藏族先哲们的思想，其内容涉及文化、哲学、政治、宗教等各个领域，以独特的、人们喜闻乐见的民歌形式向世人阐明人生哲理，在教育民众进取向善、建设家园和促进人类幸福方面起到巨大作用。《国王修身论》取以往格言诗之长，在继承的基础上创新，内容更加丰富，思想更加深刻，主要讲述治国理政之道；诗歌形式也有所变化，打破了传统格言诗每首四句、每句七言的格式，让形式服务内容。对《国王修身论》的翻译和传播史进行梳理，具有学术和现实意义。把格言诗置于当时的历史背景下进行研究，深入挖掘《国王修身论》成书的背景和翻译传播史，有助于我们全面地对格言诗进行系统研究，有助于了解当时的社会现实以及中华人民共和国成立后党和国家的西藏政策对西藏各方面发展取得的成就及对格言诗的翻译实践所起的重要指导作用。

二、米庞嘉措创作《国王修身论》之个人天赋和社会背景

米庞嘉措（1846—1912）是清代著名藏族学者和诗人。他出生于今四川省甘孜藏族自治州，自幼学习藏文、背诵藏传佛教经典论著。他12岁时出家为僧，"以普通沙弥的身份赢得'童僧智者'的称号"（道吉才

让，2014：13）。他天资聪颖，拜师研习，孜孜不倦，敏于感悟，善于继承，长于发展。他系统研习佛教经典，著书立论，成为著名学者。此外，他还在传承藏医和传统科技、藏族文学方面业绩显著。他继承了家传藏医传统，学习藏医技术，撰写了许多藏医学专著，在藏医药的传承与发展上起到重要作用。他在文学上也造诣颇深，其传世之作当属《国王修身论》，但这部作品尚未被充分阐释和传播。1912年，他在居日静修院圆寂，享年66岁。

米庞嘉措生活的年代，正值清朝统治中后期，统治者的腐败无能使中国逐渐落后于西方资本主义国家并饱受侵略之苦。西藏地处我国西南边疆、青藏高原的西南部，地理位置较偏僻，遭受侵略的时间较晚，但其重要的地理位置早就使英国等列强垂涎。他们把西藏作为重要的侵略目标，试图由此打开中国的西南大门并进而侵略内地。1888年，英国发动第一次侵藏战争。西藏军民顽强抗争，但最终失败。战争结束后清政府和英国签订了《藏印条约》及《藏印续约》一系列不平等条约。1903年，英国发动第二次侵藏战争，强迫西藏地方政府签订了《拉萨条约》。这就是西藏面临的严峻形势。这一时期，清政府的无能、封建制度的僵化和帝国主义的侵略使西藏处在内忧外患的局势之中。米庞嘉措就是在这样的历史背景下创作了《国王修身论》，为统治者如何治理地方建言献策，为谋求国泰民安的社会环境做了积极的探索。

三、《国王修身论》的价值

《国王修身论》是米庞嘉措最著名的文学代表作，这部文学名篇是应邀而写的。降白仁青，即东藏德格王国的王子江白仁钦（Jampal Rinchen, 'jam dpal rin chen）在与其兄争夺王位的过程中就怎样才能成为合格国王这一问题请教米庞嘉措，米庞嘉措便写了此书。

对于《国王修身论》的成书年代，学界看法不一，主要有三种说法，一是成书于1865年（清穆宗同治四年）；二是成书于1895年（光绪二十一年）；三是成书于1897年（光绪二十三年）。我们倾向于后两种说法。

米庞嘉措的生活经历为《国王修身论》的成书奠定了基础。"居米旁大师17岁左右时，家乡所有牧户因战乱举家搬迁到今果洛地方，自此开始了游历四方、居无定所的生活，这些促使他形成了对社会现实和社会问题敏锐的洞察力和独特的见解"（杨毛措，2017：115）。米庞嘉措因精通医术，经常为民众看病，救死扶伤，在劳苦大众中威望很高。他深入民众的日常生活，与他们朝夕相处，对民众生活和民间疾苦都非常了解。他游历四方的经历和对大众的了解帮助他看清当权者的无能、社会的弊病和西藏岌岌可危的形势，使他充满忧患意识。他对社会方方面面问题的见解都体现在《国王修身论》一书中。

需说明的是，《国王修身论》并非真讲国王，它主要讲述统治者如何提高自身修养和有效治理国家。它对国王应当如何使用王权、如何应对复杂局势中的社会危机给出了中肯的建议。其深刻思想在当时具有很强的时代价值，对当今社会治理也有借鉴意义，在藏族文化研究方面有很强的学术价值。

《国王修身论》的文学价值很高。在众多格言诗里，《国王修身论》之所以能脱颖而出，是因为其具有更多可圈可点之处。首先，《国王修身论》的语言很通俗，普通民众都能读得懂，语言简单自然又极具说理性；其次，简单的语言中论述非常丰富，逻辑清楚，主题也很明确，论述了统治者如何提高自身修养并有效地治理社会；"在创作风格上有新的突破，不死守七字为一句、四句为一首的旧样式，其形式为内容服务，为格言诗的创作拓宽了路子"（李钟霖，1993：62）。

《国王修身论》在史学和社会学研究方面也具有重要价值。它是在米庞嘉措生活的时代背景下应运而生的。当时，清政府的无能加上帝国主义的侵略使得藏族人民生活困苦。《国王修身论》在这样的背景下成书，既反映了饱受侵略者摧残的藏族民众的生活实况，替劳苦大众发声，又写出了藏族人民的美好愿望，希望有一个开明的君主治理地方。另外，还从统治者的角度出发，就统治者应当如何作为提出了许多好的建议。

《国王修身论》全书共21章，包含1102首格言诗，近6000行，在藏族格言诗里属于鸿篇巨制。其内容涵盖甚广，语言又自然淳朴，整部书虽然内容多，但主题非常明确，逻辑清楚，是统治者提高修养治理社会的指南。它向我们呈现出藏族独特的文化并展现了藏民族在生活中积累的丰富人生智慧。

四、《国王修身论》的汉译、文本研究与传播

目前，对《国王修身论》的翻译成果很少。1987年，耿予方汉译的《国王修身论》由西藏人民出版社出版，这是国内外唯一的汉语译本。耿予方在藏学研究领域做出了很大贡献，著述颇丰，有《藏族当代文学》《雪域文苑笔耕录》；译作有《格丹格言·水树格言》《国王修身论》《松耳石》。耿予方经常深入藏区进行采风，潜心研究藏学，为藏族格言诗的汉译打下牢固的基础。

耿予方汉译的《国王修身论》和《格丹格言·水树格言》进一步丰富了藏族格言诗汉译成果，推动藏族优秀格言诗文化走出藏区，走进内地，走向广大的汉语读者，顺应了国家的西藏发展战略。

学界对《国王修身论》的藏语本和耿予方的汉译本开展了评论与研究。李钟霖（1990）列举《国王修身论》和《萨迦格言》中的名句总结藏族格言诗中反映的从政原则。道吉才让（2014）对米庞嘉措生活的时代背景、米庞嘉措生平及其主要成就进行研究，主要包括宗教、传统科技和文学三方面，其中在文学成就一节用很大篇幅介绍了《国王修身论》的主要思想内容。杨毛措（2017）详细讲述了《国王修身论》的成书背景、创作缘起和基础，就文本内容进行深入解读和研究，并解析格言中所涉的四大问题：衣食住行、按才授职、征税纳税和法治德治。除期刊论文外，蔡晓菁（2008）在其硕士学位论文中选取《萨迦格言》《水树格言》和《国王修身论》三部格言诗进行研究和解读，分析格言诗主要思想内容及特点，探讨藏族格言诗中的哲理。

五、《国王修身论》的英译、出版与传播

《国王修身论》英译是依据耿予方的汉译本进行的。2017年5月,《国王修身论》(英汉藏)三语本由尼泊尔天利出版文化公司出版,这是国内外第一个也是唯一的英译本,填补了《国王修身论》英译的空白。英汉藏三语对照的形式使《国王修身论》读者群体大大扩大。

《国王修身论》英译是一项复杂且艰巨的任务。就时间而论,初译、修改、定稿、审稿和请英国教授审读,历时三年之多。就内容而论,格言诗中有许多极具藏民族特色的词汇、典故和物象等,如何在保留原语文化特色和内涵的基础上让译语读者读懂且读着舒服是翻译时的一个重要问题。就形式而论,格言诗的形式独具一格,有鲜明的藏民族特色,所以译者在达意的同时还要兼顾译文的形式和视觉、听觉上的美感。

《国王修身论》英译进行了有益的尝试和探索,体现出自己的特色。

第一,尽力遵循忠实对等原则。就《国王修身论》英译而言,"忠实"是要忠实于耿予方的汉语文本,这样就能够做到间接地忠实于藏语文本。在翻译时必须传递汉译本的内容和风格,在准确传达文意的基础上追求形式和功能上的对等。此外,忠实对等的同时也要保证译文读起来流畅,让英语读者易于接受。例如,第一章第3首:

不懂就学取舍有方,
认真执行法律规章,
国王贤明百姓安乐,
国王暴虐百姓遭殃。

英译如下:

Learn new things and choose wisely;
Implement laws and regulations earnestly.
A wise king brings people ease and peace;
A brutal king brings people woe and misery.

英语译文的内容忠实于原文,但并非字对字地死译,词序有所调整,但意思没有改变。译文的形式也对等:一二行用祈使句,三四行结构对

等。在英译三四行时改变了汉语原诗的结构。"国王贤明百姓安乐"实际上是"如果国王贤明，百姓就安乐"，是条件句，英译时改成主谓宾结构：A wise king brings people ease and peace. 原文中，三四行对仗，英文的三四行也对仗。译诗韵脚照样挪移。原文押的是1121韵，英译押的是aaba韵，完全对等（李正栓、刘姣，2015：15），这考虑到了英语读者的阅读感受，读起来感觉更舒服，同时译文也尽量保留了原作的风格。译成英语后，格言诗本身的格式整齐、语言简单通俗的特征也保留了下来。

在遵循忠实对等原则的同时，译文的流畅性也不可忽视。若直译，有可能使英语读者阅读受阻或产生误会，考虑到这一点，对第二章第16节我们做了这样的处理，原文如下：

没有智慧本领的人，

人数虽多难胜敌人，

就像狮子大象一样，

终被一只小兔降服。

英译如下：

Without wisdom and skill, people can never

Defeat enemies no matter how many they are.

A lion and an elephant, mighty as they are,

Were defeated by a hare much smaller.

这一节的第一行原本可以译成"People without wisdom and skill"，但这样一来主语冗长，所以把Without wisdom and skill以介词短语形式置于句子开头作状语，这样调整后people和can never defeat得以紧密连接，使主谓语放在显著位置，同时两行诗也连接得更加紧密，一气呵成，忠实且流畅。

处理押韵问题的时候，我们遵循"能押韵时则押韵，不能押时不强求"的原则。如果为了押韵使得文本意思产生变化，那是得不偿失，不应提倡。例如第三章的第3节，原文是：

不常露面人们尊重，

露面过多显得普通。

国王以及王宫之事，

莫要让人知道内情。

译文如下：

A man who seldom shows up wins much esteem;

A man showing up too often may seem ordinary.

Things about the king and the palace

Should not be known by the ordinary people.

第一行的 esteem 和第二行的 seem 可以押韵，the ordinary people 也可以改成 the people ordinary 与第二行押韵。前两行原译是：

A man who seldom shows up wins much esteem;

A man showing up too often may ordinary seem.

即便是第一行用 A man showing up too often may seem ordinary，第四行也可以与第二行凑韵而改成：

A man showing up too often may seem ordinary.

Things about the king and the palace

Should not be known by the people ordinary.

但是英国教授审阅译文后给出的意见是：刻意凑韵、押韵后读起来反而不顺畅。因此，我们将其修改为上面的译文。在考虑是否押韵的同时也要顾及英语译文的流畅度和读起来是否顺畅自然，这一点也是非常重要的。自然的也是美的。这也就不难理解国外译者在翻译中国韵体诗时喜欢用自由体并且读者也喜欢读他们译文的原因了。

在处理文化负载词方面，我们认为翻译策略要灵活，不能拘泥于一种翻译方法。《国王修身论》涉及许多藏族和佛教的专有文化词或典故，在翻译过程中，我们主要采取直译方法，同时也根据实际情况采取其他处理办法，以序歌第1节为例，原文如下：

佛陀乃是殊胜导师，

佛经指出解脱路径，

佛僧堪称大地美饰，

谨向佛法僧三宝致敬。

英译如下：

Buddha is the superior supervisor;

Dharma reveals means of salvation in the Sutra;

Monks can be called the earth's decoration.

We salute sincerely these three treasures.

这一节的译文主要进行直译，语句顺序也和汉语译文相同。此外，最后一句中提到的三个佛教词汇"佛法僧"，虽然没有直接译出来，但读者不会因此感到困惑。反之，这三个字如果像前三句一样翻译出来，会明显增加译文长度，使读者阅读受阻，并且不流畅。在译文中增添指示代词these，用来指代"佛法僧"三宝，简洁自然且不会改变原文文意。所以我们翻译文化负载词的宗旨是最大限度地保留原文的文化词，向英语读者传递其中的文化内涵，同时译文要使读者便于接受，流畅自然。

《国王修身论》的英译本由尼泊尔天利出版文化公司在尼泊尔出版。尼泊尔天利出版文化公司致力于推动中国文化走出去，把我国特别是藏族优秀传统文化和图书资源输出到，带动周边国家乃至世界其他国家，积极推动藏文化在国外的传播，逐渐建立起中国文学翻译对外话语体系。2017年8月，第21届尼泊尔国际书展在加德满都举行，尼泊尔前任总理马达夫·库马尔·内帕尔第一天就参观了尼泊尔天利出版文化公司的展位。《国王修身论》的英译本在展会上亮相，受到外国友人的欢迎。通过这种大型书展，中国传统文化特别是西藏独具特色的民族文化能进一步在尼泊尔宣传和传播，并逐渐走向世界。

《国王修身论》英译本作为世界上第一个也是唯一英译本，它的出版和发行有重大意义，也必将产生广泛的影响力。第一，它填补了《国王修身论》英译的空白。第二，在国家高度重视和推动"一带一路"倡议的今天，英译本的出版和发行是积极响应国家"一带一路"倡议、让藏族格言诗这一中国少数民族优秀文化瑰宝走出国门、走向世界的一步，通过在南亚地区的传播进而向全世界传播，使藏族格言诗逐渐成为世界文学的重要组成部分，促进世界各国民心相通，逐渐形成对外文学话语体系，不断提高我国国际话语权。第三，英译本在尼泊尔出版，充分利用了西藏对尼泊尔的地缘优势，加强了与邻国之间的友好合作，让南亚地区人民更了解中国。此外，《国王修身论》采取英汉藏三语对照的形式出版，为广大读者提供了更多便利，且能面向藏语、汉语和英语读者群发行，让藏族格言文化中的优秀作品传播到世界各地，让藏族格言诗成为世界文学的组成部分。

六、结语

《国王修身论》在藏族文学史上占据重要地位。其思想内涵兼具文学价值与社会价值，如统治者应修身养性、爱民的思想、预防和惩治腐败的思想在当今社会依然具有启发性，对维护社会稳定、保持国家长治久安有重要的参考价值。《国王修身论》翻译与传播的历史起步较晚，但让人欣慰的是，两个仅有的译本都追求高质量，都力争语言流畅并兼具形式美和音韵美。

对《国王修身论》的翻译传播历史进行梳理有助于为格言诗翻译研究提供不同视角。可以发现，格言诗的翻译与传播都是在某一重要历史时期特定背景下进行的，是在该时期内党和国家的西藏政策关怀下产生的成果。译本的出现顺应了历史发展趋势，为藏族格言诗走出藏区、走向全国、走向世界做出了一定的贡献。在21世纪的今天，我们要牢牢把握国家"一带一路"倡议和建设发展需要，讲好中国故事，实现国际表达，让中国文化"走出去"，让藏族文学进入国际视野。

参考文献

[1]蔡晓菁.藏族格言诗哲理新探[D].中央民族大学硕士学位论文，2009.

[2]道吉才让.康区宁玛派著名学者——居·米旁嘉措[J].四川民族学院学报，2014（6）：12—18.

[3]李正栓、刘姣.米庞嘉措《国王修身论》翻译研究[J].语言教育，2015（2）：12—17.

[4]李钟霖.藏族格言诗面面观——格言诗中的从政观[J].青海民族研究,1990(4):14—18+13.

[5]李钟霖.藏族格言诗文化审视[J].青海民族研究(社会科学版),1993(3):57—65.

[6]孙宏年.试论十九世纪中后期西藏史地研究[J].扬州师院学报(社会科学版),1996(1):94—102.

[7]杨毛措.居米旁大师的王权学说——《国王修身论》释读[J].中国藏学,2017(3):114—124.

(本文原载《外语教学》2019年第2期,作者李正栓、李子馨,数据未做更新,内容略有改动。)

历史语境与文化意图：劳兰·露丝·哈特利英译《国王修身论》研究

0. 引言

近年来，"藏族语文翻译成为研究焦点"（许明武等，2018：59）。著名藏族学者久·米庞嘉措（1846—1912）的《国王修身论》（又称《王道论》）作为四大藏族格言诗之一，备受国内外学者的关注。19世纪末，康藏德格土司内部权斗纷起，外部又遭受临近土司的沉重打击，处于内忧外患的艰难境地。德格土司昂翁降白仁青（？—1935）请求米庞嘉措"写出一部集所有要义、不畏冗长、世人皆懂的国王修身论"（杨毛措，2017：116），以期激励民众奋发图强，重建德格土司。故此，米庞嘉措创作了《国王修身论》。《国王修身论》全书共计21章1000余首诗，主要论述了国王修身之法和治理国家之道，是藏族格言诗中的长篇巨著。"《国王修身论》的深刻思想在当时具有很强的时代价值，对当今社会治理也有借鉴意义，在藏族文化研究方面有很强的学术价值……在文学、历史学和社会学研究方面具有重要价值。"（李正栓等，2019：95）

国外学者较早关注《国王修身论》的历史价值和社会价值。1997年，后来成为美国藏学家的劳兰·露丝·哈特利（Lauran Ruth Hartley，1964—）在其硕士学位论文中英译了《国王修身论》部分诗节，将其带入西方学者视野，开启了这部藏族格言诗在国际藏学界的传播。本文基于新近发现的《国王修身论》哈特利译文详述译者的学术背景和影响，全面分析译文的翻译缘起、文本特色及意义。

藏族格言诗翻译研究散论

1. 译者哈特利其人

哈特利是美国藏学家，研究方向为西藏文学、文化作品的生产和翻译研究，主要研究重点为18世纪以来西藏文学的创作与话语分析。哈特利毕业于印第安纳大学布鲁明顿分校中央欧亚研究学系（Department of Central Eurasian Studies），求学期间师从美国著名历史学家埃利奥特·斯珀林（Elliot Sperling，1951—2017），分别于1997年和2003年获得文学硕士学位和哲学博士学位。哈特利作为藏学研究馆员现供职于哥伦比亚大学斯塔尔东亚图书馆（C. V. Starr East Asian Library at Columbia University），兼任哥伦比亚大学东亚语言文化系（Department of East Asian Languages & Cultures）藏族文学教授，同时在印第安纳大学和罗格斯大学讲授藏族文学课程，并担任《亚洲研究学刊》（Journal of Asian Studies）的书评编辑。

哈特利围绕西藏文学和翻译研究发表了大量学术论著，在美国藏学界产生了重要影响。哈特利的代表性学术著作为其博士学位论文，与其藏学研究馆员的学术身份相关，哈特利的论文大多被收录在学术论文集中，少量论文发表在学术期刊上[①]（此为上角注释格式，下同，排版时请删除此说明）。分析哈特利论著的研究主题可以看出，哈特利主要从历史和社会视角研究藏族文学，将藏族文学看作是了解西藏文化、社会、历史等方面的窗口。哈特利的藏族文学研究与西方学界的中国文学研究在研究目的和方法上具有一致性。

[①] 哈特利有关藏族文学代表性论文有《安多的"现代性创造"：论传统西藏文化在社会发展中的角色》（"Inventing Modernity" in Amdo: Views on the Role of Traditional Tibetan Culture in a Developing Society, 2002）、《文学术语在西藏文学话语中的统治地位》[Ascendancy of the Term rtsom-rig (literature) in Tibetan Literary Discourse, 2007]、《非正统观点与新正统诗：20世纪早中期的西藏作家》(Heterodox Views and the New Orthodox Poems: Tibetan Writers in the Early and Mid-Twentieth Century, 2008)、《现代西藏藏文自由体诗的出现》(The Advent of Modern Tibetan Free-Verse Poetry in the Tibetan Language, 2017)等被收录于学术论文集；《现代西藏文学的传统与变迁主题》(Themes of Tradition and Change in Modern Tibetan Literature, 1999)等发表在相关学术期刊上。

此外，哈特利在美国藏学研究界具有较高的学术声誉和广泛的学术影响，对藏族文学作品在美国的研究和翻译起到一定的促进作用。例如，藏族格言诗《萨迦格言》的英译者约翰·达文波特（John T. Davenport）在译作《普世智慧：萨迦班智达良言宝库》（*Ordinary Wisdom: Sakya Pandita's Treasury of Good Advice*）的译者序中特向哈特利致谢（Davenport，2000：xv）；美国学者杰弗里·巴斯托（Barstow，2018：xi）在其著作前言部分对哈特利的学术帮助表示感谢。

2.哈特利英译缘起

作为学位论文的重要组成部分被翻译是藏族格言诗在西方学界传播的重要途径。例如，詹姆斯·艾佛特·薄森（James Evert Bosson）英译的《萨迦格言》即译自"藏文原文和路易斯·李盖提于1948年在匈牙利影印的蒙文《萨迦格言》"（李正栓，2019：18），以此为基础著成其博士学位论文《格言宝藏：萨迦班智达〈善说宝藏〉藏蒙对照》（*A Treasury of Aphoristic Jewels: The Subhasitaratnanidhi of SaSkya Pandita in Tibetan and Mongolian*），进而促进了《萨迦格言》在国际藏学界的传播。《国王修身论》作为哈特利硕士学位论文的重要组成部分而被翻译，这与藏族格言诗在西方学界的译介形式高度一致。翻译不是凭空发生的。哈特利在其硕士学位论文中英译《国王修身论》既受到美国译介语境的影响，也与其学术研究背景和翻译目的相关。

哈特利英译《国王修身论》与美国藏学研究和藏传佛教研究的发展密切相关。"美国的藏学研究和藏传佛教研究大体上经历了三个发展阶段：萌芽期（20世纪40年代以前）、发展期（1950—1970）和兴盛期（1978年以来）。"（索珍，2006：271—272）美国藏学研究和藏传佛教研究的发展推动了藏族格言诗的翻译和传播。《萨迦格言》的塔尚·塔尔库（Tarthang Tulku）英译本（1977）和达文波特英译本（2000）均是在美国藏学研究的推动下产生的。2015：80）。1994—1997年哈特利于印第安纳大学布鲁明顿分校攻读硕士学位，硕士学位论文完成于1997年。此外，自20世纪80年代末以来,"西方英译中国文学常被看作是了解中国历史、文化和社会的窗口"(马会娟,2013:69)。哈特利将英译《国王修身论》作为透视19世纪晚期德格土司研究的重要论证资料同样与西方译介环境密切相关。

哈特利的硕士和博士学位均在印第安纳大学布鲁明顿分校获得。印第安纳大学布鲁明顿分校是美国主要藏学研究机构之一,藏学研究起步较早,师资力量雄厚。哈特利的导师埃利奥特·斯珀林为美国著名历史学家,能够大量使用中文文献和藏文资源。哈特利对19世纪晚期德格土司社会历史的研究与其导师的研究方向一致。

3.哈特利译文分析

哈特利以藏英对照的形式将相关诗节分列在其学位论文之中。统计分析哈特利翻译的《国王修身论》诗节可发现,哈特利共计翻译52个诗节(参见表1),第三章《注意一切行动》和第14章《保护百姓安康》翻译最多,其中第三章的第39首和第47首诗、第六章的第54首诗以及第14章的第13首诗为部分翻译。

哈特利对《国王修身论》52个诗节的英体现出一定的翻译特色,即以自由体译诗,解读文本细致,凸显说教意味,保留文化意象。

表1 哈特利英译《国王修身论》诗节概况

No.	章节	翻译诗节	节数
1	第一章小心谨慎从事	5—7	3
2	第三章注意一切行动	14、18—21、39—47	14
3	第五章关于用人之道	13—18	6
4	第六章《真言授记》所言	52—54	3
5	第十一章平等对待众人	12—14、21—25	8
6	第十四章保护百姓安康	1—11、13—15	14
7	第二十一章重视修身之道	16—19	4

3.1 以自由体译诗

诗歌翻译一般采用韵体译诗和自由体译诗两种译法。"'韵体译诗'不仅严格要求诗歌的排列形式，还要严格规范词语和韵律的使用；'自由体译诗'主要指译诗采用自由体或散文式的排列形式，音韵散乱，诗行散漫。"（李正栓等，2015：83）藏族格言诗作为藏族作家诗歌四大流派之一，富有韵律，以七言四句形式最为常见。《国王修身论》表现手法灵活多变，不固守七言四句格式，但在每个诗节中仍保持字数相同、韵律和谐的特征。哈特利在翻译《国王修身论》的过程中，采用自由体译诗的翻译方法，形成"音韵散乱、诗行散漫"的译文。以第11章中的第25首诗为例：

所以一切外道教派，

不论住在什么地方，

应该尊重他们教规，

真心保护真心珍爱。（耿予方，1987：123）

Thus, the king also defends, as they were before,

Each of the ancient sects that dwell

In the king's realm,

Including any outside heterodox[groups].（Hartley, 1997：82-83）

这首诗建议国王对各个教派一视同仁。哈特利引用并翻译这首诗旨在例证米庞嘉措提倡的"公平公正"在社会治理中的实践，"因为'公平公正'的概念听起来非常崇高，这首诗可能是米庞嘉措为此提出的具体建议之一"（Hartley，1997：82）。哈特利采用自由体译诗的翻译方法，将该诗的形式散文化或稀释化，注重诗歌信息的传递而非诗歌韵律的保留。

3.2 解读文本细致

《国王修身论》是作为哈特利硕士学位论文的重要论证材料而被翻译的，因此作者情况、创作背景等大量副文本信息得以呈现，各个诗节在佐证论点的同时自身也得到充分解读。在副文本信息方面，哈特利详细介绍了作者米庞嘉措，考证了《国王修身论》的创作背景，罗列出作者在创作《国王修身论》时引用的《萨迦格言》《智慧之树》《真言授记》等以及西藏各类经典书目。哈特利为了例证某一主题而翻译多首诗节，并对这些诗节进行充分解读。例如，哈特利翻译第三章中的第39—47首诗来解读"国王行为的高贵"。"米庞嘉措在作品中经常使用藏文词汇'ya-rabs'（高贵）来着重强调国王的理想行为规范。藏文词汇'ya-rabs'与英语中的'noble'同样具有歧义，二者均表示行为高贵和与贵族相关。"（Hartley，1997：72）第三章中第39—47首诗总体论述了国王应该在走姿、坐姿、饮食、着装、发言、打猎、远游、骑马等行为上保持高贵姿态。哈特利通过引用以上八首诗将具有歧义的"noble"一词具体化，以说明国王应该在相应行动上保持高贵姿态。细致的文本解读有力支撑了哈特利文中论点，客观上也促进了《国王修身论》在英语世界的传播。

3.3 凸显说教意味

"藏族格言诗蕴含着藏民族智慧的思想，以诗意的格言传递着深邃哲理，成为藏族人民行为处事的准则。"（李正栓等，2019：72）藏族格言诗以格言为诗，重在讲授道理，构建行为规范，说教意味比较浓厚，因此译者在翻译藏族格言诗时注重说教意味的保留。例如，《萨迦格言》达文波特英译本通过使用大量祈使句和指示型情感动词来强化道德说教意味。《国王修身论》作为米庞嘉措为德格土司昂翁降白仁青所写的修身之法和为政之道，本身就具有建议性或说教意味。哈特利的硕士学位论文旨在探讨19世纪晚期德格土司的治理状况，故在翻译过程中通过大量使用祈使句或情态动词来凸显米庞嘉措与作为世俗权力代表的昂翁降白仁青之间的关系。以第一章中的第五首诗为例：

大家观察主要对象，
所以落在国王身上，
即使一件小小事情，
也会引起社会反响。（耿予方，1987：3—4）

Because everyone is watching and regarding you,
I will explain the actions —

The good, the bad, even the small —

Of the King and his royal lineage in the world.（Hartley，1997：70）

该诗节为哈特利节译文中的起首诗，指出由于备受关注，国王应该注意自己的言行举止。哈特利在译文中添加"you"和"I"以形成对比，进而凸显作者米庞嘉措与德格土司昂翁降白仁青之间"提供建议"和"接受建议"的关系。

3.4 保留文化意象

哈特利的学位论文主要面向学界专业读者，通过采用转写、音译、增加注释等翻译方法尽量保留原文中的文化意象。例如，在第21章第19首诗中，哈特利通过转写保留了"lugs-kyi-bstan-bcos"（道德规范、修身之道）这一藏族格言诗中的专有词汇。"Naga"语出梵文，为印度神话中居住在地下的蛇神，后来佛教东传，被译为"龙"。哈特利采用"Naga"的最初含义以最大限度地保留其文化意象。

修身之道格言很多，

如同一条一条江河，

全部汇集大海之中，

龙王该是何等欢乐。（耿予方，1987：244）

The gathering of all river streams, the elegant

Sayings of the many lugs-kyi-bstan-bcos,

This great ocean, the foundation of all kings

And Naga Kings, is wondrous.（Hartley，1997：71）

再如第三章中的第45首诗，对比分析耿予方译文和哈特利译文可以发现，耿予方在翻译该诗时，将"月亮"翻译为"the lord of constellations"（众星之神），在附加注释中将其标注为"the moon"，耿予方将"月亮永存"的含义显化为"月亮永葆青春生命"；哈特利则将其翻译为"resides on the path of the immortals"，将"国王"译为"the lord of land"，而非其译文中经常出现的"king"。

看见就能令人高兴，

月亮永葆青春生命。

众人眼中美好国王，

生活人间受到尊敬。（耿予方，1987：27）

The lord of constellations who causes great happiness

With only a glance resides on the path of the immortals.

The lord of the land who evinces beauty in the

Eyes of the multitudes proceeds here on this earth.（Hartley，1997：73）

作为学术论文的重要组成部分，哈特利译文在诗句、词汇翻译方面具有鲜明的学术特色，受到西方学界的广泛关注。然而，哈特利译文作为其早年开展学术研究的部分成果，在创作背景考证和诗节分行等方面存在一定问题。首先，在《国王修身论》成书时间考证方面，哈特利根据《国王修身论》扉页信息，指出米庞嘉措"于藏历木羊年正月十四吉日开始创作"，"于藏历二月二日吉时完成《国王修身论》的创作"（Hartley，1997：67）。根据国内学者杨毛措考证，"该著作于藏历木羊年正月十四即1896年开始写作，于1897年完成，陆续耗时一年左右"（杨毛措，2017：116）。两位学者考证的写作起始时间一致，完成时间和所用时间则有较大出入。《国王修身论》含有1000余首诗，属于藏族格言诗中的长篇巨著，显然，哈特利"一个月内完成写作"的说法有待商榷。其次，在诗节分行方面，哈特利将一些诗节放在一起，并没有逐首诗节分开呈现，如将第11章中的第12、第13、第14首诗及第21章中的第18、第19首诗合并为一个诗节呈现。然而，瑕不掩瑜，哈特利译文推动了《国王修身论》在西方学界的传播。

4. 哈特利译文的意义

哈特利从学术研究出发英译《国王修身论》对其在西方学界的传播起到重要推动作用。哈特利硕士论文的外文引用量为24（该数据为笔者于2020年10月24日在Scihub检索所得，对比其他藏族文学典籍外文译本引用情况，对于小众研究领域，这一引用量着实不低。此外，检索CNKI发现，近年来研究西藏社会、历史和文学的国内学者也开始注意哈特利的这一研究成果），主要分布在藏族文学研究、米庞嘉措研究、西藏社会历史研究等方面，这对《国王修身论》在国际藏学界的全面传播有重要的推动作用。哈特利从社会历史视角深度挖掘《国王修身论》的文本价值，进而通过学术翻译推动藏族格言诗在国际藏学界的传播，这对当下民族典籍域外翻译和传播具有重要的启发意义。

藏族格言诗作为反映西藏封建社会的"百科全书"，思想主题多元，涉及社会、政治、法律、文化、风俗等多方面内容。藏族格言诗人以格言诗为载体，宣传自己的思想主张和社会治理理念。《国王修身论》既是应德格土司之邀而进行的创作，也是米庞嘉措对当时纷乱社会现实的回应，呼吁土司注重自身修养和法制德治之道。哈特利以翻译为基础，考察了19世纪晚期德格土司的社会治理状况，进而充分挖掘《国王修身论》所包含的社会、历史、文化等方面的文本价值，引起国际藏学界对《国王修身论》及其作者米庞嘉措的关注。在哈特利英译本的推动下，国外藏学家在2000年左右出版了一系列相关研究论著，藏学家约瑟·卡白宗（José Cabezón）于2017年出版了国外首个英文全译本《公正的国王》（The Just King）。

哈特利以英译《国王修身论》实践为基础著成学位论文的学术翻译和传播实践反映出20世纪下半叶藏族格言诗在域外翻译和传播的重要途径。薄森和苏联藏学家博尔索霍耶娃（Н. Д. Болсохоевой）翻译的《萨迦格言》最具有代表性。1965年，薄森以英译《萨迦格言》藏文文本和1948年李盖提蒙古文译本为基础，完成其博士论文《格言宝藏：萨迦班智达〈善说宝藏〉藏蒙对照》。薄森译本在国际藏学界传播广泛，影响深远，被多位《萨迦格言》译者提及或研究，如日裔法籍藏学家今枝由郎日译《萨迦格言》以其为参考。1976年，博尔索霍耶娃基于俄译《萨迦格言》著成其副博士学位论文《萨迦班智达及其格言》（*Сакья-пандитаиегоизречения*），在苏联藏学界产生较大影响。1997年，哈特利首译《国王修身论》推动了其在国际藏学家中的广泛传播。

综上分析，以翻译为基础的藏族格言诗学术研究有效推动了其在国际藏学界的传播。民族典籍对外翻译和传播与国际学界的研究密切相关，学术性翻译应成为民族典籍外译的重要方向之一。

5.结语

哈特利的选译作为《国王修身论》在英语世界的首次推介，促进了该部格言诗在国际藏学界的翻译、传播和研究。通过考察译者学术背景、美国译介语境以及译文特色，发现哈特利英译《国王修身论》与美国藏学研究和藏传佛教发展这一宏观语境密切相关，亦受到译者学术背景和翻译目的的影响。受翻译目的的影响，哈特利译文作为其硕士学位论文的组成部分，学术色彩浓厚，呈现出以自由体译诗、解读文本细致、凸显说教意味、保留文化意象的翻译特征。《国王修身论》哈特利译文的发现、考察和分析为藏族格言诗翻译史的全面建构做了进一步的资料补充，为《国王修身论》英译的比较研究做了文本准备，并为民族典籍域外翻译和传播提供了借鉴意义。

参考文献

[1]Anonymous. Outstanding Academic Titles[J]. Choice，2010（5）：813-845.

[2]Barstow, Geoffrey. *Food of Sinful Demons：Meat, Vegetarianism, and the Limits of Buddhism in Tib*[M]. NewYork：Columbia University Press. 2018.

[3]Hartley, Lauran R. *A Socio-Historical Study of The Kingdom of SdeDge（Derge, Kham）in The Late Nineteenth Century：Ris-Med Views of Alliance and Authority*[D]. M. A. Dissertation. Bloomington：Indiana University. 1997.

[4]MacArthur Foundation. Elliot Sperling：Tibetan Studies Scholar, Class of November 1984[DB/OL]. https：//www. macfound. org/fellows/236/. [1984-11-01/2020-03-24]

[5]Ortega, Miguel Alvarez. When Fools Cannot Win：Social Determinism and Political Pragmatism in Bodong's Reception of Sakya Legshe[J]. *Revue d'*

Etudes Tibétaines.2019.（52）：27-50.

[6]Sakya Pandita. *Ordinary Wisdom*：*Sakya Pandita's Treasury of Good Advice*[M]. John T. Davenport. trans. Boston：Wisdom Publications. 2000.

[7]久·米庞嘉措.国王修身论[M].耿予方,译.拉萨：西藏人民出版社，1987.

[8]李正栓.新中国成立70年以来藏族格言诗翻译[J].上海交通大学学报（哲学社会科学版）.2019（4）：15—25.

[9]李正栓,赵春龙.达文波特英译《萨迦格言》特色研究[J].外语与外语教学.2015（6）：80—86.

[10]李正栓,赵春龙.不同时期藏族格言诗翻译对西藏经济文化的构建作用[J].西藏民族大学学报（哲学社会科学版）.2019（2）：70—76+156.

[11]李正栓,李子馨.《国王修身论》翻译与传播史研究[J].外语教学.2019（2）：94—98.

[12]马会娟.英语世界中国现当代文学翻译：现状与问题[J].中国翻译.2013（1）：64—69+126.

[13]索珍.美国主要涉藏研究机构和藏学研究人员现状及其分析[J].中国藏学.2006（2）：271—281.

[14]万果.藏传佛教"利美运动"的现实意义探析[J].西南民族大学学报（人文社会科学版）.2012（7）：48—53.

[15]王密卿.《萨迦格言》英译研究[D].上海：上海外国语大学,2016.

[16]向红笳.藏传佛教在北美的传播[G]//中国中外关系史学会,延边大学历史系与东北亚研究院,沈阳东亚研究中心.多元视野中的中外关系史研究——中国中外关系史学会第六届会员代表大会论文集.延吉：延边大学出版社.2007.

[17]许明武,赵春龙."一带一路"背景下国内少数民族语文翻译研究热点述评——兼论其民译、汉译与外译研究融合路径[J].外语电化教学.2018（6）：58—64.

[18]杨毛措.居米旁大师的王权学说——《国王修身论》释读[J].中

国藏学.2017（3）：114—124.

（作者：王瑜洁 王密卿）

致谢：特别感谢河北师范大学李正栓教授和赵春龙博士提供《国王修身论》哈特利选译诗节、《国王修身论》耿予方汉译本和《国王修身论》英译全译本以及对本文写作的指导！

文学经典与文化认同：藏族格言诗域内经典化建构

一、引言

　　藏族格言诗始于萨迦·贡嘎坚赞（1182 — 1252）创作《萨迦格言》，后世格言诗人创新或完善其主题内容和表现形式，逐渐形成了藏族格言诗这一独特的文学体裁，并发展为藏族格言诗文化。作为"启迪智慧，垂训后人的藏族社会传统教科书"和"中华民族文化的一朵奇花异葩"，藏族格言诗传播广泛，影响深远，常被用来与《论语》《丹珠尔》《沉思录》等进行思想内涵或艺术形式的比较研究，其思想、文化、文学、社会、教育等方面的价值得到广泛认可，其文学经典地位已然确立。

　　藏族格言诗文学经典地位确立，但鲜有学者反思性地审视其域内传播历程，或全面考量推动其经典化建构的相关因素。藏族格言诗在域内的经典化固然与其经典的内在品质密不可分，亦历经了传播地域由藏语文化圈到蒙古语文化圈再到汉语文化圈的渐次拓展过程，文学形态从民族文学到翻译文学的演变，传播媒介由单一向多元的转换，在诸如文学、政治、学术界等方面的交互作用下实现读者群体的多元化，藏族格言诗的传播和接受诠释着中华民族多元一体格局之下的民族间文化认同、交流与融合。因此，考察藏族格言诗的域内传播历程、全面解读推动其经典化的相关因素具有重要的学术价值和现实意义。

二、藏族格言诗域内传播历程

藏族格言诗在域内的经典化为其几百年来翻译、传播与接受的结果，主要经历了在藏语文化圈、蒙古语文化圈以及汉语文化圈的传播，读者群体随着传播地域的拓展趋向多元。

（一）藏语文化圈的创作与传播

13世纪上半叶，贡嘎坚赞潜心研究古印度著名学者龙树大师的《百智论》《修身智慧树》《众生修身格言》、尼玛贝巴的《颂藏》、却色的《百句颂》、遮那迦的《修身论》、玛苏罗格舍的《修身格言》等反映印度社会生活的格言诗集，将印度格言诗的文学样式与丰厚的藏族民间文学和宗教文学相融合，创作出《萨迦格言》。《萨迦格言》以物为喻，使深奥的哲理浅显易懂，采用诗歌形式使之易于背诵和传播，借由丰富主题关怀社会，教化百姓。"《萨迦格言》问世不久，便有了木刻本，后不断翻印。很多印经院都刻印此书，有萨迦版、那塘版、拉萨版、北京嵩祝寺版、德格版、塔尔寺版等流传"（史金波、黄润华，2008：148）。

《萨迦格言》成书之后，成为后世藏族格言诗人争相模仿创作的蓝本，藏族格言诗的主题内容和表现手法在被模仿过程中不断创新，逐步形成了藏族格言诗体裁。16世纪中叶之后，班钦·索南扎巴（1478—1554）模仿《萨迦格言》创作了《格丹格言》；贡唐·丹白准美（1762—1823）模仿《萨迦格言》创作《水树格言》；久·米庞嘉措（1846—1912）著有《国王修身论》。此外，罗桑金巴（1821—?）著有《日喻格言》《月喻格言》《风喻格言》，南杰索巴（生卒年不详）著有《土喻格言》，诺奇堪布阿旺朋措（生卒年不详）著有《火喻格言》《铁喻格言》《宝喻格言》，另有《天空格言》《茶酒格言》《蛋喻格言》《安多格言》流传于世。经由格言诗人的不断创作，藏族格言诗逐步发展成为独特的诗歌体裁，几经流传，"（在藏区）几乎达到了妇孺皆知的程度，从而也就充分地发挥了格言诗净化人们的心灵、规范人们的行为准则、激励人们积极向上的信心、培育自尊自强的民族精神等社会教育功能，从而成为垂训后人、有口皆碑的箴言佳句"(李钟霖等,2003:2—3)。

(二)蒙古语文化圈的译创与传播

藏族格言诗在蒙古语文化圈的传播与其在藏语文化圈的传播几乎同步,翻译与创作为其在蒙古语文化圈传播的主要途径。由于贡嘎坚赞显赫的宗教和政治地位,《萨迦格言》在13世纪上半叶创作完成不久便被翻译成蒙古文。"据考查,《善书》(《萨迦格言》)的第一个翻译本是十四世纪索纳木·卡拉(索南戈拉)译的八思巴译文"(低·却拉布吉,1988:77),至今有多个蒙文译本或版本在蒙古语文化圈广泛流传。"《萨迦格言》蒙译本主要包括索南戈拉、咱雅班智达·索南嘉措、莫日跟格根·罗桑丹必坚赞、察哈尔格西·罗桑楚臣、丹津却达尔、诺木图因仁钦等人的译本"(赵春龙、李正栓,2020:87),以八思巴文、回鹘蒙古文、托忒蒙古文的手抄本、木刻本以及印刷本流传。此外,《格丹格言》等多部藏族格言诗亦被翻译成蒙古语。藏族格言诗的蒙译丰富了蒙古族格言诗写作主题,使之由先前单一的英雄主题朝向多元主题发展,随之催生了一批藏族格言诗的模仿之作,如蒙古史学名著《蒙古源流》中的结尾诗为模仿《萨迦格言》而进行的创作,诗歌样式最为典型,《格丹格言》对17—18世纪蒙古族民间文学特别是蒙古族动物故事产生了深远影响。同时,藏族民间故事随着格言诗注疏传统传入蒙古语文化圈,如注疏《萨迦格言》的藏族民间故事《披着虎皮的毛驴》和《蓝皮狐》,在蒙古族民间故事中有同类型故事。随着与蒙古族文学的深度融合,藏族格言诗逐步融入蒙古族文学作品或民间故事之中,读者面向由上层社会流传至底层百姓,趋向多元。

(三)汉语文化圈的翻译与传播

藏族格言诗的汉译经历了萌芽时期、新生时期、沉寂时期、全面时期、深化时期几个发展历程,开启了其在汉语文化圈的广泛传播。"据考证,藏族格言诗汉译始于1940年代郭和卿全译《萨迦格言》。由于该译本为文言文翻译,未被出版社采纳"(李正栓、赵春龙,2019:71)。中华人民共和国成立初期，各级人民政府组织的少数民族文化典籍抢救、整理及翻译活动促成其在中原地区的真正译介。1956—1957年，《人民日报》副刊连载了王尧汉译《萨迦格言》212首诗，青海出版社于1958年将其结集出版。改革开放以来，藏族格言诗汉译进入全面深化发展阶段。综观其汉译历程，藏族格言诗的汉译起步较晚，但发展迅猛。以图书单行本出版统计，《萨迦格言》至今产生了12个汉语全译本和11个节译本；《格丹格言》有1个汉语全译本；《水树格言》有两个汉语全译本和1个节译本；《国王修身论》有1个汉语全译本；《火喻格言》有1个汉语全译本和1个节译本；《风喻格言》有1个汉语全译本；《铁喻格言》《宝喻格言》《风喻格言》各有1个汉语节译本。此外，藏族格言诗的汉译诗作常散见于报纸、期刊、教材、史著、博客等处，多元媒介推动了藏族格言诗在汉语文化圈的全面传播。

藏族格言诗经由藏语文化圈、蒙古语文化圈以及汉语文化圈的传播扩大了读者面向。藏族格言诗的域内传播历程呈现出我国各民族间文化"交往交流交融"的生动画面，表明长期以来各民族文化在中华民族多元一体文化观和民族政策作用下的相互认同与融合。"进入21世纪后，对藏族格言诗的翻译出版或重印正处在一个鼎盛时期"（李正栓，2019：25）。在中华文化"走出去"战略和"一带一路"倡议的推动下，藏族格言诗成为民族文化对外推介的重要组成部分，藏族、蒙古族、汉族等域内各民族学者全方位、多角度开展藏族格言诗的本体研究和翻译研究，合力推动其在域外更加广泛的传播。

三、藏族格言诗经典内在美质

"文学作品之所以能成为经典，固然有多种因素，但文学作品是否具有内在的经典的美质，应该是最为重要的"（沙先一、张宏生，2013：97）。对藏族格言诗这一文学体裁而言，"内在的经典的美质"具体所指为何？"从藏族作家诗所阐述的不同内容和运用不同形式格律来看，大体上可分为'道歌体'诗，'格言体'诗，'年阿体'诗和'四六体'诗等四个流派"（佟锦华，1989：4）。依此分析，阐述内容与格律形式的异质性为藏族作家诗流派划分的标准。换言之，思想性与艺术性是其作家诗流派划分的核心标准。藏族格言诗植根于丰厚的藏族传统文化，格言诗人将社会关怀、理政主张、个人修养以藏族格言诗这一诗歌体裁集中表达出来，在借鉴与模仿之中保持着创新自觉，以丰富其思想主题和表现形式，强化了民族文化认同感，丰富了中华民族共有精神文化家园。由此，表现形式独特的诗学品质、社会关怀的思想主题以及民族文化认同的情感共鸣构成藏族格言诗的"内在的经典的美质"。

（一）诗学品质独特

综观藏族格言诗的诗学品质，其艺术性主要表现在比喻手法和音节韵律运用两个方面。这与文学理论著作《诗镜》和《智者入门》密切相关。公元7世纪，古代印度史学家檀丁总结了古代印度文学理论，著成《诗镜》，传入藏地之后，"《诗镜》修辞理论构成了藏族传统文学的体裁和诗歌模式"（仁欠卓玛，2017：66）。贡嘎坚赞习得《诗镜》之后，经过深入思考著成《智者入门》，在书中阐述了智者在著述、讲授和辩论中所需具备的相关知识及方法理论，这对藏族诗学和修辞理论体系的建构具有开拓之功。贡嘎坚赞极为强调比喻手法对诗歌的重要性，"通过直接比喻和间接比喻等手法形成文字与修饰，从而产生了美艳等九种诗态"（彭书麟、于乃昌，2005：60）；他尤为注重比喻手法在诗歌写作中的运用，"一切比喻和修饰都要符合自身的意义才能用，倘若比喻（喻体）与被喻事物（本体）意义上有矛盾，便会受到诗人们的耻笑"（彭书麟、于乃昌，2005：166）。比喻手法与叙述内容融为一体，实现意义的传达。同时，贡嘎坚赞论述了诗歌写作的目的，交代文体格式的目的，"讲者容易讲，听者容易记取，论著能产生信念"（彭书麟、于乃昌，2005：159）；规定韵律诗歌的行数，"世尊经教和世人论著的根本颂是两行偈句、三行、四行、五行和六行。七行以上的则没有。韵律诗歌是四行"（彭书麟、于乃昌，2005：167）；划分文体类别，指出颂偈写作的字数要求，"作论文体分颂偈（每句字数相等的词章诗歌）和散文以及诗散相间三种"（彭书麟、于乃昌，2005：167）。

贡嘎坚赞将对藏族诗学和修辞理论的艺术创新应用于格言诗的写作实践之中。《萨迦格言》通篇运用丰富的比喻，选择藏地常见的人文景观为喻体以说明主题，借鉴藏族民歌体形式，四句九言，讲究韵律，以求讲者易讲与读者易记，最终实现格言诗主题意义的传递。《格丹格言》《水树格言》《国王修身论》等藏族格言诗作继承了《萨迦格言》全部或部分诗学品质。从诗作题目分析，除《格丹格言》《国王修身论》《安多格言》之外，藏族格言诗均以"水""木""日""月""风""土""火""铁""宝贝""天空""茶""酒""蛋"等藏地常见或生活必需的事物为喻体阐述道理；从诗行字数来看，《格丹格言》除一首为五句七言体之外，均为四句七言体，《水树格言》《火喻格言》《风喻格言》均为四句七言体，每句以2221的节奏作停顿，极富韵律。后世格言诗人在模仿中对藏族格言诗的艺术形式进行了自觉创新。例如，藏族格言诗由通篇多元喻体写作转向以单一喻体为主题创作；《水树格言》"开创了以自然物为喻体的格言诗创作艺术之先河"（李钟霖等，2003：8）；《格丹格言》通篇采用对比的写作手法使智者和愚者形成鲜明对比，开创了格言诗写作手法的新格局；《国王修身论》不固守七言四句旧格式，拓宽了格言诗的创作思路。诗学品质的独特性奠定了藏族格言诗在藏族作家诗中的文学经典地位。

（二）社会关怀

《智者入门》对诗歌概念进行了界定，"诗歌概括为体和饰两部分。体是完成欲叙的内容，饰是具有特点的加上美的词和喻等的结合"（彭书麟、于乃昌，2005：167）。据此分析，贡嘎坚赞不仅强调诗歌的饰，更加注重诗歌的体，以饰之形式传递体之内容。《智者入门》阐释的诗学理论对贡嘎坚赞本人以及后世藏族格言诗人均产生深远影响。"格言"本身就具有较强的说理性或教化成份，将格言与诗结合起来，说理或教化意味更加明显。"或以诗为足助德性之涵养，或以之为足资知识之广博；或以助社会伦理之实施，或以助政治应对之辞令"（郭绍虞，1999：15）。以格言诗为载体，藏族格言诗人倾向于传达学说理念，构筑社会伦理，涵养百姓品德，以实现对社会的关怀。

藏族格言诗社会关怀的思想主题集中表现为对时代的观照。《萨迦格言》产生于西藏由奴隶制向封建农奴制过渡时期。彼时西藏不同割据势力相互攻伐，社会秩序破坏严重，底层人民苦不堪言。作为宗教上层人士，贡嘎坚赞体察百姓疾苦，通过格言诗传递"反对暴政，倡行仁政""以法治藏，清正廉明""轻徭薄役，减免赋税""选贤任能，爱护百姓"的伦理观和政治观，以求治世。16世纪中叶，西藏帕竹地方政权鼎盛，格鲁派发展势头良好，索南扎巴创作《格丹格言》，强调智者之于社会的价值，提出"尊重人才，敬重智者"的人才观。丹白准美所处的时代农奴受到封建农奴主的压迫日益沉重，《水树格言》表达了"仁政爱民"的政治观。清朝中后期，中央政府腐败无能，帝国主义伺机入侵，西藏岌岌可危，《国王修身论》讲述了治理之道，提出"安邦兴民，合理税收"的政治观、"忠君爱国，团结互助"的伦理观、"公平廉明，德治法治相依"的法治观、"选用贤良，造福百姓"的人才观。综观之，藏族格言诗人以其责任感和使命感撰写诗作，观照时代，表现出强烈的国家社会情怀；藏族格言诗蕴含的伦理思想与儒家"仁政""爱民""治世""选贤任能"等思想具有内在一致性，构筑了中华民族共有精神家园。

（三）民族文化认同

藏族格言诗人基于传统文化思想的创作反映出格言诗人群体对民族文化的认同，构成了藏族格言诗的经典品质。"文化的传承蕴含着两个系统：一个是官方的、经典的、书面的系统；另一个是民间的、通俗的、口传的系统。前者来自文献，居于中心的、主流的地位，代表了一个民族的尊严、智慧和文明程度，是一个民族精神和心灵的支柱；后者来自田野，处在边缘的、非主流的位置，代表了一个民族的活力、信仰和生存智慧，是一个民族创造力和想象力的体现"（丹珍草，2017：42）。作为书面的经典文学，藏族格言诗汲取通俗的、口传的藏族民间文学营养，引用或化用诸多神话故事、歌谣传说、民俗格言谚语等民间文学，形成独特的文学体裁；确立中心的、主流的地位之后，藏族格言诗又以书面的和口传的形式反作用于边缘的、非主流的民间文学，赋予民间文学新的价值。在藏族格言诗与民间文学相互作用、相互构建过程中，格言诗人内部、格言诗人与读者之间的民族文化认同、情感共鸣愈发强烈；民族文化亦在不断认同中得以传承，使得藏族格言诗的经典品质愈发显著。

　　藏族格言诗的民族文化认同亦反映在对藏族古代哲学思想的整体观照上。四大本源说为藏族古代朴素的唯物主义哲学观，构成了藏族众多传统学科的理论基础，如藏医典籍《四部医典》阐述了"众生肉体四大本源生，所治疾病四大本源致，对治药物四大本源质，体病施治自性互相连"（宇妥·元丹贡布等，1983：472）的医学理念。罗桑金巴在谈及《风喻格言》的创作目的时提到，"贡唐·丹白准美著有《水喻格言》，南杰索巴著有《土喻格言》和《火喻格言》，我抱着水、土、火、风四大种格言齐全的愿望和供后世聪明学者学习的目的，特撰写了《风喻格言》"（李钟霖等，2003：9）。罗桑金巴集齐水、土、火、风四种格言诗的创作愿望与四大本源说相对应。之后《天空格言》问世，和上述四部格言诗构成了以水、土、火、风、空五元素为主题的诗作，这又与藏族古代哲学思想中的五源学相呼应。"五源学认为，宇宙间一切事物都是由土、水、火、风、空五种物质所源生（简称"五源"），事物的发展变化形成存灭，都是这五种物质不断运动和相互作用的结果"（金学英，1997：29）。藏族格言诗的创作与藏族古代哲学思想的对照统一反映出格言诗人朴素的唯物主义哲学观、文化整体观，极大丰富了中华民族共有精神家园的多元性。同时，藏族格言诗内在的民族文化认同性和思想共通性使其在中华民族共有精神文化的传播中更能引起读者的情感共鸣。

　　藏族格言诗人在创作之初以诗学理论为指导对表现形式进行创新，注重观照时代与社会，具有使藏族格言诗成为文学经典的明确意识。藏族格言诗文学经典地位的最终确立因其思想主题与表现形式植根于深厚的藏族传统文化，且能够因国家或民族时代主题的变迁而不断创新，在创作之中实现民族文化的认同；藏族格言诗民族的、经典的内在美质亦在此过程中不断得到强化。

四、藏族格言诗的经典化建构

"成为经典，当然与文本自身的情感空间、审美特征分不开，即它们必须具有成为经典的诗美品格；但具备成为经典的品格，并不一定能够成为经典，经典是通过经典化而塑造出来的"（方长安，2017：116）。经典化是一部文学作品由传播到接受最终走向经典的动态过程，内在的经典诗学美质是文学作品经典化的基本要素，赞助人、评论、翻译、媒介等多重因素从不同层面建构着其经典化。藏族格言诗在域内的经典化是其内在经典美质与多重因素长期共同作用的结果，内在美质奠定了其成为经典的基础，赞助力量推崇、评论赞扬基调，翻译阐释传播、传播媒介多元建构了其在域内的经典化路径。

（一）赞助力量推崇

藏族格言诗的经典化动力首先来自政治和宗教力量对格言诗人及其诗作的推崇。作为彼时上层人士，贡嘎坚赞、索南扎巴、丹白准美、米庞嘉措等藏族格言诗人兼具政治家、诗人等多重身份，在祖国统一、民族团结、诗学建构等方面均产生重要影响，其本人及诗作备受赞助人推崇。贡嘎坚赞作为萨迦教派首领，受到蒙古统治者盛邀，阔端王子向其允诺，"吾以世法护之，尔护以圣教"，"尔静心传法，所需吾悉与焉"（王辅仁、陈庆英，1985：30），贡嘎坚赞的思想主张和学说理念在蒙古上层的推崇下迅速在藏蒙地区传播开来。作为贡嘎坚赞治理主张和思想理念的集中体现，《萨迦格言》在创作完成不久就被翻译成蒙古文，之后又有多个蒙古文译本产生，促进了其在蒙古语文化圈的传播与接受，甚至上升为规范和准则。"《善书》已成为影响人们伦理道德的规范，说话办事的准则，探讨论证问题的依据，启蒙儿童的教科书"（低·却拉布吉，1988：73）。贡嘎坚赞及《萨迦格言》在藏地受到各个时期不同教派的推崇，如格鲁派的创始人宗喀巴大师（1357—1419）称赞贡嘎坚赞为"举世无双的明王护法，遍知一切的文殊菩萨，博通五明的大班智达，就是护佑雪域众生的萨迦巴"（佟锦华，1989：36）；丹白准美高度赞扬《萨迦格言》，"著名的宝贝绳儿，把汉藏大地紧连；不朽的萨迦格言，把人生道路指点"（索南扎巴、孔唐·丹白准美，1984：74）。此外，索南扎巴及其《格丹格言》备受彼时西藏帕竹地方政权和格鲁教派的推崇；丹白准美的《水树格言》的思想主题与当时西藏政教合一制度相契合；《国王修身论》为米庞嘉措应德格土司要求所作，并在后者的支持下付诸印刷。中华人民共和国成立初期，《人民日报》文艺版连载王尧汉译的《萨迦格言》。随着国家对少数民族文化保护力度的逐渐加大，藏族格言诗得到全面整理与翻译，其藏、蒙、汉文本在域内广泛传播。藏族格言诗被各方接受和推崇，从更深层次来看为藏族文化被域内各民族认同与接受，生动诠释了中华民族文化认同与共有精神家园构筑之间的内在关系。

（二）评论基调：赞扬

藏族格言诗人及其诗作的文学地位及价值在同时代已然得到普遍认可，对其鲜有批评，多为赞扬。自第一部格言诗《萨迦格言》创作完成之后，注疏、专著、史著等构成的多元评论方式从不同层面合力建构着藏族格言诗的经典化。藏族文学中的注疏传统由来已久，多为诗人等专业人士结合传统文化和时代背景对名家著作进行解读，以使普通读者明其主旨，会其精神。藏族格言诗颇受学者青睐，多被注疏，如仁钦拜的《萨迦格言注释》、罗桑楚臣的《萨迦格言注释·如意钥匙》以及索达吉堪布的《格言宝藏论释》分别为《萨迦格言》藏文、蒙古文、汉文注疏；央金噶韦洛哲的《智愚辨别论具善格言白莲花束注疏太阳光辉》为《格丹格言》的注疏。文学体系专业人士的注疏引导大众读者走向藏族格言诗，使其内在美质渐为大众感知，提高了其被传播、阅读和接受的可能。专著与注疏功能相似，均具有解读作用，但面向不同，前者为专业人士对藏族格言诗演进历程、思想内涵、表现形式等方面更为全面、系统、深刻的诠释。例如，李钟霖、星全成等所著的《藏族格言文化鉴赏》全面剖析了藏族格言诗的思想主题和艺术形式，将其由诗学范畴提升至文化范畴，意在凸显其文学属性和文化价值。史著对藏族格言诗的评论主要包涵在文学史和历史著作之中，前者肯定了藏族格言诗的文学地位，后者扩大了其文学外延。在藏、蒙民族文学史或少数民族文学史中，藏族格言诗作为独特的文学体裁被记载和叙述，确定了其文学史地位；藏族格言诗也常同其作者出现在藏、蒙民族历史著作之中，或被叙述，或被引用例证。编入史著客观上塑造了藏族格言诗的经典形象。多元评论方式反映了专业人士对藏族格言诗的态度，从不同侧面体现出藏族格言诗的价值。无论注疏、专著抑或史著，赞扬成为藏族格言诗在域内各民族间传播的主调，藏族格言诗在赞扬之中渐被塑造为经典。

（三）翻译：阐释传播

翻译为译者基于对原文文本的理解而做出的相应解读，并以他种语言呈现，从而承担了阐释和传播的双重功能。当文学作品由一种语言被翻译为他种语言时，其内涵得到更为全面的阐释和更加广泛的传播。随着文学作品被译成语言种类和译本数量的逐渐增多，翻译之于文学作品的阐释力和传播力越发显著。因此，翻译构成阐释文学作品并推动其由本民族向其他民族传播的重要环节，亦成为文学作品实现经典化的重要途径。

藏族格言诗域内经典化进程亦为其由藏文译成蒙古文、汉文等域内民族语言的过程。翻译之于藏族格言诗经典化的建构主要表现在两个方面，一是译本的阐释与传播，二是翻译研究的阐释与传播。自14世纪初《萨迦格言》首次被翻译以来，藏族格言诗蒙古文、汉文译本不断产生，现已有大量译本。藏族格言诗翻译形式多样，或节译，或全译，或转译；译本体例丰富，译者序、出版说明、注释、注疏、附录、译后记等副文本在各译本中均有出现；域内译者对藏族格言诗诗歌属性的认识一致，均以诗译诗，尽量以相似或一致的诗歌形式传递其内涵。此外，藏族格言诗的蒙、汉译本成为其对外传播的重要媒介，多部藏族格言诗的外译本由其蒙、汉译本转译。众多译本之间的互动构成藏族格言诗阐释与传播的宏观图景。译本的大量涌现为开展翻译研究奠定了良好基础。藏族格言诗众多译本的产生促进了其翻译研究。长期以来，藏族格言诗以本体研究和作者研究为主流，翻译研究较少。21世纪初，随着传统文化日益受到重视和翻译学科的深入发展，藏族格言诗的翻译研究发展迅猛。尤其在"一带一路"倡议的推动下，以《萨迦格言》为代表的藏族格言诗的翻译研究受到国内学界重视，"归纳少数民族典籍、文学以及口头传统涉及的作品发现，《格萨尔》《玛纳斯》《萨迦格言》《阿诗玛》和《尘埃落定》受关注度较高"（许明武，赵春龙，2018：60）。藏族格言诗翻译研究的快速发展扩大了其域内影响力，亦从学术层面推动了其经典化，进而彰显出国内学者在中华民族共同体意识指导下进行民族文学翻译与研究的学术自觉。

（四）传播媒介多元

传播媒介在很大程度上影响着文学作品的读者面向，多元的传播媒介能够使得文学作品面向的读者群体更为广泛，推动其经典化进程。藏族格言诗在域内经典化的建构与多元的传播媒介密切相关，文本、口头、电子介质构成其域内传播的三大媒介。藏族格言诗作为作家诗，最初以文本的形式传播。藏族格言诗起初以手抄本、木刻本的形式流传于藏蒙上层社会，成为上层社会和寺院僧众的必读书目；随着印刷技术的发展，藏族格言诗以图书、教材、报纸、期刊等文本形式在域内广泛传播开来。多元的文本形式使得藏族格言诗形成了更为广泛的读者面向，推动了其快速传播。不同于藏蒙民族口传史诗由口头到文本的传播嬗变，由于旧时藏蒙底层民众教育水平较低，藏族格言诗在藏蒙民众间先以文本传播，后经口头解读逐渐传至底层百姓。藏族格言诗的创作融入了藏地民歌形式，朗朗上口，易于传记，与藏蒙的口头文化相契合，由此藏族格言诗在藏蒙底层百姓中传播开来，形成了文本与口头并重的传播局面。藏族格言诗的传播媒介随着传播技术的发展而不断丰富。电子媒介将文本传播的视觉优势和口头传播的听觉优势融为一体，拓展了文学作品的传播渠道。现阶段，以广播、电视、博客为主的电子媒介成为藏族格言诗传播的重要途径，如索达吉堪布通过网络视频的方式讲述《萨迦格言》内容，《萨迦格言》汉译者龙冬采用博客方式发布译文。藏族格言诗的传播媒介由最初单一的文本传播演变为当前文本、口头、电子介质多元并存的立体化传播形式，极大提高了其被接受的可能,推动了其在域内的快速传播。

藏族格言诗在域内的经典化是多重因素共同作用的结果。宗教和政治方面的赞助人推动了藏族格言诗的快速传播;来自文学体系的评论为其传播奠定了基调;翻译的阐释和传播拓展了地域和读者面向;多元媒介使其在域内呈现立体化传播态势。多重因素对藏族格言诗的经典化构建反映了中华各民族间的文化认同。

五、结语

藏族格言诗域内经典化构建生动诠释了藏族文化作为中华民族文化中的一元与多元之间长期以来在密切交往交流中形成的认同与交融。藏族格言诗的内在美质和赞助人、评论、翻译、传播等多重因素共同建构了其在域内的经典化。藏族格言诗域内经典化的建构体现了藏族格言诗在域内的认可和接受,折射出中华各民族间的文化认同;在各民族间相互认同和接受过程中,藏族格言诗内化入中华民族文化肌理,其文学经典地位亦愈加牢固。"每个民族或国家都有自己独特的民族文学或国家文学,它们一旦跨越异质文化的界限,就自然而然地成为世界文学的一部分"(孟昭毅,2012:26)。藏族格言诗自19世纪上半叶至今被译成英文、法文、德文、俄文、匈牙利文、捷克文、日文等多种外文,在域外得到广泛认可和接受;其在翻译、评论、传播中建构的域内经典化与其域外传播共同构成互动共生的宏观传播图景,为其跨越异质文化边界、成为世界文学经典带来极大可能。

参考文献

[1]丹珍草.嘉绒藏区民间文化与作家创作[J].民族文学研究,2017(5):35—42.

[2]低·却拉布吉.《善书宝藏》和蒙古族古代格言诗的关系[J].西北民族大学学报(哲学社会科学版),1988(4):73—79.

[3]方长安.中国现代诗歌传播接受与经典化的三重向度[J].天津社会

科学,2017(3):116—129.

[4]郭绍虞.中国文学批评史[M].天津:百花文艺出版社,1999.

[5]金学英.五源学与藏医药[J].中国藏学,1997(4):29—31.

[6]李正栓.新中国成立70年以来藏族格言诗翻译[J].上海交通大学学报(哲学社会科学版),2019(4):15—25.

[7]李正栓、赵春龙.不同时期藏族格言诗翻译对西藏经济文化的构建作用[J].西藏民族大学学报(哲学社会科学版),2019(2):70—76.

[8]李钟霖等.藏族格言文化鉴赏[M].西宁:青海民族出版社,2003:2—3.

[9]孟昭毅.从民族文学走向世界文学[J].中国比较文学,2012(4):22—29.

[10]彭书麟、于乃昌.中国少数民族文艺理论集成[M].北京:北京大学出版社,2005.

[11]仁欠卓玛.藏族传统修辞理论《诗镜》中的罗摩故事研究[J].西藏大学学报(社会科学版),2017(2):65—68.

[12]沙先一、张宏生.论清词的经典化[J].中国社会科学,2013(12):96—119.

[13]史金波、黄润华.中国历代民族古文字文献探幽[M].北京:中华书局,2008.

[14]索南扎巴、孔唐·丹白准美.格丹格言、水树格言[M].耿予方,译.拉萨:西藏人民出版社,1984.

[15]佟锦华.藏族古典文学[M].长春:吉林教育出版社,1989.

[16]王辅仁、陈庆英.蒙藏民族关系史略[M].北京:中国社会科学出版社,1985.

[17]许明武,赵春龙."一带一路"背景下国内少数民族语文翻译研究热点述评——兼论其民译、汉译与外译研究融合路径[J].外语电化教学,2018(6):58—64.

[18]宇妥·元丹贡布等.四部医典[M].李永年,译.北京:人民卫生出版社,1983.

[19]赵春龙、李正栓.《萨迦格言》蒙译史略[J].西藏研究,2020(1):87—93.

(本文原载《西北民族大学学报(哲学社会科学版)》2020年第4期,作者赵春龙、许明武,数据未做更新,内容略有改动。)

民族典籍域外经典化路径解析
——基于《萨迦格言》域外经典化的考察

一、引言

民族典籍域外经典化是民族典籍在域外从翻译到传播再到被广泛接受，最终走向经典的动态过程，揭示了民族典籍与译入语社会不断协调的历时演变过程。考察和解析民族典籍域外经典化历程和路径既是对民族典籍域外翻译、传播和接受情况的历时梳理，也有助于推动我国民族典籍在域外的有效翻译和传播。

《萨迦格言》为藏族著名诗人、政治家、佛学家萨迦·贡嘎坚赞基于对西藏历史、政治、宗教、社会的全面认知和把握，汲取藏族传统文化营养，借鉴印度文学样式而创作的首部藏族格言诗。"《萨迦格言》成书之后，成为后世藏族格言诗人争相模仿创作的蓝本，藏族格言诗的主题内容和表现手法在被模仿之中不断创新，逐步形成了藏族格言诗体裁"（赵春龙，许明武，2020：31）。《萨迦格言》的内容主题和表现手法构成藏族格言诗体裁的基础，进而逐渐确立了其域内文学经典地位。19世纪以来，《萨迦格言》在域外不断被翻译和传播，先后产生英文、俄文、法文、德文、匈牙利文、捷克文、日文等多种外文译本，受众广泛，逐渐形成了面向国际藏学界和面向域外大众读者的两条译介路径，相应地建构起学术经典和大众经典的双重地位。《萨迦格言》域外经典地位的建构呈现出民族典籍在域外翻译、传播和接受的典型特征，考察和解析其域外经典化历程和路径对当前民族典籍"走出去"具有重要的现实意义。

二、《萨迦格言》域外经典化历程考察

"《萨迦格言》是最早引起西方藏学家关注的西藏本土作品之一"（Jackson, 1987：42）。1833年，"西方藏学之父"、匈牙利语言学家亚历山大·乔玛·德·克鲁西（Alexander Csoma de Cörösi）将《萨迦格言》翻译成英文，成为其外译之肇始。自此，《萨迦格言》受到域外藏学家和译者的持续关注，历经近二百年的翻译、传播和接受，先后产生近30个外文译本[①]，其中一些译本不断再版，逐渐实现了域外经典化。翻译目的、传播形式和目标读者反映了文本被翻译、传播和接受的基本面向。依据翻译目的、传播形式和目标读者分析，《萨迦格言》形成了以学术研究为旨归、面向国际藏学界的学术翻译和以文化需求为导向、面向域外大众读者的通俗翻译两条译介路径，相应地在域外确立了学术经典和大众经典的地位。基于《萨迦格言》的域外翻译、传播和接受历程，我们以其译成外文语种数量、外文译本数量、译本评论以及出版情况作为参考依据，分别考察其在域外作为学术经典和大众经典的建构历程。

（一）《萨迦格言》域外学术经典化历程考察

19世纪，《萨迦格言》在西方开展藏学研究伊始便受到匈牙利、俄国、法国、德国藏学家的关注和译介。19世纪初，为民族"寻根"的乔玛应英国探险家威廉·摩尔克罗夫（William Moorcroft）之约编写藏英字典和藏语语法，《萨迦格言》作为乔玛编写字典的组成部分被翻译成英

[①] 据统计，《萨迦格言》现有英文译本7个、俄文译本5个、法文译本2个、德文译本6个、日文译本5个、匈牙利文译本1个、捷克文译本1个。

文。① 乔玛英译本于1855—1856年以藏英对照的形式刊登在《孟加拉亚洲学会会刊》(Journal of Asiatic Society of Bengal)第24和第25卷，影响深远，成为域外研究《萨迦格言》等藏族格言诗的重要参考文献，并于1912年重版。与乔玛相似，俄国蒙古语言学家A.B.波波夫（А. В. Попов）注意到《萨迦格言》的托忒蒙古文译本，"在《卡尔梅克语法》(1847)一书中引用了托忒文《萨迦格言》的字句，并附有俄文翻译"（博尔索霍耶娃，1984: 38）。1858年，法国藏学家菲利普·爱德华·富可士（Philippe Édouard Foucaux）根据乔玛译本中的藏文法译134首诗，出版《雅言宝库》(Le trésor des belles paroles)，在译本前言将《萨迦格言》与印度梵文诗歌和西方寓言进行比较，最早探讨了其文学属性。富可士译本传播广泛，于2010年和2014年分别由美国凯辛格出版社（Kessinger Publishing）和法国阿歇特图书出版集团（Hachette Livre）再版。1863—1865年间，德国语言学家、藏学家安东·施福纳（Anton Schiefner）从语言研究视角注解了奥托·冯·波特林克（Otto von Böhtlingk）的专著《印度箴言：梵文和德文》(Indische Spruche: Sanskrit Und Deuts)，德译《萨迦格言》33首诗。

进入20世纪，《萨迦格言》受到德国、匈牙利、美国、苏联、捷克等国藏学家的持续关注，在国际藏学界得到进一步翻译和传播。1925年，威廉·拉克兰·坎贝尔（William Lachlan Campbell）将《萨迦格言》全译为德文译本《萨迦箴言》(Die Sprüche von Sakya)，以考察其与印度古代佛哲龙树（Nagarjuna）《智慧之树》(The Tree of Wisdom)之间的文学关系。1948年，匈牙利蒙藏语言学家路易斯·李盖提（Louis Ligeti）基于蒙藏语言对比研究出版《萨迦格言》索南戈拉八思巴蒙古文译本《蒙文版善说宝藏》(Le Subhasitaratnanidhi Mongol)，影响广泛，并于1965年和1973

---

① 乔玛的民族"寻根之旅"受到摩尔克罗夫的部分资助。作为回报，乔玛于1824年答应后者编写藏英字典和藏语语法。为此，乔玛学习藏文并翻译了大量藏族典籍，于1834年编写出《藏英字典》(Essay Towards a Dictionary, Tibetan and English)和《藏语语法》(A Grammar of the Tibetan Language in English)，而乔玛英译本《萨迦班智达〈善说宝藏〉简介、节选和译文》(A Brief Notice of the Subhashita Ratna Nidhi of Saskya Pandita, with Extracts and Translations)完成于1833年。

年再版。20世纪下半叶，随着国际藏学研究学术交流的日益频繁，《萨迦格言》备受国际藏学家的关注，产生多个外文译本。1965年，詹姆斯·艾佛特·薄森（James E. Bosson）旨在"获知蒙古文译者所使用的传统翻译技巧和方法"（Bosson, 1969：Ⅶ），分别英译《萨迦格言》藏文文本和1948年李盖提蒙译本，著成博士论文《格言宝藏：萨迦班智达〈善说宝藏〉藏蒙对照》（*A Treasury of Aphoristic Jewels: The Subhasitaratnanidhi of Sa Skya Pandita in Tibetan and Mongolian*），于1969年和1997年、2017年分别由印第安纳大学出版社（Indiana University Press）和劳特利奇出版社（Routledge）出版。1973年，苏联藏学家戴利科娃（В. С. Дылыкова）发表《萨迦班智达箴言录》（Назидательные речения Сакья пандиты）一文，俄译37首诗以向本国学界推介《萨迦格言》。1976年，苏联藏学家博尔索霍耶娃（Н. Д. Болсохоевой）基于《萨迦格言》俄译实践，深入探讨其诗歌样式，著成副博士学位论文《萨迦班智达及其格言》（Сакья-пандита и его изречения），由苏联东方学研究所出版。1984年，捷克藏学家高马士（Josef Kolmaš）基于藏文文本考察，与诗人贾娜·斯托罗婆罗瓦（Jana Štroblorá）共同译成捷克文译本《箴言宝藏》（*Pokladnice moudrých rčení*），并于1988年再版。同年，匈牙利诗人、翻译家坦多瑞·德兹（Tandori Dezső）将李盖提学术译本译为匈牙利文，于2011年再版。

"进入21世纪，对藏族格言诗的翻译出版或重印正处在一个鼎盛时期"（李正栓，2019：25）。《萨迦格言》外文译本、专门翻译词典和相关学术专著相继出版。2002年，日裔法籍藏学家今枝由郎参考《萨迦格言》藏文和薄森英译本译成日译本《萨迦格言集》（『サキャ格言集』），由日本岩波书店（Iwanami Shoten）出版。2009年，匈裔美籍学者捷尔吉·卡拉（Grörgy Kara）参考《萨迦格言》藏文文本和蒙古文、匈牙利文、英文等多种译本，编成藏文、回鹘蒙古文、现代蒙古文、英文多语对照翻译词典《索南戈拉〈善说宝藏〉词典》（*Dictionary of Sonom Gara's Erdeni-yin Sang*），附有格言诗句例证，由荷兰博睿学术出版社（Brill）出版。该词典作为对《萨迦格言》多种语言译本的系统总结和归纳，具有重要的参考价值和学术价值，标志着《萨迦格言》学术经典地位在国际藏学界的确

立。2017年，日本藏学家梶濱亮俊基于《萨迦格言》日译实践，系统阐述了其与印度文学之间的关系，出版学术专著《〈萨迦格言〉与印度文学》(「サキャ格言」とインドの説話)。

从西方开展藏学研究之始至今，《萨迦格言》受到来自匈牙利、俄罗斯、法国、德国、美国、捷克、日本等主要开展藏学研究国家藏学家的持续关注，相应地其语言价值、文学价值、翻译价值得到全面关注和广泛研究，相关研究成果以学术译著、专著、词典等形式在国际藏学界传播，其学术经典地位在国际藏学家的翻译、研究和传播的过程中逐渐确立。

（二）《萨迦格言》域外大众经典化历程考察

《萨迦格言》在域外作为大众经典最早在印度、不丹等与藏族文化相近的国家广泛传播。"《萨迦格言》被纳入中国西藏、印度以及不丹的现代教育课程之中，至今仍受欢迎"（Davenport，2000：1），由此促进了其在印度、不丹等南亚国家大众读者间的传播。

20世纪70年代，《萨迦格言》作为面向普通读者的大众读物在英语世界广泛传播开来。1977年，塔尚·塔尔库（Tarthang Tulku）将乔玛英译本的散文体形式改为诗体形式，旨在"以简洁的语言传播教义使英语世界读者的生活更加健康，思想更加和谐"（Tulku，1997：1）。该译本由美国达摩出版社（Dharma Publishing）出版，受众广泛。美国译者约翰·达文波特（John T. Davenport）指出，"薄森译本作为学术专著，限制了其在更为广泛读者群体中的传播"（Davenport，2000：17）。为此，达文波特将《萨迦格言》和萨迦堪布·桑杰丹增的《〈萨迦格言〉释论》英译为《普世智慧：萨迦班智达良言宝库》（Ordinary Wisdom：Sakya Pandita's Treasury of Good Advice）以提高文本的趣味性、可读性和传播性，从而构成"一个比较完整、充满详解的译本"（李正栓、赵春龙，2015：86）。达文波特英译本于2000年由波士顿智慧出版社（Wisdom Publications）出版，传播广泛，并于2009年被中国藏学出版社引进出版。2003年，美籍藏族学者罗桑江白和阿旺索南丹增重新整理《萨迦格言》英译本《良言宝库》（Treasury of Good Sayings），该译本以图书和网络的形式面向英语世界的大众读者发布①。

近年来,《萨迦格言》与其他多部藏族格言诗作为统一整体在域外译介,进一步提高了其域外传播力和影响力。2018年,智慧出版社出版了美国译者贝丝·纽曼（Beth Newman）英译的《西藏日常智慧书:千年智者良言》（*The Tibetan Book of Everdyay Wisdom: A Thousnad Years of Sage Advice*），书中包括《萨迦格言》《格丹格言》《水树格言》《风喻格言》《土喻格言》等九部藏印格言诗与关于《萨迦格言》和《格丹格言》的两部释论。该译本语言简洁,内容丰富,旨在面向英语世界的普通读者传递西藏民众的生活智慧。2018年,李正栓英译的《图说萨迦格言》（*A Pictorial Version of Sakya Gnomic Verses*）同《国王修身论》（*Moral Cultivation of Kings*, 2017）、《水树格言》（*Gnomic Verses about Water and Tree*, 2017）和《格丹格言》（*Dgeldan Gnomic Verses*, 2019）被尼泊尔天利出版文化公司（Nepal Tianli Publication and Culture Company Pvt. Ltd）和珠穆拉玛出版社（Everest Publishing House）引进在加德满都出版。《图说萨迦格言》以英汉藏三语呈现,语言简洁流畅,配有大量插图以增强译本的趣味性和可读性,旨在面向域外大众读者推动"民心相通"。

面向大众读者的《萨迦格言》外文译本以域外读者现实文化需求为导向,注重语言的简洁性、内容的趣味性和出版的大众化,进而形成了由节译到全译再到与多部藏族格言诗共同译介的演变,反映出《萨迦格言》译介内容逐步丰富的过程及其被域外读者不断阅读和接受的历程。《萨迦格言》亦在翻译、阅读和接受的过程中渐被塑造为大众经典。

三、《萨迦格言》域外经典化路径解析

民族典籍域外经典化是民族典籍在域外被翻译、传播和接受的历时动

---

① 该译本最早于1966年由罗桑江白和阿旺索南丹增翻译,后经由罗桑江白整理于2003年出版,同时在纽约藏族典籍翻译协会（Tibetan Classics Translators' Guild of New York）面向大众读者发布,详见 *Sa skya legs bshad*[EB/OL].[2021-09-26].http://theguildny.org/resources-a/sa-skya-legs-bshad/。

态过程。翻译、传播与接受构成民族典籍域外经典化的中心环节。被域外读者广泛接受既是民族典籍域外经典化的必经环节，又是翻译和传播的旨归；翻译和传播既是民族典籍域外经典化的基础环节，也是民族典籍跨越民族或国家地理和文化空间进而被域外读者广泛接受的前提。"文学作品经由翻译走向海外，在这一跨越国家、语言与文化的传播过程之中，发挥作用的主体是多元的而非单一的"（吴攸、陈滔秋，2020：36）。因而，解析民族典籍域外经典化路径即是对推动其翻译和传播动因的全面深入分析。《萨迦格言》域外译介呈现出面向国际藏学界的学术经典化和面向域外普通读者的大众经典化的两条路径，译者积极推介、赞助人推崇、多元传播途径共同推动了其域外经典化的建构。

（一）译者积极推介

"没有译者在艺术再创作过程中的匠心打造所完成的内部经典化，就谈不上译本形成后在译入语社会流通与传播过程中的外部经典化"（宋学智，2017：67）。译者作为专业人士将原文本转换为目标语文本，不断协调其与目的语间的文化关系，成为实现民族典籍域外经典化的基础和前提。《萨迦格言》译者主要通过学术或社会身份、翻译策略选择和积极评价来推动其域外经典化建构。

译者的学术或社会身份为《萨迦格言》域外经典化奠定了良好的学术基础和读者基础。《萨迦格言》在西方开展藏学研究之初便受到匈牙利、法国、德国等国家藏学研究开创者的关注和翻译。"西方藏学之父"乔玛、"法国乃至欧洲最早藏学讲席教授"富可士、德国藏学先驱施福纳早在19世纪就开展了《萨迦格言》的翻译和研究，这为其在西方各国藏学界乃至国际藏学界的进一步翻译和传播积累了学术声誉和文化资本。进入20世纪，在译者李盖提、薄森、卡拉、博尔索霍耶娃、高马士、今枝由郎等国际著名藏学家的大力推动下，《萨迦格言》诸多高质量外文译本和相关研究论著相继出版，进而在国际藏学界得到全面研究和广泛传播。同时，译者塔尔库着重向学生推介《萨迦格言》，译者达文波特、纽曼等人结合北美文化语境和大众文化需求英译《萨迦格言》，进一步推动了其在域外大众读者间的传播。

译者作为翻译活动的主体,通过翻译策略的选取生产不同类型的译本,推动《萨迦格言》实现域外受众的多元面向。以译者李盖提、薄森、卡拉为代表的国际藏学家旨在进行语言、文学和翻译研究,多秉持忠实翻译原则,增加丰富的学术性副文本,面向国际藏学界的专业人士传播《萨迦格言》;塔尔库将乔玛译本的散文体改为诗体,提高语言的简洁性和流畅性,以此扩大读者群体;达文波特、纽曼等译者采用丰厚翻译策略,译入大量注疏和评论以重构丰富的藏族文化语境,以此吸引了众多希望了解西藏文化的普通读者。翻译策略的多元化促进了《萨迦格言》在域外不同读者群体间的有效传播。

译者通过对《萨迦格言》及其译本的积极评价来推动其在域外经典化的建构。译者通常在译本前言或相关论著中积极肯定《萨迦格言》的民族文学地位,称之为"最受欢迎的西藏文学经典"(Newman, 2018: 1)。译者在梳理先前《萨迦格言》译本的基础上,评析各个译本,如卡拉将索南戈拉回鹘蒙译本誉为"极具价值的中世纪蒙古语作品"(Kara, 2009: 1)。达文波特在其译本前言全面评价先前英译本:"乔玛译本是西方藏学首批实质性研究成果之一","薄森译本被誉为标准的学术译本","塔尔库译本扩大了《萨迦格言》在英语世界的阅读群体"(Davenport, 2000: 17)。译者对《萨迦格言》及其译本的积极评价得到广泛认同,"《萨迦格言》在西藏同类作品中最受欢迎,它的藏文本、蒙译本以及其他语种译本至今流传广泛"(Buell, 2011: 228),进而促进了其在国际藏学界和域外大众读者间的广泛传播。

(二)赞助人的推崇

文学系统的演进和发展受文学系统内部专业人士和来自文学系统之外的赞助人两大因素的影响。"来自文学系统之外的赞助人可以是个人,也可以是某一团体、宗教组织、政党、社会阶层、王室、出版商以及媒体。赞助人竭力协调文学系统和其他系统之间的关系,合力建构某一社会和文化"(Lefevere, 2004: 15)。《萨迦格言》作为"僧俗皆喜、充满思想与哲理的藏族文学经典"（李正栓，2019：17），受到出版机构、学术研究机构、教育机构以及佛学中心等赞助人的推崇，被赞助人合力建构为域外学术经典和大众经典。

出版机构作为域外传播的重要赞助人，出版或再版《萨迦格言》外文译本成为推动其域外经典化的重要力量。美国印第安纳大学出版社、英国劳特利奇出版社、日本岩波书店、荷兰博睿学术出版社等国际著名学术出版机构多次出版、重版《萨迦格言》外文译本，并将其列入大型学术丛书，如印第安纳大学出版社和劳特里奇出版社将薄森译本列入"乌拉尔语和阿尔泰语丛书"（Uralic and Altaic Series），博睿学术出版社将卡拉翻译词典列入"博睿内亚文库"（Brill's Inner Asian Library）。国际知名学术出版机构出版提高了《萨迦格言》的学术声誉，促进了其在国际藏学界的传播。同时，诸如美国智慧出版社和达摩出版社、法国阿歇特出版集团、尼泊尔天利出版文化公司和珠穆拉玛出版社等国外大众出版机构出版和再版《萨迦格言》外文译本，促进了其在域外大众读者间的广泛传播。

国外藏学研究机构作为专门学术机构，学术传统悠久，学术资源和研究人员储备丰富，对《萨迦格言》的持续关注和研究推动了其在域外的翻译和传播。孟加拉皇家亚洲学会作为研究东方国家和地区历史、文化的学术团体，较早关注《萨迦格言》，并在其学术刊物《孟加拉亚洲学会会刊》刊登乔玛英译本等相关研究成果。1857年，法兰西学院聘请富可士为"藏学讲席教授"，"这是欧洲乃至整个西方世界首次将藏族文化研究者聘请为如此之高的位置"（Calloc'h，1987：47）。藏学讲席教授的设置为富可士译介《萨迦格言》提供了物质和学术保障，进而推动法国藏学界对《萨迦格言》的持续关注和研究。匈牙利科学院藏有大量乔玛、李盖提等藏学家捐献的藏文资料，培养了不少藏汉学家和蒙古学家。依托匈牙利科学院，李盖提、卡拉等人译介《萨迦格言》，发表了大量相关论著，进一步促进其在国际藏学界的传播。

民族典籍被列为学校课程教材或必读书目，其合法性和经典性为教育部门所认同，由此建构的经典地位更加牢固和持久。《萨迦格言》最早被印度、不丹等与藏族文化相近的国家纳入现代教育课程之中。近年来，美国印第安纳大学、加州大学伯克利分校等国外高校也将其列为专业必读书目。民族典籍被列为留学生课程教材或必读书目能够促进其域外传播。高马士于1957年来中央民族学院学习藏语言文学专业，在著名藏学家于道泉和王尧的指导下学习研究了包括《萨迦格言》在内的众多藏族典籍，学成回国之后在捷克和国际藏学界大力推介《萨迦格言》。

（三）传播途径多元

在民族典籍域外经典化过程中，译者不仅是文本再创作和阐释的主体，还是文本传播的主体；赞助人不单是文化协调者，也充任文本传播者的角色。译者群体和赞助人的多元构成形成了民族典籍域外传播的多元途径，而传播途径的多元化实现了民族典籍域外传播的多元面向，进而推动了其域外经典化的建构。在多元译者群体和赞助人的推动下，形成了以学术交流、教育传播、文化传播和宗教传播为主的《萨迦格言》多元传播途径。

国外学者间和国内外学者间的学术交流推动了《萨迦格言》域外学术经典化建构。国际藏学学术讨论会成为国际藏学研究者交流的学术平台。自首届国际藏学学术讨论会于1976年召开以来，《萨迦格言》历来为李盖提、高马士等与会学者探讨研究的藏族典籍。王尧于1981年起多次受邀参加国际藏学会议和讲学，向域外大力推介《萨迦格言》。在1982年赴美参加第三届国际藏学会议期间访问加州大学伯克利分校，"东亚系主任鲍先生（薄森）送了一本《萨迦格言》给我，是他从蒙文的《萨迦格言》翻译为英文的版本，我则把自己藏译汉的《萨迦格言》送给了他"（王尧、王玥玮，2013：53）。

教育传播是推进《萨迦格言》域外传播最直接、最有效、最持久的途径。印度、不丹等南亚国家将《萨迦格言》纳入学校课程教材，美国高校将其列为专业必读书目，国内高校将其列为留学生教材，此类通过教育教学来传播的举措既能直接有效地推动民族典籍的域外传播，又能持久地建构其域外经典地位，并为其在域外翻译和传播做了人才储备。例如，曾留学中国的高马士在首届国际藏学学术讨论会上宣读论文《萨迦班智达的格言诗》，介绍《萨迦格言》汉译情况（Ligeti, 1978: 191），并将其译为捷克语。

文化传播是《萨迦格言》基于域外读者的文化需求而逐渐形成的传播途径。文化传播途径联结的既有与藏族文化相近的南亚国家，也包括有文化需求的北美地区，这些国家和地区以主动翻译或传播《萨迦格言》为主。例如，美国译者达文波特和纽曼积极向美国读者译介《萨迦格言》，尼泊尔天利出版文化公司和珠穆拉玛出版社引进李正栓英译本《图说萨迦格言》。

四、《萨迦格言》域外经典化路径启示

民族典籍域外经典化经由翻译和传播环节，跨越民族或国家的地理和文化空间，进而实现其被域外读者的广泛接受。《萨迦格言》域外经典化是多方动因合力推动其翻译和传播的结果，诠释了民族典籍域外翻译和传播的有效方法，对当下民族典籍实现域外有效翻译和传播具有重要的启示意义。

（一）译者与翻译策略

译者充当两种文化的协调者，通过翻译策略的选择来推动民族典籍在异域的身份建构。译者群体的多元化拓展了翻译策略的选择空间，有利于民族典籍与译入语社会文化间的协调，进而实现域外读者群体的多元面向。译者群体的多元化与翻译策略的适应性推动了《萨迦格言》域外学术经典和大众经典的建构。

推动《萨迦格言》域外经典化的译者既有国外藏学家，也包括宗教人士和国内学者，多元译者群体推动了《萨迦格言》在不同领域的传播。诸如乔玛、富可士、李盖提、薄森、高马士、卡拉等国际著名藏学家译者，长期以来在国际藏学界积累了雄厚的文化资本，其译本具有较高的学术权威性和研究价值，推动了《萨迦格言》的域外学术经典化建构。塔尔库、达文波特、纽曼等域外译者面向大众读者翻译《萨迦格言》，一改其在国

际学界单向传播的局面，推动其在国际学界和大众读者间的双向传播。王尧、李正栓等国内学者也积极促进《萨迦格言》在国际学界和大众读者间的双向传播。在民族典籍外译和传播过程中，国外译者在译入语语境中具有天然的语言优势、传播优势、学术影响或社会影响，在促进民族典籍域外传播中起着主要作用；国内译者具有较强的文化自觉意识，能够较为充分地考虑民族典籍外译的复杂性和特殊性，随着翻译研究成果日益受到国际学界的关注和认可，其在民族典籍外译中的作用越发凸显。因此，译者群体多元化能够更为有效地推动民族典籍的域外译介和传播。这既是长期以来民族典籍域外翻译研究主体形成的客观需要，也是中华文化"走出去"的现实需要。

译者根据翻译目的而选择不同的翻译策略，以翻译策略适应读者群体的不同面向。《萨迦格言》域外学术经典和大众经典双重地位的建构与译本翻译策略的选取密切相关。以学术研究为旨归、面向国际藏学界的学术翻译关注《萨迦格言》的语言、文学、翻译价值，侧重译本语言和内容的忠实性，以文化需求为导向、面向域外大众读者的通俗翻译注重译本语言的简洁性和内容的趣味性，进而推动其在不同读者群体间的传播。此外，在具体策略选择上，译者逐渐认识到民族典籍文化内涵的独特性，采用丰厚翻译策略以建构丰富的文化语境，来推动其在域外的传播和接受。从1833年的乔玛译本到2018年的纽曼译本，《萨迦格言》7个英译本呈现逐渐丰厚的趋势。译者灵活运用序言、译者序、引言、注释、术语表、插图等丰富的文本体例以再现原文丰厚语境。丰厚翻译策略将读者置于丰富的学术语境或文化语境之中，符合域外读者的阅读期待。《萨迦格言》英译本逐渐丰厚的趋势以及各译本在域外读者间的广泛传播，充分证明丰厚翻译在推动民族典籍域外传播过程中起到了重要作用。综上，民族典籍作为民族文化的载体，文化内涵独特，在对外译介中应充分注意到翻译策略的适应性和丰厚性，以适应读者群体的多元面向和文化语境的丰富再现，进而推动民族文化在域外的广泛传播和接受。

（二）传播途径和面向

明确民族典籍域外传播途径的多元性和传播面向的指向性有利于提高民族典籍域外传播的广度和效度。《萨迦格言》在域外形成了面向国际藏学界的学术翻译和面向域外大众读者的通俗翻译两条翻译和传播路径，通过学术交流、教育传播、宗教传播、文化传播等途径，实现了在与藏族文化相近的南亚、以开展藏学研究为主要目的的欧洲、具有藏学研究和大众文化需求的北美地区三个地域的广泛传播。《萨迦格言》的传播途径和多元面向折射出我国民族典籍在域外的主要传播途径和基本地域面向。

民族典籍作为我国少数民族精神文化的重要载体，多产生于我国边疆民族地区。民族典籍的地域属性和文化属性使其传播面向呈现出指向性，传播途径随着传播面向的差异而有所不同。首先，民族典籍在跨境和文化相近的民族间传播，相应地传播途径以文化交流为主。尤其在"一带一路"倡议的推动下，"少数民族地区由经济文化交流的边缘地带转变为前沿地带"（许明武、赵春龙，2018：58），民族典籍在与域外文化相近民族之间进行文化沟通与民心沟通中的重要作用越发凸显，传播途径趋向多元。其次，民族典籍作为藏学、蒙古学、满学等民族学的重要研究内容在国际学界传播。国际学术交流肯定了我国民族典籍重要的学术价值，促进了其在各国的学术翻译和传播。最后，民族典籍在具有文化需求的地区传播，文化传播和宗教传播成为主要传播途径。例如，藏族典籍在美国的广泛传播很大意义上源于读者的文化需求，"作为其精神支柱的西方文化和宗教关怀难以解决尖锐复杂的现实社会问题，难以克服现代化的弊端，无法满足其精神需求和道德信仰，进而转向东方文明，寻求某种慰藉心灵的精神需求"（王治国，2016：86—87）。

域外传播途径的多元性和传播面向的指向性为民族典籍外译和出版提供了方向参考，以学术交流、教育传播、宗教传播、文化传播为途径，面向域外民族或文化相近的民族、国际学界、具有文化需求的国家或地区译介民族典籍更易于被域外读者阅读和接受。

五、结语

《萨迦格言》域外经典化历程和路径呈现出其在译者、赞助人、国内学者等动因合力推动下实现在国际藏学界和域外大众读者间广泛传播的过程。《萨迦格言》域外经典化建构表明其在与其他民族文化不断协调中融入译入语语境，充分说明中华民族典籍兼具民族特性和世界属性，能够在翻译和传播中促进文化交流和民心相通，进而凸显中国文化"走出去"的可行性和必要性。《萨迦格言》域外经典化路径解析对当前民族典籍实现域外有效翻译和传播具有重要启示意义，即民族典籍"走出去"应在翻译环节注重译者群体的多元化和翻译策略的适应性，在传播环节注重传播途径的多元性和传播面向的指向性。民族典籍的地域属性和文化属性使其成为我国与"一带一路"沿线国家文化交流和民心沟通的有利因素，译者应充分把握"一带一路"建设的时代契机，明晰国际学界研究趋势和域外大众文化需求，有针对性地做好民族典籍的外译和传播工作。

参考文献

[1] 博尔索霍耶娃.《萨迦格言》在蒙古人中的流传[J]. 邢克，译. 蒙古学资料与情报，1984（4）：37—39.

[2] 李正栓. 新中国成立70年以来藏族格言诗翻译[J]. 上海交通大学学报（哲学社会科学版），2019（4）：15—25.

[3] 李正栓、赵春龙. 达文波特英译《萨迦格言》特色研究[J]. 外语与外语教学，2015（6）：80—86.

[4] 宋学智. 翻译文学经典研究中的问题与思考[J]. 外语学刊，2017（1）：67—72.

[5] 王尧、王玥玮. 我参加历届国际藏学会议的经历[J]. 中国藏学，2013（1）：50—55.

[6] 王治国. 北美藏学与《格萨尔》域外传播的语境解析[J]. 西藏研究，2016（4）：83—88.

[7] 吴攸、陈滔秋. 数字全球化时代刘慈欣科幻文学的译介与传播[J].

上海交通大学学报（哲学社会科学版），2020（3）：33—45.

[8]许明武，赵春龙."一带一路"背景下国内少数民族语文翻译研究热点述评——兼论其民译、汉译与外译研究融合路径[J]. 外语电化教学，2018（6）：58—64.

[9]赵春龙、许明武. 文学经典与文化认同——藏族格言诗域内经典化建构[J]. 西北民族大学学报（哲学社会科学版），2020（4）：30—37.

[10] Bosson, James E. *A Treasury of Aphoristic Jewels*：*The Subhāṣitaratnanidhi of Sa Skya Paṇḍita in Tibetan and Mongolian*[M]. Bloomington：Indiana University Press, 1969.

[11] Calloc'h, Bernard Le. Philippe- Edouard Foucaux：First Tibetan Teacher in Europe[J]. *The Tibet Journal*, 1987,12（1）：39–49.

[12] Davenport, John T. *Ordinary Wisdom*：*Sakya Pandita's Treasury of Good Advice*[M]. Boston：Wisdom Publications, 2000.

[13] Jackson, David P. *The Entrance Gate for the Wise（Section III）*[M]. Wien：Arbeitskreis für Tibetische und Buddhistische Studien Universität, 1987.

[14] Kara, György. *Dictionary of Sonom Gara's Erdeni-yin Sang*：*A Middle Mongol Version of the Tibetan Saskya Legs bshad Mongol-English-Tibetan*[M]. Boston：Brill, 2009.

[15] Lefevere, André. *Translation, Rewriting and the Manipulation of Literary Fame*[M]. Shanghai：Shanghai Foreign Language Education Press, 2004.

[16] Ligeti, Louis. *Proceedings of the Csoma de Körös Memorial Symposium*[M]. Budapest：Akadémiai Kiadó, 1978.

[17] Newman, Beth. *The Tibetan Book of Everdyay Wisdom*：*A Thousnad Years of Sage Advice*[M]. Boston：Wisdom Publications, 2018.

[18] Tulku, Tarthang. *Elegant Sayings*[M]. Berkeley：Dharma Publishing, 1977.

（论文待刊，作者赵春龙、李正栓）

不同时期藏族格言诗翻译对西藏社会经济文化的构建作用

一、引言

藏族格言诗为藏族文化的重要组成部分，是中华传统文化的一朵奇花异葩，堪称反映西藏封建社会历史的"百科全书"。自13世纪上半叶萨迦·贡嘎坚赞（1182—1251）创作《萨迦格言》开创藏族格言诗之先河起，索南扎巴（1478—1554）著有《格丹格言》，贡唐·丹白准美（1762—1823）著有《水树格言》，罗桑金巴（1821—？）著有《风喻格言》，久·米庞嘉措（1846—1912）著有《国王修身论》，南杰索巴（生卒年不详）著有《土喻格言》，诺奇堪布阿旺朋措（生卒年不详）著有《火喻格言》《铁喻格言》《宝喻格言》，另有《天空格言》《茶酒格言》《蛋喻格言》流传于世。其中《萨迦格言》《格丹格言》《水树格言》和《国王修身论》被称为西藏"四大格言诗"。藏族格言诗极具民族性和文学性，受到国内外学者广泛关注，被翻译成蒙古文、满文、英文、法文、德文、俄文、汉文、日文等十余种语言。

二、藏族格言诗英汉翻译史略

藏族格言诗创作起于贡嘎坚赞。由于其显赫的宗教和政治地位，《萨迦格言》在创作完成之后不久便被翻译成蒙古文，流传于蒙古地区，引领了以英译为主的域外翻译与以汉译为主的域内翻译。

(一) 藏族格言诗英译

藏族格言诗英译较早，发轫于19世纪30年代，但直到20世纪60年代以后才有较快发展。藏族格言诗英译以《萨迦格言》为主，《水树格言》《格丹格言》《国王修身论》近些年才出现少量英译本。

藏族格言诗英译开端与匈牙利民族寻根有着密切联系。在欧洲，匈牙利民族较为独特，其语言与周边国家民族语言有着很大不同。18世纪，随着民族意识的觉醒，匈牙利人开始民族寻根，亚历山大·乔玛·德·克鲁西（Alexander Csoma de Cörösi，1784—1842）为典型代表。乔玛旨在通过语言对比寻找民族起源，在1823—1842年间翻译并研究了众多藏族典籍，于1833年英译《萨迦格言》中234首诗；1855—1856年，《孟加拉亚洲学会会刊》（Journal of Asiatic Society of Bengal）第24卷和第25卷刊登其译本 A Brief Notice of the Subhashita Ratna Nidhi of Saskya Pandita, with extracts and translations，"成为其'西译'之肇始，也成为西方藏学研究之肇始"（赵春龙、李正栓，2018：52）。20世纪六七十年代，美国翻译事业的繁荣和藏传佛教在美国的流行助推了藏族格言诗在美国的翻译和传播。美国蒙古文、藏文专家詹姆斯·薄森（James E. Bosson，1933—2016）从语言比较出发将《萨迦格言》分别从藏文和蒙古文翻译成英译本 A Treasury of Aphoristic Jewels: The Subhasitaratnanidhi of Sakya Pandita in Tibetan and Mongolian，美国印第安纳大学出版社（Indiana University Press）于1969年出版了该译本。塔尚·塔尔库（Tarthang Tulku）为更好地传播藏传佛教着手翻译包括《萨迦格言》在内的相关佛教书籍；其译本 A Precious Treasury of Elegant Sayings 于1977年由美国达摩出版社（Dharma Publishing）出版，共234首诗，受众广泛，推动了《萨迦格言》在美国的传播。

进入21世纪，国内外学者对藏族格言诗翻译越发重视，其英译本快速增加。2000年，美国波士顿智慧出版社（Wisdom Publications）出版了达文波特等人翻译的 Ordinary Wisdom—Sakya Pandita's Treasury of

Good Advice。"达译本是《萨迦格言》首个诗体英语全译本,受众较广"(李正栓、赵春龙,2015:81)。2012年,美国卡鲁纳出版社(Karuna Publications)出版益西凯珠(Yeshe Khedrup)和威尔逊·赫尔利(Wilson Hurley)翻译的《水树格言》英译本 The Water and Wood Shastras。该译本为研究型译本,全书近三分之一篇幅介绍"水"和"树"主题,为《水树格言》首个英译本。2013年,长春出版社出版李正栓翻译的 Tibetan Gnomic Verses Translated into English(《藏族格言诗英译》)。译者旨在宣传藏族文化和文学,将藏族格言诗看作有机统一整体进行翻译,译有 Sakya Gnomic Verses(《萨迦格言》)、Dgeldan Gnomic Verses(《格丹格言》)、Gnomic Verses about Water(《水的格言》)、Gnomic Verses about Tree(《树的格言》),其中 Sakya Gnomic Verses 和 Gnomic Verses about Water and Tree 为国内首个英译本,Dgeldan Gnomic Verses 为《格丹格言》首个英译本。2017年5月,尼泊尔天利出版社(Nepal Tianli Publication and Culture Company Pvt. Ltd)出版了李正栓、刘姣翻译的《国王修身论》英译本 Moral Cultivation of Kings,该译本为藏汉英三语对照本,内容忠实,语言简洁流利,是《国王修身论》首个英译本。

(二)藏族格言诗汉译

"民族典籍的翻译研究源远流长,但大规模的较深入的研究,则在中华人民共和国成立以后,尤其是改革开放新时期,得到各级政府的重视"(王宏印,2017:21)。藏族格言诗汉译历程正是民族典籍翻译的缩影,其汉译在20世纪40年代萌芽,50年代真正开始,六七十年代较为缓慢,改革开放以来快速发展。藏族格言诗汉译以《萨迦格言》为主,《格丹格言》《水树格言》《国王修身论》《火喻格言》《铁喻格言》《宝喻格言》现有少量译本。

据考证,藏族格言诗汉译始于20世纪40年代郭和卿全译《萨迦格言》。由于该译本为文言文翻译本,未被出版社采纳。中华人民共和国成立初期,各级政府组织民族民间文学整理与翻译活动,"在全国各地,都掀起了抢救和整理翻译少数民族文化典籍的活动,我国少数民族三大史诗、各民族的长篇叙事诗以及重要的当代民族作家的个人作品，均有所发现和整理，可见，这是一个全面开花、硕果累累的时代"（王宏印，2016：39—40）。在此背景下，藏族格言诗开始真正意义上的译介。1956—57年，王尧选译《萨迦格言》中212首诗在《人民日报》副刊连载；1958年，青海人民出版社出版《西藏萨迦格言选》。

  进入改革开放新时期，民族典籍整理翻译工作得到政府和学者的重视。自1978年起至20世纪80年代末，藏族格言诗汉译呈现"井喷式"增长。1979年9月，西藏自治区文化局资料室印制何宗英翻译的内部资料《萨迦格言释文》，该译本以51个故事解释了《萨迦格言》部分诗节。1980年，次旦多吉等人翻译的《萨迦格言》汉语全译本由西藏人民出版社出版，广受读者喜欢。经多次整理和完善，王尧的《萨迦格言》汉语全译本于1981年在青海人民出版社出版。同年，《青海民族学院学报》第3期以藏汉对照的形式刊登延恺、唐景福翻译的《〈火喻格言〉〈铁喻格言〉〈宝论格言〉选登》，三部格言诗均选登10首。1984年4月，西藏人民出版社出版了耿予方翻译的《格丹格言》和《水树格言》全译本。同年10月，甘肃人民出版社出版李午阳、王世镇、郑肇中翻译的《藏族物喻格言选》（藏汉文对照本），其中《木喻格言》58首、《水喻格言》66首、《火喻格言》10首、《铁喻格言》12首、《宝喻格言》16首。1986年5月，中央民族学院《藏族文学史》编写组印制耿予方翻译的《国王修身论》全译本；次年2月，西藏人民出版社出版该译本。

  20世纪90年代以后，藏族格言诗汉译呈现多元翻译传播局面。2000年，"台湾蒙藏委员会"出版《藏族格言诗水木火风四喻译注》，译者为台湾学者萧金松，该译本收录《水喻格言》《木喻格言》《火喻格言》和《风喻格言》全文，将藏文、汉译、对音与语词对照四栏排版，另加释文和附注。2009年，中国藏学出版社出版《萨迦格言藏汉英三语对照本》，汉译者为仁增才让和才公太，英译者为约翰·达文波特（John T. Davenport），该译本是《萨迦格言》首个三语对照本，开创《萨迦格言》翻译出版新模式。2010年，西藏人民出版社出版了萨迦·班典顿玉和杨曙光翻译的《萨迦格言》（藏汉双语）。2012年，当代中国出版社出版了王尧的汉语新译本《萨迦格言：西藏贵族时代诵读的智慧珍宝》。2014年，多伦多教育出版社出版了李正栓、耿丽娟转译塔尔库《萨迦格言》英译本 *A Precious Treasury of Elegant Sayings* 的汉译本《雅言宝库》；2016年，花山文艺出版社出版了李正栓、赵春龙转译达文波特《萨迦格言》英译本 *Ordinary Wisdom—Sakya Pandita's Treasury of Good Advice* 的汉译本《普世智慧：萨迦班智达劝善良言宝库》，为少数民族典籍翻译研究提供了借鉴。

藏族格言诗从13世纪末开始在我国藏蒙民间广泛流传并被翻译，19世纪30年代被译成英文，20世纪40年代被译为汉语，至今已有多个汉译本和英译本。在翻译传播过程中，藏族格言诗蕴含的哲理思想逐步为外界了解和接受，其文学样式成为其他民族文学样式的借鉴，社会教育功能亦愈发凸显，并以特有的方式介绍西藏的风土物产。深入挖掘藏族格言诗内在的思想、文学、社会等方面价值，将其译成多种语言，对西藏地区的经济社会发展具有重大意义。

三、藏族格言诗翻译对西藏社会经济文化的构建意义

藏族格言诗蕴含着藏民族的智慧思想，以诗意的格言传递着深邃哲理，成为藏族人民行为处事的准则；以藏族民间文学为基础，汲取汉民族思想文化和印度文学样式，发展为新的文学样式，体现了藏族文学的传承性和开创性。它多以物为喻，譬喻说理，内容涉及西藏地区独特的自然和人文景象，展现优美的西藏景观，成为介绍西藏丰饶物产的"文化名片"。藏族格言诗启迪智慧，净化心灵，具有积极的社会教育功能，成为文明乡风、构建和谐社会的重要精神力量。"作为社会生活不可或缺的组成部分，翻译实践通过语言的沟通和交流，在经济领域创造物质财富，在文化领域促进交流互动"（俞佳乐，2017：98）。藏族格言诗翻译正是对其文化价值、教育价值以及经济价值的探索和拓展。

（一）藏民族思想文化的重要载体

各部藏族格言诗之间具有内在传承性，兼具独特开创性。丰富的藏民

族生产生活实践是藏族格言诗产生的源泉，决定了藏族格言诗之间具有内在一致性。在藏族格言诗创作的历史长河中，后世格言诗人以《萨迦格言》为蓝本，结合时代背景，创作出富有哲理、涤荡心灵的格言名篇。同时，几乎每位诗人都对先前格言诗作了补充，《格丹格言》和《水树格言》对《萨迦格言》进行补充说明，罗桑金巴在谈及《风喻格言》的创作目的时提到"贡唐·丹白准美著有《水喻格言》，南杰索巴著有《土喻格言》和《火喻格言》，我抱着水、土、火、风四大种格言齐全的愿望和供后世聪明学者学习的目的，特撰写了《风喻格言》"（李钟霖等，2003：9）。可见，各部格言诗以西藏传统文化为基础，相互补充，构成有机统一整体，成为藏民族文化的重要载体。

在其创作时代，藏族格言诗的重要作用体现在对藏民族的思想指导和精神引领方面。藏族格言诗思想主题包含"爱国忠君""实施仁政""勤勉治学""以法治国""追求幸福""信奉佛法"等，其中有积极内容，也有消极部分。总体而言，积极思想远多于消极部分，在历史上甚至当下仍发挥着重要的社会教育作用。《萨迦格言》的问世给当时西藏带来一缕阳光。13世纪前后，西藏地区处于封建割据时期，农奴主和农奴之间阶级矛盾尖锐，军事力量强大的蒙古对西藏形成大兵压境的局面，社会动荡，民心不安。在此局势下，贡嘎坚赞创作格言诗表达"以佛法治国"的政治主张；提出实施仁政的治国方略，"被暴君残害的百姓，法王就会特别护佑"（贡嘎坚赞，1985：8—9）。这为西藏建立政教合一的封建农奴制度奠定基础，为西藏地区稳定和民族团结做出了贡献。

《国王修身论》对19世纪末20世纪初西藏人民抗击外来侵略起到鼓舞作用。米庞嘉措生活在中华民族遭受沉重灾难的时代，清政府的腐败无能和英帝国主义的肆意侵略使西藏人民处于水深火热之中。目睹这一状况，亲近底层百姓的米庞嘉措在《国王修身论》中专门列出第十四章"保护百姓安康"，表达统治者应保卫国家和保护民众的思想，"精练武艺英勇果敢，驻守各地保卫国家"（米庞嘉措，1987：169—170）；"使进犯者不敢妄为，所属臣民安乐甜美"（米庞嘉措，1987：175）。这些诗作对维护民族团结、抵御外来侵略起到了积极作用。"总的看来，在当时的历史条件下,《国王修身论》反映了人民的痛苦,表达了百姓的愿望,抨击了统治者的残暴行为,提出了一些改良主张等等。应该说是有相当进步意义的。"(佟锦华,1985:467)

一直以来,由于地缘原因,雪域高原充满神秘色彩,域外读者对其了解较少。因此,充分挖掘藏族格言诗的思想内涵,将其由藏语翻译成其他语言,以之为载体促进藏族文化在国内外传播成为一种必然选择。在翻译过程中,应注重表达藏族格言诗所蕴含的思想哲理。这既是对民族优秀思想文化的宣传,更是对中华优秀传统文化的有效继承和发展,有利于域外读者从更深层次了解藏文化,向外界展示藏汉民族与国内外各民族人民间在互动、理解和交流基础上共同生活的和谐画面。当前,把藏族格言诗系统全面地翻译成外语,尤其将具有代表性的四大格言诗译成英语,可为期望了解藏族文化的域外读者打开一扇窗。

(二)充实文学宝库,沉淀民族文化

藏族格言诗体现了藏、汉文化的高度融合。贡嘎坚赞基于藏族文化,融合儒家"仁政爱民"等思想主张,借鉴印度格言诗样式,创作出首部藏族格言诗。"翻译与人类社会的建构密不可分,自有翻译存在,人类的文化就在不断交融中吸取不同的养分并超越自身"(仲伟合、冯曼,2014:57)。藏族格言诗创新了藏族文学的诗歌样式,促进了藏族民间文学的发展,丰富了藏族文学的注疏传统。随着其被译为多种其他语言,藏族格言诗在一定程度上推动了蒙古民间文学的发展,进而被周边国家和地区接受。

贡嘎坚赞以及后世格言诗人不断丰富和发展藏族格言诗主题和诗歌样式。成书于16世纪中叶的《格丹格言》从多方面教人分辨智者和愚者,使二者形成鲜明对比,开创格言诗写作手法的新格局。《水树格言》由《水喻格言》和《树喻格言》两部分组成,主要以"水"和"树"为喻,"开创了以自然物为喻体的格言诗创作艺术之先河,极大地丰富了藏族格言诗的内容"(李钟霖等,2003:8)。《国王修身论》包括国王修行、治理国家以及领导百姓等议题,探讨如何惩治腐败以保国家安宁,阐述为臣之道,号召民众恪守伦理道德；其语言通俗易懂，表现手法灵活多变，不固守七言四句旧格式，拓宽了格言诗的创作思路。藏族格言诗的创作和发展沉淀了藏族格言文化，促进了藏族民间文学的发展。贡嘎坚赞在《萨迦格言》的创作中，融入藏族民间故事和谚语、佛教故事等内容，例如第93首诗"依靠别人扶持的人，总有一天要垮台；依靠乌鸦腾空的乌龟，终于跌倒在地上"（贡嘎坚赞，1985：21），借用了藏族民间"多嘴的乌龟"故事；第331首诗"有才有艺不要显示，显示出来就会吃亏；猴子如果不会跳舞，脖子上怎会拴绳索"（贡嘎坚赞，1985：71—72），借用了藏族民间谚语"猴子把戏多，乞丐手中落"；第18首诗"欲得今生来世幸福，就要靠自己的智谋；聪明智慧的国王达瓦，救了晨桑的今生来世"（贡嘎坚赞，1985：4），化用了佛教故事"菩萨达瓦舍身感化吃人晨桑"。藏族格言诗借助其他文学样式不仅有助于自身的传播，同时也丰富和发展了其他文学样式。

此外，注疏藏族格言诗成为一道文学风景。自藏族格言诗问世以后，后世学者不断对其进行注疏，或融入哲理进行解说，或添加故事解释诗作。仁钦拜的《萨迦格言注释》以54则富有哲理的故事注解《萨迦格言》部分诗作；央金噶卫洛卓约的《格丹格言注释》以源自藏族寓言故事、佛经故事以及历史传说的71个故事对《格丹格言》进行解说。注疏为藏族格言诗增色不少，增强了格言诗的艺术感染力，成为藏族文学中一道亮丽风景。索达吉堪布的《格言宝藏释》对《萨迦格言》进行汉译和注疏，流传较广；*Ordinary Wisdom* 是达文波特根据萨迦堪布·桑杰丹增的《萨迦格言》注疏英译的，构成《萨迦格言》丰厚译本，取得良好传播效果。

藏族格言诗的翻译不仅丰富了藏族文学，还促进了其他民族文学的发展。13世纪末或14世纪初，《萨迦格言》被索南嘎拉翻译成蒙古文，以八思巴文刊印。由此，《萨迦格言》进入蒙古文学，并对其产生较大影响。蒙古格言诗人借鉴藏族格言诗进行创作，丰富了其文学样式；藏族格言诗中很多警句成为蒙古民间文学的一部分。钱德拉·达斯（Sarat Chandra Das）在其《藏语语法》附录中列入一份锡金皇室婚约，其中借用《萨迦格言》第47首诗"高贵的身份靠德行保持，行为堕落就失去了高贵"（贡嘎坚赞，1985：11）和第121首诗"高尚的人像一块宝石，任何时候都不会改变面貌"（贡嘎坚赞，1985：27）来劝勉两位新人；《水树格言》的全本注释于1984年作为提高学生素养的重要著作由不丹教育部出版。2017年5月，尼泊尔天利出版社出版了李正栓、刘姣翻译的《国王修身论》英译本 *Moral Cultivation of Kings*，在尼泊尔全国发行，为藏族格言诗翻译和传播开创了新局面。

"民族文学走向世界的必经之路是翻译，同样，藏族文学典籍只有通过外译，特别是汉译和英译，才能得以更好地生存和发展。"（索朗旺姆、格桑平措，2015：104）藏族格言诗的翻译丰富和发展了藏蒙文学，沉淀了民族文学；拓宽了其传播途径，逐步为域内外读者所熟知和接受。"藏族格言诗英译使中国少数民族文学全面走向世界文学的多维翻译空间成为可能，也使中华民族文化全面进入世界文学成为可能。"（李正栓、彭丹，2014：83）

（三）勾勒画卷，优化西藏名片

藏族格言诗以物为喻，其主题与藏民族的日常生活息息相关。除《萨迦格言》《格丹格言》《国王修身论》以外，藏族格言诗均以"水""木""风""土""火""铁""宝贝""天空""茶""酒""蛋"等西藏常见或生活必需的事物为主题，成为国内外读者了解藏地风俗的重要途径之一。藏族格言诗"以物寓意"的主题融汇于每一部格言诗，借用藏地独特的事物和景观来阐释思想，"酥油灯""斑鸠""青龙""雪山""摩罗耶""经卷"等在《萨迦格言》《格丹格言》以及《水树格言》中出现百余次。这些独特的自然事物和人文景观构成藏族格言诗的基本意象，成为了解西藏风物人文的信息源。

藏族格言诗中大量提及日月星辰、山川湖泊、花草树木、飞禽走兽，展现出藏地壮美景观和丰饶物产。《萨迦格言》第33首诗"被暴君统治的百姓，特别想念慈善的法王；被瘟疫缠身的牲畜，特别渴望纯净的雪水"（贡嘎坚赞，1985：8）指出雪水之于动物的重要性；《格丹格言》第29首诗"智者即使有时败阵，也有信心报仇雪恨。请看野生牦牛中箭，怒气冲冲咬死猎人"（米庞嘉措，1984：6）和《国王修身论》第10章第7首诗"涂上麝香檀香樟脑，大蒜怪味不能除掉，教了很多神圣佛法，恶劣本性也难改好"（米庞嘉措，1987：113）等诗作多次提及牦牛、麝香、檀香以及樟脑等常见藏地物产。

藏族格言诗展示了浓厚的民族风情，勾勒出一幅美好的人文画卷。《国王修身论》第14章第8首诗"在那大家欢乐花园，在那敬神节日盛宴，放声歌唱尽情起舞，男女老少共同联欢"（米庞嘉措，1987：168—169）描绘了藏族百姓共同庆祝节日的盛况；《国王修身论》第14章第10首诗"山高地险的好地方，物产丰富的好地方，不能允许凶恶暴徒，随意加以贬低损伤"（米庞嘉措，1987：169）既介绍了青藏高原的地理和物产情况，也展示出西藏地区淳朴文明的民风；《国王修身论》第14章第12首诗"手工艺人各业各行，稀有品种名传四方，建立学校开展贸易，都应一一安排恰当"（米庞嘉措，1987：169）展示出西藏地区较为发达的各行各业景况；《萨迦格言》第35首诗"贤者有点过失也会改正，小人罪孽再大也不在乎；奶酪沾点灰尘也要去掉，酿酒还要特意放进曲粉"（贡嘎坚赞，1985：9）指出制作奶酪和酿酒的要点。

随着翻译实践的展开，藏族格言诗对西藏自然物产和人文景观的描写传向更多读者。"欲提高中国文化的国际影响力，就需要加强对翻译文化因素的研究。而中国特色文化词汇是最有代表性的一类材料，各类文本中都大量出现，所以如果翻译策略选择得当，不但可以实现基本的交际目的，还能潜移默化地增强英语世界读者对词汇文化内涵的了解。"（王克非、王颖冲，2016：92）在当前"一路一带"建设中，译者应充分注意到藏族格言诗中西藏特有物产和意象的翻译，保留其独特韵味，使之成为国内外读者了解西藏的一张"文化名片"，进而推动西藏地区旅游文化产业的发展。

（四）文明乡风，构建和谐社会

藏族格言诗作者根据各自创作目的，写成篇幅不一的隽永诗章。《萨迦格言》共有九章，分别为"观察学者品""观察贤者品""观察愚者品""观察贤愚间杂品""观察恶行品""观察正确处事方法品""观察不正确的处世方法品""观察事物品""观察教法品"。《格丹格言》以智者和愚者人物形象为主题,对二者进行褒贬有别的鲜明对比。《水树格言》以"水"和"树"为主题,以二者自然属性为喻来阐释人生哲理和处世之道。《国王修身论》共有二十一章,包括"小心谨慎从事""考察英明人主""注意一切行为""注意一切言论""关于用人之道""精进坚定不移""性情柔和温顺""平等对待众人""具有慈悲心肠""自己保护自己""保护百姓安康""凡事与人商量""按照法规办事""运用妙计取胜""正确对待财富""重视修身"等。可见,藏族格言诗主题广泛,涉及"思想""伦理""政治""治学""宗教""审美"等方面。藏族格言文化在思想伦理上提倡"恪守道德、敬老尊长、团结互助、和睦相处";在政治观上规劝统治者"廉政富民",要求百姓"爱国守法";在治学上提倡"尊重知识、勤学益人";在宗教观上倡导"积德行善、辛勤劳动"。这些思想观念在历史上对丰富和发展藏民族道德观念大有裨益,并与当前倡导的社会主义核心价值观多有契合之处。因此,对藏族格言诗进行多维阐释仍具现实意义。

作为中华民族优秀传统文化的一部分,藏族格言文化构成社会主义核心价值观的一定基础;在不断深入研究藏族格言诗的过程中,应充分挖掘其蕴藏的丰富思想内涵,推动藏族优秀传统文化实现创新性发展,促进西藏地区的精神文明建设。藏族格言诗的译者充分认识到并肯定藏族格言诗在历史和当前发挥的重要社会教育功能。达文波特指出《萨迦格言》在中西方社会建设中的重要作用,"萨迦班智达认为耻辱感是控制人类极度消极行为的缰绳。在13世纪的藏地乡村,一个人做了错事之后不会因为隐姓埋名就能逃避责任,亲朋好友的责备以及对整个村庄产生的长短期不利影响都会使其感受到自己所需承担的责任。当今,世人生活在冷漠的都市之中,工业和消费带来巨大压力,人口增长快速且流动频繁,个人脱离了富有意义的社区……或许我们可以把萨迦班智达的忠告作为加强社区建设的原则"(Davenport, 2000: 15)。索达吉堪布将《萨迦格言》与现代生活实际相结合,使用当今案例注疏诗节,凸显了《萨迦格言》的时代价值；采用网站、博客、电子书等形式传播《格言宝藏释》，取得良好传播效果。可见，《萨迦格言》的社会教育价值在翻译、注疏以及传播过程中日益凸显。

"翻译的社会价值，是由翻译活动的社会性所决定的，主要体现在它对社会交流与发展的强大推动作用。"（许均，2004：35）《萨迦格言》的社会教育价值不仅体现在西藏地区，在其他民族地区的社会建设中也发挥着积极作用。"全国民主法治示范村"甘肃省甘南藏族自治州禄曲县尕海乡尕秀村将易懂好记的《萨迦格言》《安多格言》与现代法律知识结合起来，编成简单易懂的法治教材赠送给村民，使普通群众能够较为容易地理解和掌握日常法律知识。将《萨迦格言》同现代法律相结合，开创了藏族格言诗传播的新局面，突出了其"文明乡风"的社会教育价值，这与我国社会主义核心价值观建设有着一定程度的契合。

四、结语

不同时期藏族格言诗翻译对西藏地区社会经济发展起着重要促进作用，翻译活动充实了藏族文学，沉淀了民族文化；宣传了藏地民族风情，优化了西藏"文化名片"；凸显了格言诗的社会教育价值，促进了文明乡风建设。深入发掘藏族格言诗的思想哲理，系统地对其进行翻译，全面梳理研究藏族格言文化和翻译史料，将更能充分发挥其对西藏社会经济和文化构建的作用。"西藏是我国面向南亚'内联外接'的桥头堡，基础设施互联互通的重点区域和国家构建全方位对外开放格局的前沿地带。"（牛治富，2017：7）宣传西藏文化对推进"一带一路"建设、加强我国与周边国家间友好关系、促进文化交流以及保持周边安定有着现实意义和战略意义。目前，只有《国王修身论》在尼泊尔出版并传播，希望其他格言诗也能在国外出版，实现中国文化"走出去"。

参考文献

[1] 久·米庞嘉措. 国王修身论[M]. 耿予方，译. 拉萨：西藏人民出版

社，1987.

[2]李正栓、彭丹.藏族格言诗文本及译本研究述评[J].河北学刊，2014（6）：80—84.

[3]李正栓、赵春龙.达文波特英译《萨迦格言》特色研究[J].外语与外语教学，2015（6）：80—86.

[4]李钟霖、星全成、李敏.藏族格言文化鉴赏[M].西宁：青海民族出版社，2003.

[5]牛治富.论人类命运共同体的打造与西藏南亚通道建设的基本途径[J].西藏民族大学学报（哲学社会科学版），2017（1）：7—10+153.

[6]萨班·贡嘎坚赞.萨迦格言[M].次旦多吉等，译.拉萨：西藏人民出版社，1985.

[7]索朗旺姆、格桑平措.外国译者翻译藏族文学典籍的策略与方法分析——一项基于《萨迦格言》英译的研究[J].西藏大学学报（社会科学版），2015（4）：104—108.

[8]索南扎巴、孔唐·丹白准美.格丹格言·水树格言[M].耿予方，译.拉萨：西藏人民出版社，1984.

[9]佟锦华.藏族文学史[M].成都：四川民族出版社，1985.

[10]王宏印.中华民族典籍翻译研究概论（上卷）[M].大连：大连海事大学出版社，2016.

[11]王宏印.典籍翻译：三大阶段、三大境界——兼论汉语典籍、民族典籍与海外汉学的总体关系[J].中国翻译，2017（5）：19—27+128.

[12]王克非、王颖冲.论中国特色文化词汇的翻译[J].外语与外语教学，2016（6）：87—93+149—150.

[13]许均.翻译价值简论[J].外语与外语教学，2004（1）：35—39.

[14]俞佳乐.翻译价值的社会学反思[J].外语教学，2017（3）：96—99.

[15]赵春龙、李正栓.《萨迦格言》外译史考察——以捷译史为例[J].民族翻译，2018（4）：52—59.

[16]仲伟合、冯曼.翻译社会学视角下文化外译研究体系的建构[J].外

语研究，2014（3）：57—62.

[17] Davenport, John T. *Ordinary Wisdom：Sakya Pandita's Treasury of Good Advice*[M]. Boston：Wisdom Publications，2000.

（本文原载《西藏民族大学学报（哲学社会科学版）》2019年第2期，作者李正栓、赵春龙，数据未做更新，内容略有改动。）

附 录
躬行实践、研究实践、整理译史：促进少数民族文化外译事业的三项任务
——李正栓教授访谈录

中华人民共和国成立以来，国家和学界一直都非常关注民族翻译事业，其中也包括民族文化[①]外译事业。民族语文翻译"关乎国家安全和经济文化发展"，是"建设少数民族文化的一种重要手段"（穆雷，2015：131）。1955年12月12日，周恩来总理批准成立了中华人民共和国民族事务委员会翻译局，即今中国民族语文翻译中心（局）前身。1985年，中国翻译协会民族语文翻译委员会成立，此后，"民族语文翻译队伍不断壮大，民族语文翻译事业取得辉煌成就"（阿拉坦巴根，2019：14）。相比之下，民族文化外译事业则显得步行缓慢、成效不足。虽然自2004年起国家开始大力助推中华文化"走出去"，而且资助文化外译的项目也越来越丰富，如"经典中国国际出版工程"（2009）、"国家社科基金中华学术外译项目"（2010）、"丝路书香出版工程"（2014）等，但民族文化外译所占的比重微乎其微，这种局面对于我国国际形象建构十分不利。近十年来，民族文化外译及其研究取得了一定的成果，我们应该及时总结经

[①] "文化"是一个内涵极其丰富的概念，本次访谈将"民族文化"作为一个上义词，统摄民族文学、民族艺术、民族科技、民族学术、民族宗教等一系列民族文化子类，从而强调民族外译不仅要重视民族文学，也要重视其他文化子类型，从而较为全面地呈现中国民族文化与世界文化交流的历史和整体概貌。

验，号召更多的年轻译者和学者加入民族文化外译事业队伍，促进中国民族文化在国际上发声，参与中国文化与世界文化交流与互鉴。

一、躬行实践：推动民族文化"走出去"的根本

周鹤（以下简称"周"）：李教授，您好！您是学英美文学出身，后来研究重心才转向翻译，英译了毛泽东诗词、乐府诗和藏族格言诗等，可以介绍一下您研究转向的原因吗？

李正栓（以下简称李）：我一直都特别喜欢也重视翻译。我任河北师范大学外国语学院院长之后，在梳理教师们的科研成果、总结教师们开展翻译研究所取得的成果之后，向学校、教育厅和教育部提交了开设翻译本科专业的申请。2005年，河北师范大学成为教育部批准的第一批开设翻译本科专业的三所高校之一（其余两所是广东外语外贸大学和复旦大学）。2006年起，该专业面向全国招生，从此我算是正式踏入了翻译研究领域。邓恩诗歌研究是我学术生涯的起点，诗歌始终是我关注和热爱的对象，所以翻译诗歌不算是完全跨界，而是给我提供了感悟和研究诗歌的新视角、新工具。

党和政府一直重视和鼓励文化"走出去"，受之影响，我一直关注民族文化外译事业的进展，也想做出自己的贡献。英译藏族格言诗则纯属机缘巧合，我在无意中读到《萨迦格言》，但开始翻译格言诗是后来又阅读了其他藏族格言诗之后。这些格言诗的作者都是13世纪以来学问高深的佛哲，他们用老百姓喜闻乐见的格言诗形式，通过通俗易懂的语言把深奥的佛理通俗化、大众化。我是研究文学的，文学有两个功能："delight and instruct"，即令人愉悦、使人受教。在读格言诗的过程中，我感受到藏族人民的智慧，很想把它们翻译成英语，为中国民族文化外译事业做点实事。国家非常重视西藏的发展，从中华人民共和国成立到2020年，党中央已经召开了7次西藏工作会议，颇有成效；各省也非常重视对口援藏工作。但是国外仍然有少数人对中国的民族政策不太理解。我之所以英译藏族格言诗，是想让更多的国外人士通过我的译本了解藏族文化，进而理解

中国的民族政策。我认为，只有理解才能消除误解，才能促进民心相通，有必要发挥翻译作为文化交流与理解的媒介作用。所以在没有参考其他藏族格言诗英译本的情况下，我带领一个小团队，开始了四大格言诗英译：《萨迦格言》英译，译者5人；《格丹格言》英译，译者两人；《水树格言》英译，译者两人；《国王修身论》英译，译者两人。除《萨迦格言》有英译本之外，其余三部格言诗均属首译。

周：那您及团队英译的藏族格言诗，是直接从藏语原文本进行翻译的吗？

李：我不懂藏语，是以藏族格言诗的汉译本作为底本进行翻译的。如《萨迦格言》，参考的是次旦多吉的汉译本（1980）；《格丹格言》和《水树格言》参考的是耿予方的汉译本（1986）；《国王修身论》参考的也是耿予方的汉译本（1987）。

周：事实上，这也是一种转译现象。在我国翻译历史上，曾经也有过大量转译的实例。但是转译容易导致"一错再错、错上加错"的情况，您是如何处理这个问题的？

李：在民族翻译人才队伍中，能够直接进行民外互译的译者在国内外都非常少，大多数都要依靠汉语译本进行转译。如美国俄亥俄州立大学中国少数民族文学和民间文学研究专家马克·本德尔（Mark Bender）和西南民族大学彝学学院院长阿库乌雾（罗庆春）耗时十余年翻译出彝族创世史诗《勒俄特依》。但是本德尔指出，两人的合作"有时还要面临语言障碍……靠汉语交流"（马晶晶，2019：64），可见，即便是中外学者合作翻译，汉语的中介作用仍然不可忽视。当然，也有少数直接开展民外互译的翻译家，如于道泉教授在20世纪30年代就将六世达赖喇嘛仓央嘉措的情诗同时翻译成汉文和英文，2010年荣获"资深翻译家"称号的藏族翻译家斋林·旺多先生也曾首次对莎士比亚的《哈姆雷特》和《罗密欧与朱丽叶》进行英藏翻译。

我不懂藏语，所以只能依靠汉语。在翻译过程中，不能确定藏汉翻译的准确度，所以我把从藏语直接翻译成英语的格言诗又回译成汉语，如塔尔库（Tulku）英译的《萨迦格言》、达文波特（Davenport）英译的《萨迦格言》等，再和汉语版本进行比较，发现理解上的出入很少。藏族格言诗的藏汉英三语对照版在尼泊尔出版的过程中，藏语编辑也的确发现了汉译本中的几处理解有误，对英译本做了相应修正，但数量不多，这说明我选择的汉语译本是可靠的。中国民族文化外译的理想模式是中外译者合作、从民族语直接翻译成外语，但外译人才的局限使其难以实行。所以，为了保障民族文化外译的质和量，有三点很重要：第一，选择高质量的汉译本；第二，吸收国内民汉翻译家或学者加入，确保对民族文化的理解准确；第三，吸收外国译者或学者加入，确保民族文化外译的准确性。如此一来，就给译文质量上了三重保险。

周：有学者对中国文化外译的海外接受和传播效果进行了研究调查，指出过去二三十年中国文化"走出去"成效不如预期，您如何看待这个问题？

李：诸多学者所忧虑的现状确实存在，但他们往往是基于译者只能将外语翻译成母语的传统观念，认为将母语翻译成外语的译者很难像本土译者一样了解该国审美旨趣和市场需求，没有充分肯定中国译者的学养和长远的文化眼光。中国有组织、有计划地外译中国文化的历史并不算长，外译民族文化典籍的历史则更短，只是中外文化交流历史长河中的一朵浪花。因此，我觉得对于中国文化外译事业的成效，不能操之过急，也不能过于悲观，现在还不能"盖棺论定"。当下，中国与世界各国的交往之多、交往之深、交往之广超过了任何时代，其他国家对中国文化的正确认识和理解是中国立于世界民族之林的情感基础，尤其是我国丰富而浩瀚的民族文化，光靠国外汉学家或译者的选择性吸纳是无法实现的，我们应该肯定中国译者参与中华文化外译的重要性和价值。现在即便是由中国译者组织翻译，往往都会邀请外国专家或者学者加入团队，以后这种翻译模式会越来越完善，配合越来越紧密和默契。

从根本上而言，我们要认识到：中国文化"译出来""走出去""走进去"是三个不同的阶段，每个阶段的责任主体不同。"译出来"主要是译者的职责；"走出去"更多依赖出版界、赞助商、媒体等；而影响"走进去"的因素很多，如翻译质量和文化本身的感染力等。三者不能割裂开来，但也不能混为一谈，需要辩证对待。不能因为译作的接受效果暂时不佳就认为是翻译的失败，是译者的无能。一个译作经典化的过程需要十几、几十甚至上百年。我认为，踏踏实实践行民族文化外译实践非常重要，必不可少，是中国传统文化"走出去"的根本。没有"译出来"，何谈"走进去"和"走进去"？当民族文化外译实践成为中国译者和学者的一种自觉行为，甚至是海外华人的一种自觉行为，那么中国传统文化"走进去"的范围将更广、程度将更深、概率也会更大。

当初我决定英译藏族格言诗，是充分意识到它们的文学价值和翻译价值，并未过多考虑译文传播方式和渠道等问题，只能算是"译出来"。幸运的是，西藏自治区相关部门发现了我的译本，经其外推，由我及团队英译的藏族格言诗现在在尼泊尔各书店都有销售。此外，《国王修身论》和《水树格言》的藏汉英三语对照版也进入了尼泊尔特里布文大学（Tribhuvan University）的中央图书馆。该图书馆的馆长计划建立跨喜马拉雅读书角来推进文化交流。这就成了"走出去"的第一步，至于"走进去"，进程将更加缓慢，需假以时日才能观其效果。

二、研究实践：促进民族文化外译理论构建的关键

周：您英译藏族格言诗遵循的是什么翻译原则或方法？

李：2004年，在《忠实对等：汉诗英译的一条重要原则》一文中，我提出以诗译诗、"忠实对等"的原则，即"对等的理解、对等的风格、对等的用韵和对等的文化迁移"（李正栓，2004：36）四个原则。在藏族格言诗英译及研究过程中，我既是在实践，也是在验证这几个原则。当然，我遵循的"对等"是基于汉英两种语言文化，注重的是汉译底本的文学性、教育性、思想性等特征的再现以及文化意象的移植。由于汉译的藏族格言诗总体上都很好地传达了原诗教人处世、尚学、奉献的深意及文学意象，我提出的这一条译诗原则具有较强的适用性。如果今后能吸纳更多藏族语言文化学养精深的学者、译者加入团队，从藏语源文本直接翻译为英语，既能进一步验证这一译诗原则，也能更好地完善译文。我主张"异

化为主，归化为辅，神形兼求"。翻译文学毕竟属于源语国家的文学，译文要保留源语文学一定的丰姿，才能起到文化交流的作用。

周："以诗译诗"的原则能较好地确保"对等的理解、对等的风格"，但是中国诗歌的韵律和英语诗歌完全不同，且同一文化意象所负载的文化意义也迥然有异，"对等的用韵和对等的文化迁移"虽有助于中国文化意象的保留，但可能不利于文化传播，您是如何看待这一矛盾的？

李：世界上"恐怕没有一个国家愿意让自己的文化被同化。翻译家或者工作者的任务也不是消灭文化差异，译者在进行翻译时不能一味逢迎译语文化而任意改变源语文化"（李正栓，2004：36）。如果英国文艺复兴时期意大利的十四行诗都被翻译成了英语散文，还会有英语十四行诗的诞生吗？如果把日本松尾芭蕉的俳句翻译成唐诗一样的五绝，那就抹杀了日本文学一种极有特色的诗歌形式。如果把原来的文学特征全部抹杀了，既不尊重源语作者，也是对读者的不尊重。就像在实际生活中，把人名字叫错了，姓名给改了，肯定让人不高兴，这就是文化。所以适当保留文学的异质性很重要。但没有绝对的异化，也没有绝对的归化，我们需要灵活变通，要注重文学形式，也要注重思想内涵的传达，力求"神形兼求"。不同翻译家或者学者都有自己的翻译观，我觉得翻译应该存异，翻译观也应该存异，这样才能在百家争鸣中深化对翻译本质和文化交流活动的认识。

周：在实践和验证您自己提出的翻译原则的同时，您还对其他译者英译藏族格言诗的特征、风格、方法、策略等问题进行了研究。您是如何将"译"和"研"两项工作结合起来的？

李：黄忠廉教授很早就指出，"要触摸翻译事实，就要躬行实践，研究实践"（黄忠廉，2005：4），也包括"研究他人的实践"（黄忠廉，2005：4）。在翻译之余研究实践，是实现翻译经验总结、翻译观念形成甚至是翻译理论升华的重要途径。

我通过对其他藏族格言诗英译者英译实践的研究，才深刻了解不同译者的翻译目的和翻译风格。如匈牙利人乔玛最早英译《萨迦格言》，是想通过语言结构比较探寻他的母语是否与藏语具有同根性；薄森兼通蒙古、藏语，出于学术研究目的把《萨迦格言》蒙古语全译本翻译成英语，并作为自己的博士论文；塔尔库翻译《萨迦格言》是为了向生活在美国的藏民传播宗教；达文波特的《萨迦格言》英译本则注释详尽，他认为美国基督教信众的思想正在滑坡，希望基督教信众能从中吸取做人的道理和处世之道。而我翻译的藏族格言诗不是为了语言研究，也不是为了宗教目的，而是想通过藏族格言诗中的普世道理，来实现中外民众真正的民心相通。通过实践研究，我才进一步确立了自己的翻译目的，并对自己的译文做了适当修改和完善。可以说研究是实践的延续和升华，实践是研究的应用和检验。

周：您怎样评价当下民族文化外译实践研究所取得的成果以及其中的不足？

李：最近十年是民族文化外译实践研究取得长足进步的十年。荣立宇"将从事民族典籍英译研究的学者粗略地分为苏州、南开、河北、广西等四个学派"（荣立宇，2015：31），分别以汪榕培、王宏印、李正栓、韩家权为代表人物，这一评价是对诸位学者所做贡献的肯定。当然，还有其他许多学者的贡献。但是，当下的民族文化外译研究也还存在不足之处。

首先，民族文化外译实践研究所关注的民族典籍对象还比较窄。中国是由56个民族构成的大家庭，但就民族文化外译研究而言，受学界关注较多的是藏族、蒙古族、维吾尔族、彝族、壮族等少数几个民族。在中国历史上，尤其是近现代以来与西方文化发生频繁接触和碰撞的阶段，中国是否还有更多少数民族的文化曾被译介，是以怎样的途径和方式得到译介的，都值得发掘和研究。其次，民族文化外译实践研究所关注的文化类型也较为有限，多关注传统民族文学典籍，如格言诗、史诗、情诗、戏剧等。实际上，被外译的民族文化典籍非常丰富，如中外汉学家曾翻译过大量民族史地文献、宗教文献、医药文献、艺术文本等。此外，现当代民族文学、学术成果等也逐渐得到了译介。但是，真正触及译本、译者、翻译方法、策略、原则、观念、思想等问题的研究非常之少，或者浅尝辄止。再次，民族文化外译译者的发声不够，自我遮蔽现象明显，外译经验无法得到及时的总结和成果化。魏清光和曾路两位学者梳理、统计了20世纪90年代，尤其是2004年国家推行文化"走出去"战略以来中国当代少数民族文学对外译介所取得的成效（魏清光、曾路，2017），我本人也梳理了中华人民共和国成立70年以来民族典籍翻译的情况，从中发现就自己的民族外译实践进行总结和发声的译者非常少，也就是说研究意识或理论意识缺乏（李正栓、王心，2019）。最后，民族文化外译实践研究所涉及的语种多为英语，其实俄译、日译中国民族文化典籍也不少，但此类实践研究几乎没有。

民族文化外译理论是从大量的实践研究中总结出来的，中国民族文化外译实践研究不仅需要纯理论研究者的参与，更需要译者的加入。诸多翻译问题的呈现和解决都需要民族文化外译者的经验贡献。如翻译目的、翻译方法与原则、翻译模式、翻译出版等，为后来的译者提供获取经验的渠道。我的英译实践成果多于理论研究成果，但是我学习并且重视理论。因此，希望有更多译者参与到实践研究中，也希望有更多的理论研究者参与到翻译实践中，触碰翻译事实。

周：您认为民族文化外译者研究翻译实践与纯学者研究翻译实践有什么差异？

李：参与研究的译者，可以称他们为"学者型译者"。他们深入语言、文化、交流，通过自己的翻译去理解原作，去感悟其中的道理。这和仅仅阅读、分析和评论别人翻译实践的学者在主体认知、感悟上是不一样的。有了翻译实践的经验，能赋予研究者更大的发言权。没有经历翻译实践，对他人译作进行批评的学者，主观阐释倾向可能更明显，理论成分居多，将他们称为翻译批评家、翻译理论家等，或者称他们开展的研究为翻译批评研究、翻译理论研究等更为贴切。但值得注意的是，学者研究翻译实践的问题捕捉能力、现象概括能力、理论抽象能力可能更强，他们的研究成果往往对于翻译实践的开展具有良好的指引或者启发作用，使译者关注到平时容易忽视的问题。因此，民族文化外译实践研究需要两股力量的通力合作，不可偏废。

三、整理译史：丰富民族文化外译实践研究的史料准备

周：除了英译藏族格言诗、研究其英译的实践，您还整理了相应的民族文化外译历史。

李：是的。从"翻译"到"研究翻译"，再到整理翻译历史，是一个自然推进的过程，2013年，我译完四部藏族格言诗之后，便开始梳理这些格言诗的外译历史，研究这些翻译实践，从而更好地修改译文。我千方百计地将国外的藏族格言诗英译本都买了回来，史料收集的工作非常艰辛。这种"以译带研"的方式使我对民族文化外译的历史整理范围一步步得到了拓展，不再仅仅关注藏族格言诗，还关注到其他民族文学典籍。

周：您觉得民族文化翻译史，尤其是外译历史应该从哪些方面进行整理和书写，从而较为全面地体现中国民族文化与世界文化交流互动的轨迹、内容、规律或特征等？当前已经获得的民族文化外译史研究成果是否已经能较好地说明以上几个问题？

李：我主要整理的是藏族格言诗、民族典籍外译的历史，这只是民族文化外译史的冰山一角。要将民族文化外译的历史轨迹和文献史料一一整理出来，异常繁复和困难。近十年来，整理和研究民族文化外译历史的学者们取得了可观的成果。如王宏印教授及其学生等在一定程度上勾勒出民族文化外译的轨迹，呈现了丰富的外译内容，并反映出一些外译特征。但是，民族文化外译史研究仍待进一步完善。

首先，当下的研究者多在某一民族文化外译的大前提下选取具体的外译历史整理或研究，文学典籍是主要内容，我们看藏族格言诗、壮族《嘹歌》、彝族《阿诗玛》、蒙古族的《江格尔》、柯尔克孜族的《玛纳斯》等都是文学色彩极其浓厚的民族典籍。实际上，如刚才谈到的，民族史地文献、宗教文献、医药文献、艺术文本、现当代民族文学、学术成果等外译历史的整理和研究还相当不够。虽然中外汉学界（尤其是藏学、蒙古学等）有部分学者进行过粗略的整理，但大多不是从翻译视角出发，而是为了探讨特定的历史文化问题。近年来汉学研究与翻译界的跨学科合作逐渐增加，探讨的内容也越来越丰富，这是一个良好的开端。以藏族文化外译

为例，藏传佛教典籍、藏族史地文献、藏医等文化外译的历史非常久远，有兴趣的学者可以从这些方面为民族文化外译史整理做出贡献。其次，民族文化外译历史整理还有一个特征，就是突出文献而忽视译者。目前我们大致可以了解民族文化外译的主要内容，但是对于译者群体的结构、规模、特征等问题，我们的认识还比较模糊。译者主体对民族文化外译的能动性我们也不甚明白。当学界对民族文化外译历史进行较为充分细致的整理之后，这一问题有可能得到较好的回答。总之，民族文化外译史研究学者可以多借鉴汉外互译史研究的视角、模式、体例等。

周：那民族文化外译历史整理具有怎样重要的现实意义呢？

李：首先，民族文化外译历史整理为进一步的历史研究做好了资料准备。只有充分占有和整理了史料，我们才能开展理性的解读或诠释。前面讲过，目前民族文化外译实践研究的广度和深度还不够，主要是由于史料占有和整理不足以及理解和诠释不够。段峰教授指出，少数民族翻译"实践的被忽视导致研究的匮乏，研究的匮乏进一步加深了实践的被忽视"（段峰，2016：144）。通过历史整理，可以发掘更多翻译事件，丰富研究内容，深化对历史的理解和阐释。

其次，民族文化外译历史整理为今后的民族文化外译做好了经验准备。我认为，历史不能直接告诉我们经验教训，必须通过解读、阐释和反思才能使后来者有所领悟。我们对文化外译的历史进行整理，今后具有强大理论背景的研究者就会有迹可循、有史可依，进一步深入解读，总结经验。这一工作需要历史学、民族学、文化学、社会学、人类学等多个学科领域的通力合作，或者需要将这些学科理论知识打通的学者加入。无论是对民族文化外译历史的研究和阐释，还是对外译实践的具体研究，都将为今后的民族文化外译者在翻译对象、方法与策略、原则、目标读者选取等问题上提供一定的参考和启示。

周：那您觉得要推进民族文化外译事业，学界应该从哪些方面做出努力？

李：民族翻译事业是一个重要且重大的课题，民族文化外译只是其中的一个子课题；中华文化"走出去"，民族文化外译也是题中应有之义。

我认为，要推进民族文化外译事业，躬行实践、研究实践、整理译史是三项重要的任务。三项任务互相依托、互为前提、相互促进。躬行实践才能保证有民族文化"译出来"，才有"走出去"和"走进去"的可能，才能丰富外译史，进而成为今后外译的经验来源；研究实践是对翻译事实的触摸和理性认识，是实现理论升华的必经途径，研究结果可为实践活动提供直接的启示；而整理译史则将为实践研究提供历史素材，也将对翻译实践提供间接经验。总而言之，民族文化外译事业的推进需要更多学者、译者的参与。

周：我想，在诸位前辈的引领下，必将有更多学者前仆后继，推进民族文化外译，推进中国翻译事业更加全面、均衡、稳步的发展。感谢您分享心得和经验。

李：不用谢，共同学习，共同进步！

参考文献

[1]阿拉坦巴根.我从草原来——从事民族语文翻译三十年散记[J].中国翻译，2019（6）：14—15.

[2]段峰.文化翻译与少数民族文学对外译介研究：基于翻译研究和民族志的视角[M].北京：外语教学与研究出版社，2016.

[3]黄忠廉.研究植根于泥土　译论生发于事实[J].上海科技翻译，2005（2）：4—5.

[4]李正栓.忠实对等：汉诗英译的一条重要原则[J].外语与外语教学，2004（8）：36—40.

[5]李正栓、王心.民族典籍翻译70年[J].民族翻译，2019（3）：5—33.

[6]马晶晶、马克·本德尔.口头文学翻译中的"万物志"及合作翻译——马克·本德尔教授访谈录[J].东方翻译，2019（1）：62—66.

[7]穆雷.我国少数民族语言翻译研究现状分析[J].外语教学与研究（外国语文双月刊），2015（1）：130—140+161.

[8]荣立宇.中国民族典籍英译研究三十五年（1979—2014）——基

于文献计量学的分析[J].民族翻译，2015（3）：28—37.

[9]魏清光、曾路.当代少数民族文学对外译介：成效与不足[J].西南民族大学学报（人文社会科学版），2017（3）：191—196.

（本文原载《民族翻译》2022年第3期，作者李正栓、周鹤，数据未做更新，内容略有改动。）